Gilbert Bo

LA DERNIÈRE NUIT DE POMPÉI

roman

XO EDITIONS

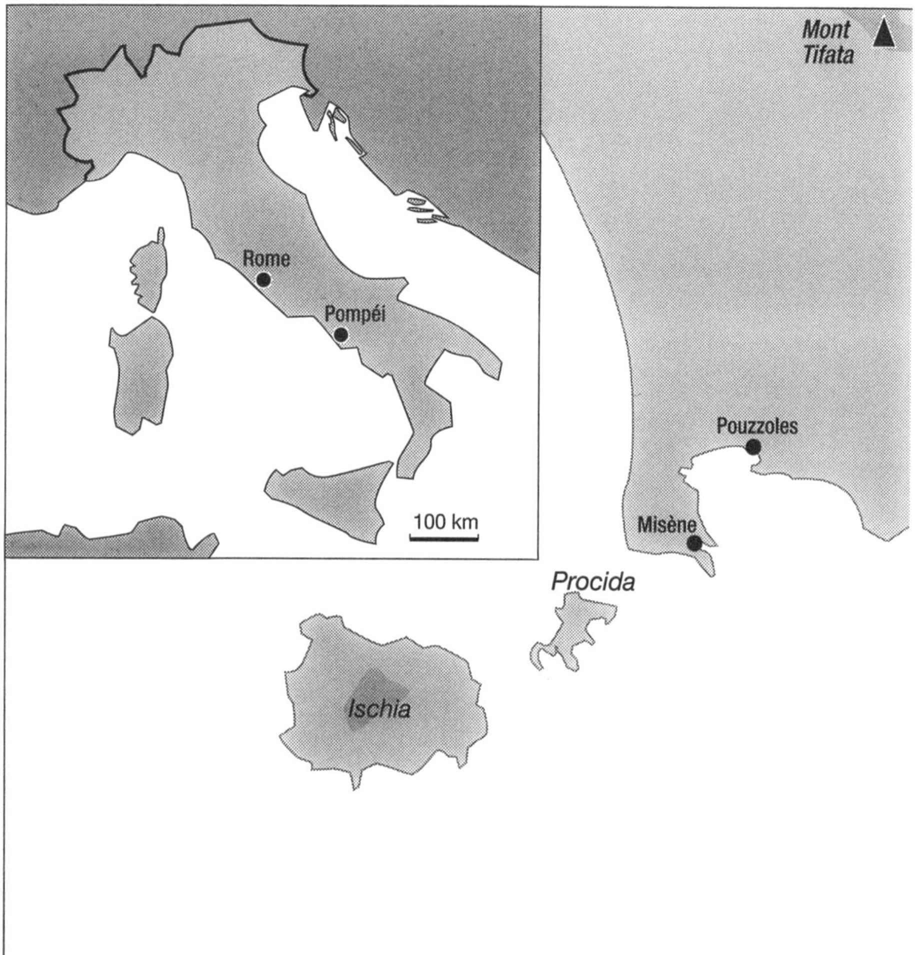

Mont
Tifata
Rome
Pompéi
Pouzzoles
100 km
Misène
Procida
Ischia
MER
TYRRHÉNIENNE

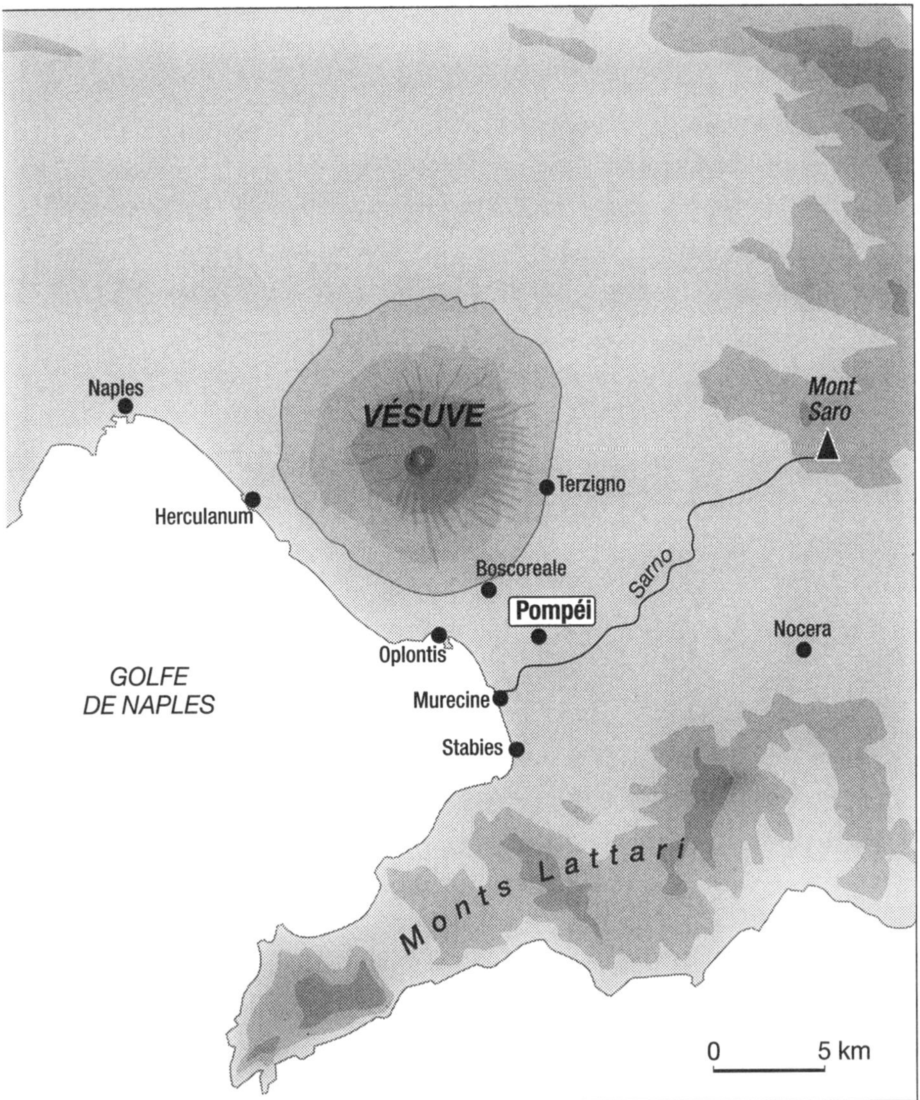

Naples
VÉSUVE
Mont
Saro
Terzigno
Herculanum
Boscoreale
Sarno
Pompéi
Nocera
Oplontis
GOLFE
DE NAPLES
Murecine
Stabies
Monts Lattari
0
5 km

En 79 après Jésus-Christ, le Vésuve n'était pas tel qu'on le connaît. L'endroit était occupé par le plateau du Vesuvius aux pentes couvertes de vignes et de cultures. Le plateau lui-même était une zone aride constituée de pierrailles, de crêtes rocheuses, restes d'anciens dômes volcaniques érodés. Les deux monts que l'on peut voir actuellement ont été formés par des éruptions successives depuis le drame de Pompéi.

Les Pompéiens ignoraient que le Vesuvius cachait un volcan, même si des savants comme Diodore de Sicile et Vitruve en avaient émis l'hypothèse un siècle plus tôt. Ils ignoraient aussi l'origine des nombreux tremblements de terre qui touchaient leur ville et s'en accommodaient. Les archéologues et les chercheurs pensent que la dernière éruption similaire remontait à près de deux mille ans, bien au-delà de la mémoire humaine.

1

LA VILLE DE TOUS LES PLAISIRS

PORT DE POMPÉI, LE 21 OCTOBRE 79, 11 HEURES

74 heures et 21 minutes avant l'éruption du Vésuve

— Maître, plus je réfléchis, plus je me dis que ce n'est pas une bonne idée de revenir à Pompéi.

— Massimus, arrête de jouer les trouble-fête ! Je ne pouvais pas renoncer.

— C'est quand même curieux..., poursuit Massimus tout en regardant la côte et le port se rapprocher. Pendant des années, tu n'as cessé de me répéter que tu ne poserais plus jamais le pied dans cette maudite ville et voilà qu'il a suffi qu'une conteuse d'avenir vienne te dire que tes enfants étaient vivants pour te faire changer d'avis, alors que ton astrologue t'avait averti que c'était folie !

— Oui, mais Colinius a beaucoup vieilli. Comment veux-tu que je le croie quand il me parle d'un cataclysme imminent, pire que le grand tremblement de terre d'il y a dix-sept ans, qui a détruit Pompéi, ma villa et ma famille ? Sa vue est brouillée par la maladie.

Massimus a un petit sourire moqueur. Il connaît trop bien Marcus pour ne pas savoir que si son retour est nourri par l'espoir de retrouver ses enfants, il l'est aussi par une autre raison qu'il ne peut s'empêcher de formuler à sa manière :

— L'astrologue est peut-être gâteux, mais quand il t'a annoncé que Rectina était veuve, tu ne l'as pas repoussé !

Marcus reste grave. Pendant ces dix-sept années à Rome, pas un seul jour ne s'est écoulé sans qu'il pense à la belle Pompéienne, son grand amour de jeunesse qu'il devait épouser et dont il a été séparé brutalement. Pas un jour, non plus, sans qu'il voie avec précision les corps sanglants de son épouse, Marnella, son père, sa mère, une tante et quatorze esclaves affreusement mutilés dégagés des décombres de la villa familiale. Malgré les fouilles pendant plusieurs jours, on n'avait pas retrouvé ses trois enfants, Julius, âgé de six ans, malingre, maladif, et les jumeaux, Stephanus et Cellia qui, à deux ans, faisaient leurs premiers pas. Les jours suivants, il avait parcouru la ville dévastée, cherché parmi la multitude de gens égarés, de blessés qu'on ne pensait pas à secourir, sans trouver le moindre indice. Il avait fallu enterrer au plus vite les cadavres méconnaissables qu'on ne prenait plus le temps d'identifier et que personne ne réclamait. On avait creusé une fosse commune en dehors des murs, près de la porte Marine. Marcus avait dû se résigner : ses enfants étaient sûrement parmi les corps qu'on entassait sur des charrettes.

Il avait fui à Rome, mais ces images d'horreur le hantaient. N'était-il pas coupable d'avoir été absent au moment du drame ? Alors, quand la vieille voyante lui avait dit que ses enfants étaient vivants, il avait eu la faiblesse de la croire. Il avait senti l'espoir renaître en lui et compris aussi que Pompéi lui avait beaucoup manqué pendant ces dix-sept années d'exil.

— Laissons cela, Massimus. Mon refus de revenir à Pompéi, le berceau de ma famille, était une manière de me protéger du passé, de moi-même, des démons qui me hantent.

— Une intuition profonde me souffle pourtant que Colinius a raison, poursuit Massimus. Quelque chose de grave se prépare à Pompéi.

Marcus pose une main amicale sur l'épaule de son affranchi.

— Ce qui te contrarie, Massimus, c'est que tu as dû laisser ton jeune fils à Rome…

— Je n'ai que lui, depuis que sa mère, ma bonne Stella, est morte en couches, répond Massimus. Et c'est vrai que j'ai l'impression que je ne le reverrai jamais.

Le bateau, poussé par les vingt-deux rameurs, entre dans la rade et s'approche lentement de la digue. L'homme qui tient la barre donne des ordres brefs. Sur le quai, les curieux se rassemblent. C'est toujours un événement quand un bateau inconnu, et surtout aussi luxueux que celui sur lequel voyage Marcus Flavius Pansa, entre dans le port. Il faut être parmi les premiers pour offrir ses services et conduire les riches patriciens à travers les rues pour leur indiquer les lieux de plaisir, les meilleures tavernes, les tenir au courant des jeux du cirque très fréquents et des pièces de théâtre que l'on joue en ce moment sur la grande palestre ou dans le quartier des théâtres.

Dressé à la proue du bateau, vêtu de la toge blanche des patriciens dont les nombreux plis sont ornés d'une bande rouge, Marcus Flavius Pansa contemple avec émotion le port qui s'approche, les villas à l'arrière, les quais remplis de gens. Cet homme de quarante-cinq ans s'est un peu épaissi avec le temps mais il reste bien fait. De ses cheveux bouclés, grisonnants sur les tempes, à son front large et haut et à ses yeux gris clair, tout dénote son appartenance à une grande famille romaine. C'est un taiseux qui parle toujours avec précision.

Solidement campé sur ses jambes légèrement écartées, Marcus Flavius Pansa attend que le flanc du bateau touche le bord du quai. Le premier contact avec la ville qu'il a fuie lui procure un étrange sentiment de joie et de haine. Il parcourt du regard les murs d'enceinte, de chaque côté du port, les tours de garde régulièrement espacées, tant de marques de puissance. Il imagine les frontons des superbes villas donnant sur la rue de l'Abondance. À cet instant, il comprend qu'il s'est ennuyé pendant ces dix-sept années à Rome, même s'il a pu se lancer dans de nouvelles affaires et retrouver sa fortune engloutie par le séisme.

— Tu comprends, Massimus, reprend-il, finalement, à Rome, je n'étais qu'un commerçant. Mon nom n'évoquait rien, les gens ne voyaient en moi qu'un marchand d'étoffes fines et de laine. Ici, je vais renouer avec le passé de ma famille. Pompéi s'est beaucoup transformée. Les patriciens ont perdu de leur influence. Je vais rassembler autour de moi les grandes familles, restaurer avec elles l'ordre ancien. Et si mes enfants sont vivants, la lignée des Pansa retrouvera sa place.

— Tes enfants et Rectina ! réplique malicieusement Massimus.

Marcus se tait un court instant, inspire, puis se tourne vers son affranchi :

— C'est vrai que je ne l'ai pas oubliée. Mais je me dis que ce sera difficile de renouer avec le passé. Elle a été mariée, moi aussi !

— On dit qu'elle n'a pas eu d'enfant…

— Je sais. Mais je ne suis pas certain que ce soit suffisant. Et je vais te dire : de toi à moi, je redoute cette rencontre !

Enfin, le flanc de bois frotte contre les sacs de sable disposés le long du quai. L'énorme proue en forme de bulbe, ornée de chaque côté d'un œil blanc et jaune, comme une tête de monstre, se dresse au milieu des bateaux de pêcheurs, beaucoup plus modestes, souvent de simples barques à fond plat. Ce bulbe est surmonté d'une volute assez large dont la forme ajoute beaucoup d'élégance à l'ensemble.

Ça sent le poisson, l'iode, et cette odeur indéfinissable si caractéristique du port de Pompéi. La poitrine oppressée, Marcus avance sur la passerelle de planches qui ploient légèrement sous son poids. Sur le bateau, les rameurs ont quitté leur siège et aident les esclaves à décharger les coffres. Plusieurs charretiers attendent à côté de leurs mules.

Massimus, l'esclave grec affranchi, marche derrière lui. Il est tellement grand et tellement maigre qu'il donne l'impression de chanceler à chaque pas. Avec sa tête étroite et son long nez, il a tout d'un héron. Du même âge que Marcus, il partage avec lui le goût pour la lecture et l'étude. En revanche, s'il a appris à se défendre, ce qui est indispensable en Campanie, il s'est toujours tenu éloigné des sports et des jeux violents. Marcus le considère comme un ami et ne fait rien sans l'avoir consulté. Il lui reconnaît un seul défaut, celui de prêter une oreille attentive aux propos de ces prêcheurs, ces disciples de l'horrible révolutionnaire qu'on a crucifié voilà une trentaine d'années à Jérusalem. Il s'obstine à porter la toge ordinaire et a refusé l'occasion de s'enrichir que Marcus lui a proposée. Massimus aurait pu devenir son allié et se lancer dans le commerce des étoffes précieuses achetées en Orient. Mais il veut rester pauvre : « Celui que je vénère était descendant de roi, et pourtant, il ne possédait rien ! » De tels propos irritent Marcus. Sous ces apparences de bonté, d'amour universel, ceux que l'on appelle déjà les chrétiens répandent leurs idées nocives dans toutes les couches de la société, comme la lèpre envahit un corps affaibli.

— C'est quand même étrange, ce ciel presque rose, constate Marcus. Et le soleil, tu as remarqué comme il est rouge ? Je n'ai pas souvenir qu'il était ainsi autrefois !

— Je me dis que ces bizarreries indiquent un grand malheur, maître. Un signe qu'il ne faut pas négliger.

Massimus a gardé l'habitude d'appeler Marcus « maître », comme au temps où il était son esclave. Marcus le lui a souvent reproché, mais il persiste, considérant qu'il ne peut être l'égal du descendant d'une des plus anciennes familles pompéiennes.

— Massimus, je t'en prie, cesse de jouer les rabat-joie et laisse-moi au bonheur de retrouver ma ville, proteste Marcus.

— Je croyais que tu la haïssais !

— Tu sais très bien ce que je veux dire.

— Ma ville à moi, c'est Athènes, répond Massimus sur un ton sombre. Quand les Romains m'ont enlevé à ma famille, j'avais là-bas un avenir tout tracé. Mon père commerçait avec Byzance. Nous étions aisés et j'apprenais à lire... Je sais que je ne pourrai jamais montrer à mon fils la ville de mon enfance, celle des poètes, des philosophes et des savants !

En parlant ainsi, Massimus sent monter en lui une bouffée de fierté.

— Rome doit tout à ma nation !

— Écoute, Massimus, reprend Marcus légèrement agacé, je n'ignore rien de tout cela. Et je te répète : tu es libre de repartir à Athènes. Je te donnerai assez d'argent pour t'installer. Tu es libre !

— Non, je ne suis pas libre. Il y a mon fils à Rome et toi, maître, toi que je ne quitterai jamais !

Cet aveu d'affection touche Marcus qui prend son affranchi dans ses bras, Massimus grand et maigre, comme hésitant à garder son équilibre, et Marcus plus petit d'une bonne tête, solide sur ses jambes.

Marcus pose enfin le pied sur la terre ferme, fait quelques pas tout en regardant autour de lui. Le port est toujours aussi animé. On décharge des bateaux en provenance de Rome, de Crète et des rivages d'Afrique. On parle, on crie, le bruit familier de cet endroit rappelle à Marcus l'époque où il venait ici en compagnie de Rectina, sa belle voisine dont il était amoureux.

L'émotion l'oppresse ; il peine à marcher, le souffle court, conscient que, depuis dix-sept ans, il n'a rêvé que de cet instant. Son regard s'arrête sur des détails qu'il retrouve, nets comme s'il était parti la veille. Les souvenirs affluent à sa mémoire. Il y avait sur sa droite, un peu en retrait du quai, dépassant d'une friche, un figuier dont les branches faisaient une ombre agréable au-dessus d'un sentier. Marcus cueillait les fruits qu'il donnait à Rectina. L'arbre est toujours là, le sentier aussi, envahi par endroits d'herbes sèches. L'étal du vieux marchand Cominus qui disposait ses poissons sur des planches posées sur des tréteaux n'a pas changé de place ! Cominus a été remplacé par son fils qui lui ressemble tellement que Marcus est tout à coup ramené dix-sept ans en arrière. Et cette odeur que Marcus n'a ressentie nulle part ailleurs, faite d'iode, de poisson, de crottin de cheval et d'herbe mouillée !

Un petit homme se détache de la foule et s'approche, les mains tendues. Marcus s'élance et lui donne une accolade.

— Lucius Jucondus Polibus, mon ami !

— Marcus, enfin te revoilà ! Tout est prêt pour te recevoir. J'ai acheté la villa de Morillus et je l'ai fait rebâtir presque à l'identique de ta villa dont je me souviens très bien.

Lucius Jucondus sourit, montrant ses larges dents mal plantées. Son crâne chauve luit au soleil. Les deux hommes s'étreignent longuement. Tant de souvenirs reviennent à leur mémoire. Marcus s'écarte de son ami et l'observe. Les dix ans qui les séparent s'affichent sur son visage. C'est déjà un vieil homme avec une couronne de cheveux blancs qu'il fait couper très court et qui tranchent sur sa peau plutôt sombre. Mais sa large mâchoire dégage toujours cette impression de volonté et ses yeux tapis sous d'épais sourcils pétillent de la même malice que dans leur jeunesse.

Marcus promène autour de lui un regard ému. En face, la porte Marine par laquelle entrent des porteurs de paniers de poissons est toujours aussi imposante. Des marchands poussent devant eux de petites charrettes à bras puisque du lever au coucher du soleil les attelages sont interdits dans la ville. Les dégâts du grand tremblement de terre ont été réparés et Pompéi paraît toujours aussi souveraine, aussi riche, aussi heureuse.

— Massimus, demande Marcus, tu vas faire transporter les coffres à la villa. Tu dirigeras les esclaves pour que tout soit prêt quand j'arriverai.

Lucius pose une main sur l'épaule de Marcus.

— La nouvelle de ton retour s'est répandue comme un feu de paille. Ici, tout a changé. Les nouveaux riches gouvernent la ville. Il est temps de remettre en place ces affranchis qui se croient tout permis. Il nous manquait un homme déterminé comme toi, et des plus anciennes familles, pour restaurer les traditions !

— Je suis revenu pour retrouver mes enfants et replacer les Pansa là où ils étaient avant le grand tremblement de terre.

— Nous en reparlerons. Mon bureau est tout près du forum. Je t'ai trouvé quelques bons placements pour ton argent.

Marcus dissimule un sourire. Lucius n'a pas changé, il n'a jamais rien fait gratuitement, guidé en permanence par ses intérêts. Il s'est ainsi beaucoup enrichi en s'occupant des affaires des autres.

— Je te remercie, mon cher ami ! Je crois que je vais poursuivre mon commerce, mais je ne suis pas opposé à l'idée de placer de l'argent ailleurs.

Ils entrent par la porte Marine, longeant d'antiques tombes. Abandonné par les autorités, l'endroit est toujours le repaire de bandits qui n'hésitent pas à saigner à blanc leurs victimes. Les candidats aux élections ont tous des projets de réhabilitation, mais une fois élus, ils oublient vite ce bouge puant en dehors des murs de la ville.

Marcus constate que le temple de Vénus a été restauré. À proximité, plusieurs tavernes proposent des boissons et de la nourriture. On y trouve aussi trois bordels signalés par un phallus en pierre érigé au-dessus de la porte. Loin des établissements de luxe du centre-ville, tout est fait pour la rentabilité et accueillir un maximum de clients. Les prostituées disposent d'un local exigu, sorte de réduit où se trouve une paillasse. Un rideau le sépare de la rue où chaque client attend son tour. C'est une scène ordinaire de la vie à Pompéi et personne n'y trouve à redire.

Sur la droite, après le temple de Vénus, se dresse un bâtiment tout en longueur et assez imposant que l'on appelle la basilique.

— Tu remarqueras que le temple de Jupiter n'est pas encore complètement reconstruit ! On se demande où est passé l'argent collecté ! fait Lucius, sur un ton plein de soupçons.

Au loin se dessine la place du forum, point de rencontre incontournable, tout en longueur, allant de la rue de la Mer au temple de Jupiter, encadrée par le temple d'Apollon et les temples des Lares. C'est là que se décident les grands travaux, là que les candidats aux différentes élections font valoir leurs arguments, là que se concentrent aussi voleurs, escrocs et espions qui écoutent toutes les conversations pour aller revendre les informations aux intéressés.

L'endroit ressemble à un foirail. Une multitude de gens se pressent autour de la litière de personnes importantes, de conteurs d'histoires, de faiseurs de tours. Ces activités, pourtant interdites, sont tolérées parce qu'elles apportent des diversions aux nombreuses empoignades entre les groupes d'avis différents.

— Ne nous attardons pas, dit Lucius.

Le banquier prend cependant le temps de saluer les uns et les autres. Il ne peut passer inaperçu tant sa petite silhouette, ses jambes tordues et sa grosse tête chauve sont célèbres. On l'accoste, on lui demande son avis sur les derniers décrets des duumvirs, mais la question qui est dans toutes les conversations lui est posée par un vieil homme édenté au menton saillant comme un bec de canard :

— Il se passe des choses bizarres à Pompéi, Lucius, toi qui es sage, qu'en penses-tu ?

— De quelles choses bizarres veux-tu parler ?

— Des bruits sourds qui nous réveillent la nuit, comme si les dieux des enfers se trouvaient à l'étroit. Les oiseaux ont fui mon jardin. Pas un seul chant le matin. Et puis nos chiens hurlent à la mort toutes les nuits.

Lucius pousse un soupir.

— Je sais tout ça ! Que veux-tu que je te dise à part de faire des offrandes aux Lares ?

— Et puis mes chevaux sont agités ! lance un autre. Impossible de les tenir. Hier, j'en ai laissé échapper un, qui est parti à travers les rues de la ville et a renversé plusieurs personnes. Non, ce n'est pas normal, ce cheval, je le connais bien ; d'habitude, il est très doux…

— Tes esclaves lui ont donné trop d'avoine, voilà tout !

Lucius s'éloigne, suivi de Marcus qui, au bout de quelques pas, s'arrête en face d'un autre rassemblement. Un homme énorme, assis sur sa chaise à porteurs, harangue la foule. Son crâne chauve, ses larges bajoues tombant de chaque côté de son menton, son visage rougeaud intriguent Marcus, qui l'observe en silence, car il croit le reconnaître.

Ils poursuivent leur chemin en direction de la basilique. Autour d'eux les marchands de vin proposent des gobelets aux passants. Les vendeurs à la sauvette vantent les qualités de leurs amulettes apportées d'Orient. D'autres, assis à même le sol, montrent des bracelets de pacotille, des verroteries taillées comme des bijoux. Marcus s'immobilise soudain. En face de lui, une femme d'une rare élégance marche accompagnée de ses servantes. L'une d'elles tient une ombrelle au-dessus de sa maîtresse pour ne pas laisser son teint de lait être gâté par l'ardeur du soleil. Ses grands yeux soigneusement soulignés avec du fard noir s'arrêtent sur Marcus. Il reçoit un coup de poignard à la poitrine. Rectina est toujours aussi belle. L'âge lui a seulement donné une noblesse, un regard direct et un peu hautain qui tient à distance les faiseurs de compliments.

De son côté Rectina s'est immobilisée. Pas un mouvement de son visage ne trahit son émotion. Pourtant, elle ne quitte pas des yeux celui qu'elle retrouve si semblable au jeune homme qu'elle a connu, et en même temps si différent par l'épaisseur de son corps, son visage carré, et ses tempes grisonnantes.

— Rectina ? bredouille Marcus dans un souffle.

— Marcus ! dit la femme d'une voix retenue. Est-ce bien toi ?

Des flots de souvenirs les submergent, si forts, si denses qu'ils les rendent muets et distants, comme si leurs vies séparées les avaient transformés de manière irréversible.

— Te voilà de retour à Pompéi ? demande enfin Rectina pour chasser le silence.

— Eh bien oui ! répond-il narquois. Et je mesure combien cette ville m'a manqué.

— La vie est ainsi faite ! tranche la patricienne qui se sait observée et ne veut surtout rien montrer de ses sentiments profonds.

Elle se tourne vers Lucius :

— Il faut que je vienne te voir. J'ai quelques projets et j'aimerais avoir ton avis !

— Quand tu voudras, répond le banquier en passant une main rapide sur son crâne lisse. Ma porte t'est toujours ouverte.

Rectina s'éloigne mais ne peut s'empêcher de lancer un dernier regard à Marcus qui en est ébloui. Il aurait pourtant aimé plus de chaleur. Pourquoi cette apparente indifférence ?

— Finalement, je suis fatigué. Je vais rentrer me reposer, annonce-t-il tout à coup en se dirigeant vers la rue de l'Abondance où a disparu Rectina.

Il hâte le pas dans l'espoir de la retrouver, en vain. Alors il marche au hasard dans sa ville, étonné par les belles villas récemment construites. Il fait un détour par la rue de Stabies où se trouvait le palais des Pansa. Il ne reste rien de l'antique maison. Tout a été rasé et une magnifique villa a pris la place, effaçant pour toujours le souvenir de sa famille dont on dit que l'origine remonte aux premiers temps de Pompéi. Absorbé par la contemplation du fronton orgueilleux de la villa aux colonnes de marbre blanc, il n'entend pas Lucius le rejoindre.

— Attends-moi, Marcus, je vais te raccompagner ! lance-t-il, un peu essoufflé d'avoir couru pour le rattraper. Tu vois comme notre ville a changé depuis le grand tremblement de terre. Sais-tu qui occupe ce magnifique palais, probablement l'un des plus riches et des plus élégants de la ville ?

— Ma famille habitait là, répond Marcus sur un ton sombre, et il n'en reste rien, pas même une statue. Même les dalles de la cour ont été changées.

À son tour, Lucius observe la gigantesque demeure.

— As-tu connu Bumachia ? demande-t-il soudain.

— Tu veux parler de la fille de Cornolus, le grand prêtre public qui servait Apollon ?

— Oui, Cornolus, de la famille des Eumachii. On disait qu'il était tellement avare qu'il se privait à chacun de ses repas ! Puis Cornolus est mort, et Bumachia a su se débrouiller. Elle a été nommée grande prêtresse publique à la suite de son père. Elle est tout aussi avare et ne donne jamais aucun banquet. Tu ne la verras pas déambuler en ville…

Attristé de constater que sa famille est oubliée, Marcus préfère s'éloigner.

— Personne n'y peut rien, explique Lucius, conscient du trouble de son compagnon. Des affranchis, des gens du petit peuple ont réussi à bâtir d'immenses fortunes et ont pris la place des patriciens. C'est ainsi ! Mais ils ont su faire Pompéi plus belle qu'avant le tremblement de terre. Cette grande catastrophe a été en un sens utile puisque les vieilles maisons ont été remplacées…

Lucius interrompt ses explications en s'apercevant que Marcus s'est arrêté, les yeux levés vers le ciel.

— Cette lumière me paraît vraiment bizarre… Le ciel est presque rouge, tout comme le soleil. Je n'ai jamais vu ça !

— Ton long séjour à Rome t'a-t-il fait oublier les belles journées d'automne de Pompéi ?

— Justement, la lumière d'automne était dorée mais là, elle est rouge, comme si l'air brûlait, constate Marcus avec perplexité.

POMPÉI,
LE 21 OCTOBRE, 16 HEURES

69 heures et 21 minutes
avant l'éruption

Un léger vent caresse le visage de Marcus, apportant des parfums qui lui rappellent ses promenades sur les pentes du plateau à chasser le sanglier et le cerf. Il n'est pas guéri de sa jeunesse qui lui revient avec force en ces lieux. Elles ont été si heureuses ces années d'insouciance dans l'immense villa où vivait sa famille depuis tant de générations ! Celle qu'il vient d'acheter n'est pas très grande, mais très bien décorée. Lors de la restauration, l'architecte a su conserver les antiques fresques, des statues et même des panneaux de bois ouvragés par les meilleurs sculpteurs. L'endroit a été aménagé selon les plans du jardin de la villa familiale, et Marcus ne s'y sent pas complètement étranger.

— J'avais vingt-huit ans quand le grand malheur est arrivé…

Massimus lance un regard à Marcus dont le visage s'est fermé. L'affranchi non plus n'a rien oublié. Ils étaient à la ferme des Pansa où Marcus devait recevoir un marchand de Naples pour vendre ses olives vertes. La terre s'était mise à bouger avec une telle violence que plusieurs constructions avaient été détruites. Installés dans le verger dont la pente descendait lentement vers les rives du Sarno, Marcus et Massimus avaient été épargnés. Ils étaient aussitôt partis à bride abattue vers la ville. Par temps ordinaire, deux heures à cheval étaient nécessaires, mais les routes encombrées d'arbres déracinés, de rochers roulés des pentes les avaient beaucoup retardés. Et Marcus, pétrifié par le sort de sa famille restée à Pompéi, Marnella, sa femme, Julius, son fils aîné, Stephanus et Cellia, les jumeaux, ses parents, sa tante, était tétanisé par l'angoisse...

Ils étaient arrivés dans une ville dévastée. Plus un seul mur ne tenait debout. Les cris, les appels des blessés se mêlaient aux bruits des hommes qui tentaient de dégager les rues et de sauver les prisonniers des décombres.

— Maître, ne pense pas à tout ça. Tu te fais du mal. Tu connais mon idée à ce sujet, le tance Massimus.

— Tout ce qui me reste, c'est l'espoir que mes enfants ne sont pas morts !

— Tu as bien autre chose !

Massimus esquisse un léger sourire qui contracte son visage buriné par le soleil. Lui aussi a eu une petite enfance heureuse à Athènes jusqu'à sa capture par les hordes romaines. À six ans, réduit en esclavage, il avait été vendu au père de Marcus qui avait remarqué son intelligence et l'avait fait instruire. Affranchi, il avait accompagné Marcus à Rome, où il s'était marié et avait eu un fils... Il sait que Marcus apprécie particulièrement son sens de l'observation. Le moindre geste d'apparence insignifiant est relevé, analysé, et Massimus a l'art de trier le vrai du faux. Or il est persuadé que la vieille voyante se contente de dire aux gens ce qu'ils souhaitent entendre.

— Elle a bien compris ta pensée profonde, reprend Massimus. Elle a eu conscience que, malgré tes propos rancuniers, tu t'ennuyais de Pompéi. Alors elle a pris le prétexte de tes enfants pour t'inciter à y retourner.

— On a sorti des décombres tous les corps de ma famille mais pas mes enfants, objecte une nouvelle fois Marcus. Tu ne trouves pas ça étrange ?

— Certes, mais si tes enfants avaient échappé à la mort, on te l'aurait dit tout de suite parce que tu étais d'une grande famille influente. Cela fait dix-sept ans… S'ils avaient survécu, ils seraient maintenant des adultes libres de retrouver leur père, alors pourquoi ne seraient-ils pas venus vers toi ? À Pompéi, tout le monde sait que tu vis à Rome.

— J'ai l'impression d'avoir été lâche envers mes ancêtres, de les avoir abandonnés, reprend Marcus. Tu as raison, Massimus, mais regarde, de nombreux Pompéiens ont reconstruit leurs villas et vivent très heureux. Ce tremblement de terre n'était destiné qu'à chasser les couards dont j'ai fait partie.

— La terre tremble toujours à Pompéi, rétorque son ami. Mais c'est généralement sans grande importance, alors que là…

— Je sais, marmonne Marcus en portant la main à ses cheveux courts.

Les rides de son front lui donnent un air de sérieux un peu austère. Il ressemble à son père qui avait été duumvir avant de succomber lors du grand tremblement de terre.

Marcus soupire. Le rusé Massimus en comprend le sens. La froideur de Rectina fait douter son ami et alourdit ses pas.

— Il me semble que Rectina n'a pas été heureuse de me revoir, murmure Marcus comme pour lui-même.

Massimus lui lance un regard amusé et incrédule. Ils sont interrompus par l'arrivée d'un esclave affolé.

— Maître, tes trois chiens…

— Eh bien quoi ?

— Nous avons apporté la cage et quand on a ouvert la porte, ils étaient devenus fous. Ils mordaient l'air, comme pour s'en prendre à un assaillant invisible, et ils se sont enfuis par la porte du jardin. Nous nous sommes lancés à leurs trousses, mais ils restent introuvables.

— Voilà qui est bizarre, grogne Marcus.

— Et puis, ajoute l'esclave, nous avons questionné les gens. Il paraît que tous les chiens qui n'étaient pas attachés ont disparu. On ne sait pas ce qu'ils sont devenus. On nous a rapporté que les chevaux s'échappent aussi ; on dirait que les ânes sont enragés. Plusieurs personnes ont été blessées par des coups de pied...

— Qu'est-ce que tu en penses, Massimus ? demande Marcus en scrutant le ciel qui a viré au rouge sang. Qu'est-ce que cela veut dire ? Tu estimes toujours que Colinius a raison, qu'une catastrophe va s'abattre sur la ville, un nouveau grand tremblement de terre ?

— C'est possible ! s'exclame Massimus, en posant la main sur le bas de son estomac.

— Les dieux veulent-ils nous faire payer notre indifférence ?

— Les dieux n'y sont pour rien, tranche Massimus.

— Voilà que tu parles encore comme ces illuminés qui prêchent les idées de révolte de ce Jésus, heureusement condamné à la croix !

— Je ne te l'ai jamais caché, maître, je suis baptisé. Jésus veut le bien des hommes. Les prêcheurs m'ont convaincu qu'il n'y avait qu'un seul Dieu universel et créateur de toutes choses. Je ne désespère pas de te convertir.

— J'espère que Jupiter ne t'a pas entendu. Mais comment, toi, un homme sensé et calme, peux-tu prêter attention à des paroles de révolution, de guerre ?

— Tu te trompes, les fidèles de Jésus rêvent de paix, d'amour et de bonheur pour les hommes, c'est pour cela qu'ils soutiennent que les esclaves sont les égaux des maîtres.

Marcus connaît les convictions de Massimus et n'insiste pas. Si ce n'était pas son ami, il l'aurait fait fouetter depuis longtemps. Les horribles révolutionnaires, qui se reconnaissent en traçant un poisson ou une croix avec la main droite, ne cessent de gagner les populations pauvres et les esclaves. Faudra-t-il attendre de grandes révoltes pour que Titus se décide à les châtier ? Si on les laisse faire, ils deviendront les maîtres car ils ne reculent devant rien ; la mort les laisse indifférents.

— Je ne sais pas si c'est mon Dieu qui me le souffle, mais j'ai peur, poursuit Massimus. Une énorme pince me broie les entrailles. Les chiens, les chevaux sentent ces choses, et ils ont peur aussi ! Et puis les oiseaux, les papillons, tout ce qui vit a quitté Pompéi. Il y a bien une raison !

Marcus soupire.

— Comment veux-tu que les animaux sachent ce qui nous échappe ?

— Parce qu'ils sont innocents !

— Moi, ce qui m'irrite, fait Marcus pour changer de sujet, c'est la richesse de certaines villas. Après le grand tremblement de terre, beaucoup d'aristocrates ont quitté Pompéi parce qu'ils n'avaient pas les moyens de reconstruire leurs superbes palais. N'est-il pas honteux que les plus anciennes familles soient ainsi remplacées par des esclaves affranchis ? C'est ça qui contrarie les dieux !

Massimus se contente d'un sourire incrédule alors qu'on vient leur annoncer une visite. Il se tourne vers cet homme élégant aux cheveux courts, un peu frisés sur son large front, vêtu de la toge blanche des patriciens. Alors qu'il avance dans l'atrium, Massimus détaille son visage lisse et bien clair comme ceux qui n'ont pas besoin d'aller se rôtir au soleil pour gagner leur pain, sa silhouette légèrement empâtée, et estime qu'il doit avoir une quarantaine d'années. Marcus lui tend les bras.

— Aulus Bagonius Sterri, mon vieil ami ! Quel plaisir de te retrouver ! Tu n'as pas changé !

Les deux hommes s'étreignent. La famille d'Aulus, originaire du nord de la péninsule italique et installée à Pompéi depuis cinq générations, a bâti sa fortune grâce à la fabrication de voiles de bateaux. Enfant, Aulus fréquentait la villa des Pansa, et s'était surtout attaché aux pas de Marcus, qui l'impressionnait par sa force et son adresse aux jeux violents.

— Qu'est-ce que tu deviens, cher Aulus ? Es-tu marié ?

— Non, répond Aulus d'une voix retenue. J'ai un ami de cœur, Clopurnius Riso. Sa villa, l'une des plus belles de la région, se trouve sur la route d'Herculanum, juste à l'entrée de la ville.

— J'ai connu sa famille. Clopurnius était un jeune homme très secret, à qui on ne connaissait pas d'amis.

— Oui, poursuit Aulus, il était déjà pris par la passion des papyrus, des manuscrits anciens qu'il collectionnait et cherchait à traduire dans notre langue. Nous nous sommes rencontrés après le grand tremblement de terre. Depuis, nous ne nous quittons pas.

— Et toi aussi, tu collectionnes désormais les papyrus ?

— Je te montrerai le trésor que j'ai chez moi. Cela fait partie de la grande collection que nous avons réussi à rassembler, Clopurnius et moi. Nous ne vivons que pour elle !

Les deux amis font quelques pas dans les allées du jardin que des esclaves ratissent. Il descend en pente douce jusqu'à un petit étang presque à sec. Les bruits de la ville arrivent à eux, cris d'enfants, appels des marchands ambulants, coups de marteau des charpentiers qui réparent une toiture malmenée par un récent tremblement de terre.

— Au fait, demande tout à coup Marcus, que devient notre ami commun, Caelus Balinius ?

— Sa richesse lui est montée à la tête. Il rêve de devenir duumvir et dépense beaucoup pour acheter les électeurs. Il a bien oublié qu'il n'est qu'un affranchi.

— Ce que tu me dis là me peine beaucoup, déplore Marcus. C'était un si gentil camarade. C'est d'ailleurs pour cela que je l'avais affranchi juste avant le grand tremblement de terre. Je l'ai aperçu hier sur le forum. En effet, il a beaucoup changé.

— Il se croit tout permis ! s'insurge Aulus. Il vit dans le faste et dépense sans compter pour rester le plus en vue. Il malmène ses esclaves et fait assassiner ceux qui se dressent devant lui. Je t'en prie, Marcus, s'il vient vers toi, reste sur tes gardes.

Marcus ne cache pas son étonnement.

— Ce que tu m'apprends, Aulus, est bien étrange. Il n'y avait pourtant pas plus doux et généreux que Caelus !

— Il s'est enrichi en faisant le commerce des tuiles et des briques après le grand tremblement de terre. Puis il a eu un très grave accident de cheval. Depuis, il en veut au monde entier. Il n'a pas été élu aux dernières élections des duumvirs et prépare sa revanche. Tous les murs de la ville sont couverts d'inscriptions à son avantage.

Un grondement sourd comme venu de très loin fait vibrer les cloisons, la terre tremble sous leurs pieds. Cela ne dure que quelques secondes, mais suffisamment pour apeurer Marcus qui a oublié qu'ici ce genre de phénomène est habituel.

— C'est ainsi depuis quelque temps, affirme Aulus sur un ton dégagé. Il ne se passe pas une journée ou une nuit sans que la terre s'agite comme un gros animal qu'on dérange dans son sommeil. Tu vas venir chez moi. Je vais te montrer quelque chose de curieux.

Malgré tous les efforts des aménageurs pour construire sa villa à l'image de son ancienne maison de famille, Marcus ne se sent pas à l'aise dans cette demeure détruite une première fois par le grand tremblement de terre et reconstruite récemment par un artisan charpentier qui n'avait pas eu assez d'argent pour aller au bout de son projet. Des présences invisibles, comme les âmes de ceux qui ont vécu là, lui indiquent qu'il reste un étranger. Ce sentiment bizarre l'incite soudain à partir. Il demande à Massimus de s'occuper du rangement afin que tout soit en ordre à son retour. Peut-être est-ce l'entassement de coffres dans l'entrée qui lui donne cette impression de n'être là que de passage.

— Allons faire un tour, propose Marcus. Je dois retrouver Lucius Jucondus.

— Passons d'abord chez moi !

Il suit Aulus dans la rue très encombrée à cette heure. Les livreurs d'eau, les marchands de vin et de pain, les vendeurs de rue qui proposent leurs porte-bonheur et des tas de petits objets utiles, aiguilles, boutons, agrafes, interpellent les gens. Dans leurs boutiques, les artisans travaillent à la vue de tous, recevant les clients et donnant des ordres à des esclaves restés à l'arrière. À la porte d'une taverne, des femmes fardées attirent les hommes ; des enfants courent en bousculant les passants. Des voleurs à la tire profitent de toutes les bonnes occasions pour saisir un sac à provisions ou arracher un collier du cou d'une belle aristocrate. Le bruit est infernal, un brouhaha continuel parsemé d'éclats de voix stridents. Marcus profite du spectacle, intrigué malgré tout par cette lumière rougeâtre qui s'est épaissie depuis son arrivée. Il n'a aucun souvenir d'un tel phénomène, mais n'en parle pas à Aulus. Ici, les gens sont indifférents aux tremblements de terre qui détachent des murs des morceaux de crépi et font tomber des tuiles des toitures. Les Pompéiens ont l'habitude de ces petits désagréments qui caractérisent leur ville, mais n'en partiraient pour rien au monde. Pompéi n'est-elle pas réputée pour être la plus riche de tout l'Empire romain, une ville où il fait si bon vivre ?

— Étrange, remarque Marcus, autrefois, les rues et les toitures étaient envahies de pigeons. Vous leur avez fait la chasse ?

— Non, répond Aulus en souriant. Ils sont partis voilà quelques jours. On pense qu'ils ont fui dans le haut pays où les vendanges ne sont pas encore terminées. Mais ils ne sont pas les seuls. On a vu des rats s'échapper de la ville. Des milliers de rats qui grimpaient sur les murs d'enceinte. C'était impressionnant, mais personne ne s'en plaindra.

Un peu plus loin, dans la rue de l'Abondance, Marcus aperçoit des ouvriers creuser des tranchées, entasser la terre et les pavés sur les côtés afin de ne pas gêner le passage. D'autres disposent de longs tuyaux de plomb et les ajustent dans les saignées creusées en bordure de chaussée.

— Il y a eu un tremblement de terre en juillet dernier un peu plus fort que les autres et qui a abîmé les canalisations d'eau, reprend Aulus. Le responsable de la voirie est sommé de faire vite car depuis nous n'avons plus d'eau pour les thermes et nos villas. On est obligés de faire porter l'eau du Sarno.

Ils arrivent au forum, près du marché aux légumes, peu animé à cette heure. C'est là que conduisent les pas de tous les promeneurs et où il faut se montrer. Marcus en retrouve l'ambiance avec plaisir. L'endroit est situé sur un léger promontoire qui offre une vue globale de la ville et ses quartiers. Devant lui, dans la ligne du temple de Jupiter, il admire un instant les pentes du Vesuvius où sa famille possédait autrefois une ferme. La campagne s'élève lentement dans une verdure luxuriante déjà teintée des premières couleurs de l'automne. Des vignes parmi les plus riches, des champs de blé et des oliveraies, des noyeraies, des plantations d'arbres fruitiers entourent la partie supérieure plate couverte de pierrailles, de gros rochers stériles où ne poussent que des genévriers rachitiques et quelques épineux. Il n'y a pas d'eau, pas la moindre source. C'est le domaine des serpents et des scorpions. Les bergers les plus pauvres y conduisent leurs chèvres.

Au forum, on parle surtout de la restauration du réseau hydraulique urbain pendant que des ouvriers travaillent à consolider les colonnes disposées à intervalles réguliers sur lesquelles sont accrochées des lampes à huile que des employés municipaux allument chaque soir dès le coucher du soleil. Grâce à cet éclairage public, la nuit ne tombe jamais sur la ville la plus moderne de l'Empire.

— Tout ceci est bien étrange, note Aulus. L'eau manque et pourtant, tu verras ce qui s'est passé dans mon jardin.

Marcus ne pose pas de questions. Il a remarqué deux femmes entourées de plusieurs hommes. L'une assez grande, très élégante avec sa coiffure haute et ses cheveux d'un noir de jais, ses grands yeux clairs savamment soulignés de fard, son beau visage ovale, son cou frêle ; l'autre plutôt blonde, ce qui est assez rare dans le pays, mais tout aussi élégante malgré sa taille plus petite, sa robe blanche ornée de pierreries et son magnifique collier qui conduit le regard vers ses boucles d'oreilles en or serties de délicats diamants pleins d'éclairs lumineux.

Marcus la reconnaît.

— Alexia, murmure-t-il à son voisin. Je l'ai connue enfant.

— Beaucoup d'hommes lui font la cour, mais elle ne cède à aucun, explique Aulus. Elle est la maîtresse du grand Julius, le roi des gladiateurs, qui appartient à Caelus Balinius. C'est une femme libre, qui ne recule pas devant le scandale, et s'affiche parfois avec son amant. Elle a su faire fructifier la petite fortune héritée de sa famille.

— Julius ? s'étonne Marcus, mais c'est le nom de mon fils aîné.

— Celui-ci était un esclave souffreteux et affamé que Caelus a ramené de Naples. Il a suffi de lui donner à manger à sa faim pour qu'il devienne un robuste gaillard taillé pour les jeux du cirque.

Marcus s'approche d'Alexia qui le dévisage un instant avant de s'exclamer :

— Marcus Flavius Pansa ? Je ne me trompe pas ?

— Non, tu ne te trompes pas, Alexia ! Cela fait presque vingt ans que nous ne nous sommes vus et tu es toujours aussi belle !

Elle baisse les yeux, montrant que le compliment la touche.

— Je savais que tu étais revenu, Rectina m'en a parlé. Elle semblait tout heureuse de t'avoir retrouvé !

— Je n'en suis pas certain, réplique Marcus pour ne pas révéler combien ce que vient de dire Alexia lui fait du bien. Si elle avait voulu me voir, pourquoi n'est-elle pas venue me rejoindre à Rome ?

— Voyons, Marcus, ne sois pas injuste, le tance Alexia. Je sais qu'elle y a pensé, mais elle ne voulait surtout pas s'imposer dans ta vie !

— Moi aussi, je pensais à elle, reprend Marcus en sachant qu'Alexia ne manquera pas de le répéter à Rectina. Elle m'a beaucoup manqué !

— Le beau couple que vous feriez tous les deux !

À son tour, Marcus baisse les yeux. Ce que lui dit Alexia lui procure une grande joie. Il a désormais la certitude que la vieille voyante a été guidée par les dieux. Tout se rejoint, son amour toujours vivant pour Rectina et la recherche de ses enfants : la famille Pansa reconstituée !

— Les dieux ne sont plus avec nous, ajoute Alexia, pour changer de sujet. La terre bouge, casse les canalisations d'eau, une crevasse s'est formée, coupant la route de Nocera. Hier encore, le sol s'est effondré sous deux esclaves qui poussaient une charrette d'amphores. Les deux hommes et le chargement ont disparu sous terre. Certes, ce n'était que des esclaves, mais les amphores étaient pleines d'huile de très bonne qualité. Demain nous allons sacrifier un taureau à Isis, qui est bonne pour Pompéi, mais je doute que ce soit suffisant pour apaiser son courroux.

Tout en l'écoutant, Marcus prend le temps d'observer Alexia. Elle est toujours aussi attirante avec son regard mutin et intelligent, ses mimiques dont elle sait jouer. Il comprend que les hommes d'affaires la redoutent.

Ils quittent le forum par la rue de l'Abondance où règne une grande agitation. Marcus se pince le nez et remarque :

— D'où vient cette odeur pestilentielle ?

— Les ouvriers ont dû perforer une conduite des égouts. Cela arrive malheureusement tous les jours. Naturellement, les opposants à Holconius, le préfet, ne cessent de rabâcher que c'est de sa faute, qu'il n'a pas fait réparer les canalisations cassées par le tremblement de terre de juillet et qu'elles fuient. Mes esclaves m'ont rapporté que les petits animaux de ma ferme, comme les poules, les lapins, les cochons, meurent sans qu'on sache pourquoi…

Chez Aulus, ils traversent le haut porche qui donne accès à un jardin intérieur, entouré de colonnes de marbre. Des statues ornent l'espace où des esclaves taillent des arbres et des massifs d'essences rares.

— Suis-moi, c'est par ici, annonce Aulus en entraînant son ami vers l'atrium.

Marcus s'immobilise devant un bassin tout en longueur où l'eau bouillonne.

— Toutes les sources sont taries depuis une dizaine de jours, l'eau manque partout, mais chez moi, il y en a en abondance, constate Aulus, perplexe. Surtout n'y trempe pas ta main, elle est brûlante.

— C'est en effet très étonnant ! s'exclame Marcus.

— Mes esclaves ont peur, certains même s'enfuient, reprend Aulus, et je me demande s'ils n'ont pas raison ! Viens, il y a autre chose.

Ils traversent l'atrium qui débouche sur un second jardin avec en son centre une piscine et des thermes à droite. Stupéfait, Marcus contemple une crevasse qui a fendu le pavage en plein milieu, d'où jaillit une gerbe d'eau fumante.

— C'est arrivé cette nuit, explique Aulus en s'approchant du jet d'eau sous pression. Me voilà avec de l'eau chaude pour alimenter mes thermes et ma piscine en plein hiver sans que cela me coûte un seul sesterce !

— Que s'est-il passé ?

— Ce matin, au lever du jour, un esclave est venu m'avertir que l'eau coulait dans le jardin. J'ai fait une offrande importante à Jupiter et Aphrodite qui ont toujours eu beaucoup de bontés pour moi.

Les deux hommes se tournent vers un esclave qui arrive en courant, l'air affolé.

— Maître, viens vite ! Toutes les portes de ce côté de la villa sont coincées. On ne peut plus les ouvrir alors que celles donnant sur la rue ne ferment plus, comme si elles étaient tout à coup devenues trop petites ! On dirait que la maison a basculé…

Aulus fronce les sourcils, perplexe.

— Qu'est-ce que tu racontes ? fait-il en emboîtant le pas à son serviteur.

Ils longent un large couloir orné de part et d'autre de statuettes posées sur des socles d'albâtre et entrent dans une vaste pièce dont les cloisons sont couvertes de magnifiques fresques. Deux esclaves poussent avec l'épaule une porte aux boiseries décorées, sans réussir à la décoincer.

— On dirait que le sol s'est soulevé, souffle l'un d'eux en redoublant son effort.

— Arrête, l'interrompt Aulus, tu vas tout casser. Mieux vaut patienter, c'est peut-être l'humidité qui a fait gonfler le bois.

Ils traversent le jardin, contournent l'atrium et longent une allée bordée de massifs d'herbes odorantes. Plusieurs serviteurs les y attendent.

— Regarde, maître, ici, c'est le contraire : on dirait que les portes ont rétréci ou que l'encadrement est devenu trop grand.

L'homme déplace le battant dans un sens et dans l'autre. Un jour de l'épaisseur d'une main empêche le loquet de se loger dans l'orifice destiné à le recevoir.

— C'est comme si le sol s'était abaissé ! s'étonne un autre esclave.

— Bah, laissons cela, tranche Aulus. Ce qui me tracasse, c'est que l'humidité peut abîmer mes papyrus.

Aulus conduit son ami dans une immense pièce divisée en plusieurs parties. Là, point de fresques, mais du sol au plafond des étagères. Certaines croulent sous un amoncellement de rouleaux de papyrus, sur d'autres s'empilent des coffres de bois.

— Après le tremblement de terre de juillet dernier, Clopurnius et moi avons décidé qu'il n'était pas prudent de laisser tous nos papyrus au même endroit. Alors j'en ai apporté ici et ils me tiennent compagnie. Il y a là tout ce que l'esprit humain a pu imaginer, tout ce que l'intelligence a produit. Des centaines de rouleaux venus de toutes les régions de l'Empire, mais aussi de l'Orient. Je les ai tous lus et parfois je me dis que je suis plus savant que les dieux !

Impressionné par la quantité de savoir accumulée par Aulus, Marcus garde le silence.

— Pourtant, sur ce qui se passe en ce moment à Pompéi, je n'ai rien trouvé. Les plus anciens manuscrits qui parlent de notre ville évoquent les tremblements de terre, mais quand tu remontes le temps, tu constates qu'ils étaient généralement sans conséquence. Alors, j'imagine qu'il n'y a pas de raisons que cela change !

Aulus frappe dans ses mains. Deux esclaves arrivent.

— Vous allez faire un peu de feu dans cette pièce. Juste ce qu'il faut pour que l'humidité ne gâte pas les papyrus.

POMPÉI, LE 22 OCTOBRE, 9 HEURES

52 heures et 21 minutes avant l'éruption

Trop de pensées se bousculaient dans la tête de Marcus pour qu'il ait pu trouver un sommeil réparateur lors de cette première nuit à Pompéi. Comme il a l'habitude de se lever avec le jour, le voilà fatigué. Dans son rêve, Rectina lui ramenait ses trois enfants et ils étaient si beaux ! Il réfléchit en prenant l'air frais du matin, le regard machinalement tourné vers le Vesuvius quand il aperçoit une vieille esclave s'approcher. Elle marche difficilement. Sur son visage minuscule et ridé, il ne voit que ses grands yeux pleins d'une lumière étrange. Elle fléchit le genou dans un humble salut. Ses cheveux gris tombent en touffes sèches de chaque côté de son visage. Sa bouche entrouverte montre ses gencives édentées.

— Marcus, je te connais. Toi, tu ne te souviens pas de moi. C'est normal, les esclaves se ressemblent tous et on ne les regarde pas. Pourtant, quand j'ai appris que tu étais revenu à Pompéi, j'ai accouru, j'ai posé mon balai, j'ai risqué le fouet et la mort enchaînée dans quelque basse fosse, mais je ne pouvais pas faire autrement. C'était un ordre du ciel. Je suis juive et je n'ai qu'un Dieu. Je lui ai donné ma vie.

— Que veux-tu ?

— Je m'appelle Martha et j'ai été capturée parce que j'ai suivi les adeptes de cet autre juif, Jésus de Nazareth.

— Je devrais te faire fouetter, fait Marcus.

— Tu peux me faire fouetter si tu veux, ici nous les chrétiens, comme on nous appelle, sommes haïs. Mais avant, je dois te dire quelque chose. Je me trouvais chez toi, dans ta villa, quand le tremblement de terre est arrivé.

Marcus sursaute. Il la reconnaît tout à coup. Cette petite femme solide et travailleuse malgré ses apparences de fragilité avait eu un enfant avec un autre esclave, malheureusement mort quelques jours après sa naissance. Depuis elle est bossue.

— Viens près de moi sur ce banc, dit Marcus en s'installant le premier comme le font les maîtres.

Martha reste debout, devant lui.

— Assieds-toi, je te dis, répète-t-il, légèrement agacé. Je vois bien que tes jambes peinent à te porter.

— Une esclave ne prend pas place à côté d'un patricien de ton rang.

— Ce fameux Jésus n'a-t-il pas dit que les esclaves étaient les égaux des maîtres ?

Martha sourit, ce qui élargit sa minuscule figure, et s'assoit en veillant malgré tout à conserver une distance respectueuse avec Marcus.

— Je voulais te parler de tes enfants. Il n'y a pas eu un seul tremblement de terre, mais plusieurs. La première secousse a détruit ta villa. Quand le calme est revenu, on s'est tous précipités pour essayer de sauver ceux qui restaient prisonniers sous les décombres. On a d'abord retrouvé ta mère, écrasée, puis ta femme, tuée par la chute d'une cloison, ton père, et ta vieille tante Lucilla, mais aucune trace de tes enfants.

— Je sais tout ça, j'ai vu les cadavres quand je suis arrivé. J'ai cherché mes enfants, j'ai fait déplacer les poutres une par une, les tuiles, les gravats, et ils n'étaient pas là. Alors, j'ai erré dans la ville, j'ai questionné tous ceux que je croisais. Rien.

— Je m'en souviens, Marcus. Et comme je te voyais désespéré, et que je sais que ton cœur est bon, j'avais cherché moi aussi. J'avais interrogé les esclaves qui sont souvent mieux informés que les maîtres. Et je les avais retrouvés !

— Quoi ? Qu'est-ce que tu dis, femme ? s'emporte Marcus en secouant Martha. Pourquoi tu ne me les as pas ramenés ?

— Je ne les avais pas vus. Une esclave m'avait dit qu'ils étaient vivants. Ton fils aîné, Julius, avait été blessé au menton, sur le côté droit, et avait été emmené par un marchand d'amphores. Tes jumeaux, Stephanus et Cellia, étaient indemnes. Pas même une égratignure. Mais l'esclave n'avait pas pu me dire ce qu'ils étaient devenus.

— Conduis-moi à cette femme ! ordonne Marcus.

— Je ne sais pas ce qu'elle est devenue. Elle est probablement morte. Quant à tes enfants, je crois que je les aurais reconnus si je les avais vus... Mais ils sont restés introuvables. Le marchand d'amphores n'est pas revenu à Pompéi. Peut-être a-t-il vendu ton Julius comme esclave. Pardon de t'annoncer de si mauvaises nouvelles.

— C'est pour les retrouver que je suis de retour à Pompéi où j'avais pourtant juré de ne plus jamais poser les pieds.

— Ils vivaient, mais, depuis, beaucoup de temps a passé. Et je dois t'avouer que je ne les cherche plus. Alors, lorsque j'ai appris ton retour, je suis venue près de toi pour t'avouer ma faute. Ma vie t'appartient. Tu peux la prendre.

Marcus se lève, fait quelques pas et revient vers la vieille femme qui garde la tête haute, prête au châtiment mérité.

— Non, tu n'es pas coupable. Je te demande seulement de reprendre les recherches. La voyante m'a dit qu'ils sont vivants, elle a peut-être raison contre toutes les apparences.

Les épaules grêles de Martha se soulèvent dans un sanglot retenu. Son visage ridé exprime une grande soumission et beaucoup d'humilité.

— Je me suis enfuie de chez mon maître quand j'ai su que tu étais de retour à Pompéi pour tout te dire. Je vais être lapidée.

— À qui appartiens-tu ? Je vais tout arranger.

— Tu le connais bien, Marcus. C'était ton ami autrefois. Il vit dans son immense villa entre la porte du Sarno et celle de Nole.

Marcus fronce les sourcils. La vieille esclave ajoute :

— C'est Caelus Balinius. Il est très cruel et va me faire torturer.

Après Aulus, c'est au tour de Martha d'évoquer la cruauté de Caelus. Perplexe devant tant de changements dans la personnalité de son ami, Marcus garde le silence.

— Je sais, murmure Martha qui a compris la pensée de Marcus. C'est après son accident qu'il est devenu ainsi. Je pense que sa très grande fortune lui fait croire qu'il est l'égal des dieux et qu'elle le rend différent des autres.

— Quel accident ? On m'a parlé d'une chute de cheval.

— Il est tombé sur la tête. Il est resté comme mort pendant dix jours. Depuis, c'est un autre homme.

— Tu vas rester ici, Martha. Tu ne risques rien. Je vais trouver Caelus pour t'acheter et je t'affranchirai. Je ne veux plus que tu travailles. Ton corps est assez usé. Je te demande seulement de traîner dans les rues, de parler avec les autres esclaves, d'écouter les conversations. On ne sait jamais…

Le regard de Martha s'illumine. Affranchie ! Elle va être libre ! Elle se met à genoux devant Marcus et joint les mains.

— Tous les jours, je prierai mon Dieu pour qu'il te rende tes enfants et te garde une place en son paradis !

Elle fait quelques pas hésitants, puis ajoute :

— Je suis très malade. Parfois mon cœur s'emballe, j'ai l'impression qu'il va éclater. Je sais que mon Dieu m'attend et je lui demande de me laisser le temps de t'aider.

Ils sont interrompus par l'arrivée de Massimus, la mine sombre. L'affranchi est traité comme un ami. Marcus a mis à sa disposition plusieurs pièces ainsi que des domestiques.

— J'aimerais que tu conduises cette femme dans mes appartements et que tu donnes des ordres pour qu'elle ne manque de rien, lui demande Marcus après l'avoir salué.

Surpris par cette requête, Massimus hésite. Martha sent mauvais, ses vêtements fripés et crasseux la relèguent au rang des esclaves de fermes qui comptent moins que les animaux.

— Elle a le même Dieu que toi !

À ces mots, Massimus change aussitôt d'attitude. Il s'approche de Martha, lui propose de l'aider pour monter les trois marches qui mènent au long couloir et la confie à ses esclaves.

— Maître, tout se déglingue ici, dit-il en revenant. Les murs se lézardent, le sol se soulève, les statues tombent sans que personne les ait bousculées. Je te le dis : fuyons tant qu'on le peut ! Je suis certain qu'une catastrophe comme on n'en a jamais connu se prépare. Je t'en prie, partons.

— Mais cesse donc de te torturer l'esprit ! Ce n'est pourtant pas dans tes habitudes de t'alarmer ainsi. Je te connaissais courageux, ne reculant pas devant le risque et surtout ne prêtant aucune attention aux dires des conteurs d'histoires et semeurs de panique. Alors qu'est-ce qu'il t'arrive ?

— C'est grave ! Je n'avais pas vu ça depuis le grand tremblement de terre.

Massimus accompagne Marcus dans le grand jardin qui donne sur une impasse. Là, des esclaves attroupés attendent les ordres.

Marcus est aussitôt intrigué par une masse grouillante entre les massifs, recouvrant la terre nue.

— Qu'est-ce que c'est ?

— Des vers de terre ! s'exclame Massimus, alarmé. Il y en a partout... C'est bien la preuve que la terre est de mauvaise humeur. Ce matin, lorsque je suis sorti, la rue en était couverte. On est en train de les rassembler et on en remplit des charrettes qui les emportent en dehors de la ville. Pour les paysans, c'est une aubaine, ils serviront à nourrir les cochons et les volailles.

— Balayez-moi cette vermine ! ordonne Marcus à ses esclaves. Puis il ajoute en se tournant vers Massimus : Martha m'a confié que mes enfants ne sont pas morts lors du tremblement de terre et elle connaît beaucoup de monde à Pompéi. Elle va consacrer son temps à rechercher mes enfants. Tu vas l'aider. Vos frères en Jésus peuvent vous être d'un grand secours. Il suffit parfois d'un petit détail... Moi, de mon côté, je vais poser des questions... Quelque chose me dit qu'ils sont encore vivants, comme si je sentais leur présence en moi !

— Maître, je ne peux pas mettre en doute la parole de Martha. Mais comment faire ?

— Il faut trouver un témoin qui puisse nous en parler. Plusieurs esclaves de ma maison ont survécu et sont encore vivants. Ils ont connu mes enfants. Dans le monde que ma famille fréquentait, beaucoup doivent se souvenir de Julius, Cellia et Stephanus. Ce qui m'étonne, c'est qu'aucune de ces familles amies ne les ait accueillis. Il y a là un mystère à explorer.

— Non, maître, rétorque Massimus, cela signifie juste qu'après la catastrophe tout le monde s'occupait des siens et de ses biens. Cela a duré plusieurs jours, tu te souviens que, toi aussi, tu faisais de même !

— Deux jours après la catastrophe, quand j'ai été sûr qu'ils n'étaient pas dans les décombres, j'ai accompagné toutes les femmes de ma maison pour les retrouver pendant que les hommes tentaient de remettre sur pied quelques pièces de la villa.

— C'est vrai. J'étais avec toi, dit Massimus. Te souviens-tu de ce que ces femmes t'ont raconté ?

Marcus hausse les épaules, baisse la tête, montrant ainsi une affliction inhabituelle chez cet homme au caractère trempé qui a appris à ne pas reculer devant l'adversité.

— Durant mes années à Rome, je faisais régulièrement le même rêve. Surtout pendant les mois d'hiver, quand la nuit n'en finit pas… J'étais debout dans la pénombre, je les appelais et ils étaient tout près de moi, tellement misérables, tellement malheureux que je ne les reconnaissais pas. Ils s'éloignaient pour que mon attention ne se porte pas sur eux. Je me suis dit que c'était un message des dieux. Alors, tu comprends, Massimus, pourquoi j'ai cru la vieille voyante quand elle m'a dit qu'ils étaient vivants ? C'était une évidence pour moi.

— Très bien. Je vais m'employer à fureter un peu partout. Martha et moi, nous saurons ce qu'il s'est passé. Tu as raison, il est impossible que personne ne se souvienne d'eux, mais beaucoup de temps s'est écoulé, comment les reconnaître ? Et puis ton retour ne plaît pas à tout le monde, surtout aux affranchis enrichis qui veulent désormais gouverner Pompéi et qui voient en toi une menace. Ils ont bien conscience qu'avec tes enfants tu seras plus fort pour prendre la tête des grandes familles. Alors je pense qu'ils vont tout faire pour que tu ne les revoies jamais.

— Je sais tout ça, répond Marcus sur un ton affligé. Tu n'oublies pas de promettre une belle récompense à qui nous donnera des informations.

Il est près de onze heures lorsque le banquier Lucius Jucondus Polibus se fait annoncer. Il rejoint Marcus dans le jardin et pousse un gros soupir en voyant les amas de vers de terre.

— Il y en a partout. Les dieux sont vraiment en colère !

— Non, s'empresse de rétorquer Massimus, le visage contracté par le dégoût. Ce n'est pas le signe de la colère des dieux, c'est la preuve qu'une grande catastrophe se prépare.

Pendant que les esclaves balaient la masse gélatineuse, Marcus réfléchit à la manière de délier les langues. Il ne faut surtout pas faire trop de bruit, alerter ceux qui ont intérêt à l'empêcher de retrouver ses enfants. Ce serait le meilleur moyen de provoquer un drame.

Lucius Jucondus salue Marcus et adresse un sourire rapide à Massimus.

— Laisse tout ça ! dit-il à Marcus en passant sa main sur son large crâne chauve. Je vais te conduire chez Vecilius Verecundus, le propriétaire des meilleures boulangeries de Pompéi. Il est en train de se ruiner pour plaire à une fille trouvée dans un bordel. Elle l'a persuadé de vendre ses boulangeries pour se lancer dans le négoce avec l'Orient, ce qui est une erreur manifeste. Tu m'as dit que tu avais de l'argent à placer, alors pourquoi ne deviendrais-tu pas boulanger ?

Marcus fait une petite grimace qui n'échappe pas à Jucondus. Les patriciens de très ancienne famille comme Marcus ne s'adonnent pas à des activités aussi méprisables que la fabrication du pain. Ils commercent volontiers avec l'Orient, ils s'occupent de leurs fermes et confient les affaires ordinaires à des banquiers qui gèrent ainsi d'énormes quantités d'argent et en profitent pour s'enrichir à leur tour.

— Tu sais, Marcus, ajoute Lucius Jucondus, le monde a beaucoup changé en peu de temps. Les vieilles fortunes sont de plus en plus bousculées par les nouveaux riches. Regarde Caelus Balinius, c'est bien toi qui l'as affranchi quelques jours avant le grand tremblement de terre...

— Oui, je l'ai affranchi parce que c'était mon ami et je lui ai donné un peu d'argent pour qu'il se lance dans la vie.

— Tu vas être déçu. Mais tu t'en rendras compte assez vite...

Marcus avait tout de suite pensé à lui pour l'aider à retrouver ses enfants. Mais est-ce une si bonne idée ? Certes Caelus les a connus et a des oreilles un peu partout dans la cité. Il sait sûrement beaucoup de choses, mais l'ancien ami semble avoir beaucoup changé et n'a peut-être pas intérêt à aider celui qui l'a affranchi. Marcus fait appeler Massimus et lui souffle à l'oreille :

— Surtout, demande à Martha de rester discrète. Moins on parle, mieux ce sera.

— C'est déjà fait, maître.

Ils sortent. Marcus se sépare rarement de son affranchi dont il apprécie le regard lucide et acéré sur chaque chose. Côté rue, des ouvriers sont en train de raboter les portes. Dehors une foule de gens marchent sur les trottoirs surélevés. Le soleil étrangement rouge dans un ciel orangé commence à intriguer. Si ce phénomène n'est pas nouveau, il n'a jamais été aussi intense. Quelques nuages frangés de violet vont au gré d'un vent très léger. On ressent comme un poids sur les épaules. La pestilence de l'air soulève l'estomac de Marcus. Si lui aussi est habitué aux effluves de pourriture qui flottent dans les rues chaque matin, odeur de crottin des animaux qui ont apporté les marchandises pendant la nuit, relents de mauvaise cuisine et de garum aux anchois, ce matin, c'est autre chose, comme une odeur de mort, celle que l'on sent auprès d'un cadavre oublié. Malgré cela, et les questions inquiètes que certains se posent, les boutiques sont ouvertes et les domestiques des grandes maisons achètent ce qui est nécessaire pour le dîner du soir. Les rues sont envahies d'ouvriers, d'esclaves et d'artisans. Pompéi est en perpétuelle transformation. Marcus regarde les hommes s'activer sur les toitures des villas endommagées par le tremblement de terre du mois de juillet, à transporter des poutres, des pierres, conscient de devoir prendre garde à ne pas se faire renverser. Près de tranchées creusées en bordure de chaussée, des ouvriers s'affairent à réparer les canalisations sous le regard et les invectives d'un chef pressé d'en finir. Massimus n'est pas à l'aise dans cette ville qu'il retrouve. Trop de monde, et ce bruit, cette sensation que la terre vibre sous ses pieds l'angoissent. Il a encore fait un horrible cauchemar la nuit dernière. Il pleuvait des pierres incandescentes parfois aussi grosses que des maisons…

— Retrouvons tes enfants au plus vite et quittons cette ville maudite ! insiste-t-il auprès de Marcus.

— Pompéi ne peut pas être maudite ! C'est la ville préférée des dieux !

Marcus parle ainsi, plein d'espoir, tellement pressé de gommer ses dix-sept années d'exil, de serrer ses enfants dans ses bras et de renouer avec son amour de jeunesse. Mais il a bien conscience que ce qui se passe n'est pas normal et que son affranchi a de bonnes raisons d'être angoissé.

Ils arrivent au coin de la rue de l'Abondance. La plupart des villas ont des jardins intérieurs, mais près de la rue, de nombreuses boutiques accueillent les clients. À côté de la boulangerie, l'odeur de pain supplante celle de pourriture. Alors que Lucius explique que les fournées se succèdent toute la journée tant la demande est importante, ils entrent dans une pièce avec un comptoir où un esclave distribue les pains encore chauds aux clients. Sur le côté, une femme aux abondants cheveux gris fait payer et rend la monnaie. Imposante avec son visage rouge, ses lèvres rentrées, elle répond avec familiarité aux habitués qu'elle doit voir tous les jours.

— C'est Paula, la femme de Claudius, l'affranchi de Vecilius Verecundus. On les soupçonne de s'enrichir sur le dos de leur maître, mais Vecilius ne dit rien. Il a autre chose à faire.

— Combien possède-t-il de boulangeries ? s'enquiert Marcus.

— Une vingtaine de fours répartis dans la ville. Vecilius est en train de se ruiner avec bonheur pour sa belle. Il s'est lancé dans l'importation de tissus d'Orient mais ça lui coûte plus cher que ça ne lui rapporte. Désormais, il envisage de faire venir du vin de Gaule.

— J'ai entendu parler de ce vin, précise Marcus. Les marchands de Rome ont demandé qu'un édit l'interdise parce qu'il donne des maladies d'estomac.

— Ici, tu ne peux pas briller si tu ne sers pas de ce vin à ta table. Je ne le trouve pas bon, mais la mode ferait boire du vinaigre à n'importe qui !

Se frayant un passage parmi les esclaves qui apportent par une porte largement ouverte sur la rue des fagots de bois sec pour les déposer devant les gueules brûlantes des fours, Claudius accueille le banquier et Marcus. C'est un petit homme assez rond, vêtu d'une tunique de toile blanche, l'habit traditionnel des boulangers. Son visage est très pâle, ses cheveux sont blanchis par la poussière de farine, ses yeux étroits pétillent de malice. Sa posture, ses gestes précis et lents, son attitude mesurée lui confèrent une autorité palpable sur ses employés. En sa présence, les esclaves ne plaisantent pas et sa propre femme, pourtant plus grande et plus massive que lui, cesse même de pérorer avec les clients. Il salue Lucius qu'il connaît assez bien, puis Marcus dont il a entendu parler. À Pompéi, tout se sait et il n'est pas possible d'entrer en ville ou d'en repartir sans que tout le monde en soit informé.

— Mon ami Marcus s'installe durablement à Pompéi et cherche à placer de l'argent. Je lui ai dit que la boulangerie était d'un bon rapport.

Lucius sait en effet que Claudius ne s'intéresse pas à la boulangerie dont il pourrait être l'acquéreur prioritaire. La farine le rend malade et il éprouve de plus en plus de mal à respirer. Le docteur Pirus Macena, dont on respecte le grand savoir, l'a averti : poursuivre ce métier le condamne à mourir avant cinquante ans. Il est actuellement en train de mettre en place une dizaine de boutiques de fruits et légumes. Massimus, resté en retrait, comprend à son ton posé qu'il est capable de se hisser au plus haut niveau dans la ville où seuls les gens doués en affaires sont respectés.

— Claudius s'est entendu avec les frères Vettii, les plus gros marchands de fruits et légumes, précise Lucius.

Marcus tourne un regard interrogateur au banquier.

— Les frères Vettii ? Je ne les connais pas.

— Ce sont des affranchis. Ils ont bâti une immense fortune. L'aîné est membre du collège des Augustales. À Pompéi, tout ce qui est fruits, blé, légumes, passe par eux.

Claudius invite Marcus et Lucius à visiter l'établissement. Ils sortent de la boutique par une porte latérale, qui donne sur un lieu à ciel ouvert, divisé en plusieurs parties. Dans l'une, quatre silhouettes blanches de farine actionnent des brancards reliés à une énorme pierre en forme de sablier. Un esclave vide lentement du grain dans l'entonnoir, pendant que les autres récupèrent la farine qui tombe dans une sorte de baquet circulaire. Un épais brouillard flotte dans l'air. Des femmes actionnent la meule. Affalées sur la poutre qu'elles poussent de toutes leurs forces, on voit leurs jambes maigres tendues, leurs hanches osseuses.

— Pourquoi laisses-tu ce travail à des femmes ? demande Marcus. Une mule conviendrait mieux !

— Certes, répond Claudius, c'est bien ce que nous faisions. On attelait deux mules dont on avait crevé les yeux et le rendement était meilleur. Mais depuis quelque temps, les mules refusent de travailler. Elles tremblent, tentent de s'échapper, donnent des coups de pied de travers, et souvent réussissent à casser leurs liens.

Sur un énorme coffre en bois, des esclaves actionnent une machine dont le moyeu, muni de palettes, tourne dans la pâte.

— Ceci permet de pétrir la pâte en l'aérant, explique Claudius. Ici, c'est une boutique de vente directe, mais nous avons aussi des vendeurs dans la rue, et des livreurs. Nous fabriquons du pain blanc, bien sûr, du pain noir avec ce qui reste sur le tamis quand on a passé la farine, et le pain de la deuxième farine pour les plus pauvres, formé surtout de son.

Une esclave badigeonne de blanc d'œuf les tourtes prêtes à enfourner pour coller les graines d'anis, de céleri, qui les recouvrent.

— Mais au lieu de mettre des femmes, tu pourrais prendre des hommes…, insiste Lucius.

— Ces femmes sont punies et elles ont bien de la chance de n'être qu'attachées à ces poutres. J'aurais pu les chasser depuis longtemps. Ce sont des adeptes de ce Jésus de Nazareth. Des chrétiennes, comme on dit parfois. Elles sont condamnées à pousser la meule jusqu'à épuisement complet. À moins qu'elles ne renient leurs idées révolutionnaires. Si on laisse faire, tous les esclaves de Pompéi seront chrétiens dans peu de temps.

Exténuée, une des femmes chancelle, puis tombe sur le côté, suspendue aux liens qui attachent ses poignets à la poutre. Le fouet du gardien claque. La femme tente de se relever, mais ne peut se mettre sur ses jambes et s'effondre de nouveau, insensible aux coups.

— Évacuez-moi ça ! ordonne l'homme au fouet. Et remplacez-la par une autre plus fraîche.

Deux esclaves se précipitent pour emporter l'esclave épuisée dans une pièce voisine.

— Qu'est-ce que vous allez en faire ? demande Marcus.

— L'achever d'un coup de gourdin sur la tête et jeter son corps hors des murs où les renards viendront le dévorer la nuit prochaine. Laissez cela, je vais vous montrer le pétrin.

Deux serviteurs attachent la remplaçante à la lourde poutre carrée. Elle est encore propre. Ses cheveux emmêlés forment une sorte de houppe sur sa tête. Marcus remarque son beau visage très jeune. Un instant, elle tourne la tête ; son regard s'arrête sur Marcus, ses grands yeux se fixent aux siens.

— C'est une chrétienne, aussi ? demande-t-il.

— Et pas qu'un peu ! Elle me menace quand je veux m'amuser avec elle comme cela se fait partout. Elle me crache au visage.

Claudius conduit ensuite les visiteurs dans une pièce attenante, de plus petite taille.

— La pâtisserie ! annonce-t-il avec une certaine fierté. Ici, on fabrique des gâteaux de froment fourrés aux raisins secs et aux noix. Nous préparons aussi des biscuits que l'on farcit à la graisse de porc, des gâteaux au fromage, et même les pains apicus, au moût de raisin, trempés dans du lait, nappés de miel et saupoudrés de poivre !

Les fours sont alignés dans une sorte de large couloir à ciel ouvert. Des esclaves apportent des fagots de bois sec, d'autres les lancent dans les brasiers qui répandent une chaleur étouffante. Un homme, le torse nu, sort des tourtes avec une pelle en bois au manche très long. La bonne odeur fait saliver les visiteurs.

— Bon, conclut Claudius en s'adressant à Marcus, tu dois compter une dizaine d'hommes pour pétrir, mettre en boule le pain et l'enfourner. Tu dois en prévoir cinq pour le bois. Ce sont les livreurs qui apportent les fagots des entrepôts du marchand situés près de la porte Marine. On ne s'en occupe pas.

— Rassure-toi, précise Lucius, Marcus te fera confiance pour trouver ton remplaçant si tu veux partir et te conservera ici, si tu le souhaites.

Marcus se croit obligé d'ajouter :

— L'affaire n'est pas encore faite. J'ai besoin de réfléchir.

Il n'a de toute façon nullement l'intention de se préoccuper de l'organisation des boulangeries. Si l'achat se fait, il se contentera des bénéfices que lui versera Lucius.

POMPÉI, LE 22 OCTOBRE, 11 HEURES

50 heures et 21 minutes avant l'éruption

Il fait chaud pour la saison. Marcus, Massimus et Lucius prennent la direction de l'amphithéâtre, qui se dresse entre la porte de Nocera et la porte du Sarno. Cette énorme construction capable d'accueillir jusqu'à vingt mille spectateurs se tient près des fortifications, juste derrière la grande palestre, autre lieu de loisirs et de rencontres. Les candidats aux élections des duumvirs dépensent beaucoup d'argent pour offrir des jeux très coûteux à leurs électeurs. Sur la place, des troupes jouent des pièces de théâtre, des poètes déclament leurs vers, des montreurs de chiens savants attirent l'attention des curieux pendant que des voleurs explorent leurs poches.

Silencieux, Marcus s'émerveille. Comment a-t-il pu rester si loin pendant dix-sept ans ? Les colonnes orgueilleuses devant les villas, les décorations, les petits jardins épars entre les rues où il fait bon se reposer, la campagne étincelante tout autour qui monte en pentes douces couvertes de vignes vers le plateau du Vesuvius incitent à la joie de vivre, à flâner sur le forum, à parler de tout et de rien, à émettre des idées, et, le soir venu, à partager de bons mets avec ses amis. Pompéi pratique l'art de vivre. À côté, Rome est d'un tel ennui !

De l'amphithéâtre montent des cris, des ordres, des bruits d'armes métalliques. Les trois écoles de gladiateurs pompéiennes dont la plus prestigieuse, celle de Caelus Balinius, rassemblent chaque matin leurs meilleurs éléments, ceux qui feront vibrer la foule lors des prochains jeux prévus dans quatre jours. Ces séances d'entraînement sont libres d'accès et beaucoup de curieux se pressent sur les gradins en pierre.

Lucius propose à Marcus et à Massimus d'entrer. Marcus, contrairement à la plupart des Romains, ne prise pas particulièrement les jeux du cirque. Depuis la mort de sa famille, il se terre à Rome, comme si toute réjouissance était une infidélité au souvenir des disparus, comme si une partie de lui était morte lors du grand tremblement de terre.

Une foule de combattants harnachés s'affrontent avec des épées factices sous les regards avertis de leurs entraîneurs. L'un d'eux concentre l'attention de tous, et Marcus comprend que c'est pour lui que les admirateurs se pressent sur les gradins. Très grand, son corps présente les proportions parfaites des statues grecques. Ses cheveux noirs bouclés entourent un visage d'une finesse surprenante chez un homme contraint de mener la rude vie des gladiateurs de haut niveau. Si sa force étonne, c'est surtout sa manière de combattre, son élégance qui fascinent.

— C'est lui que je voulais te présenter pour qu'il te parle de Caelus, annonce Lucius. Julius Leonus Balinius est le plus grand de tous les gladiateurs de l'Empire romain. Il n'a jamais perdu le moindre combat et ne peut s'aventurer dans la rue sans être assailli par une multitude d'admiratrices. J'ai eu l'honneur de le recevoir à ma table, car il est désormais si riche qu'il m'a confié le soin de faire fructifier sa fortune. Caelus Balinius l'a formé dans son école de gladiateurs et, depuis, il lui rapporte beaucoup d'argent. Mais Julius se rebelle et Caelus a de plus en plus de mal à le contenir. Ses succès l'ont rendu capricieux, toujours plus exigeant, et ses concurrents le détestent.

Julius profite d'une pause pour saluer Lucius. Marcus mesure combien il est grand et fort. Et séduisant. Ses yeux clairs, d'un bleu vert, attirent l'attention ; son sourire illumine son visage délicat et régulier. On ne dirait pas que cet homme passe sa vie à se battre et parfois à tuer.

— Je te présente un ami de ton maître, déclare Lucius en désignant Marcus.

Julius gratifie Marcus d'un geste de la tête, puis retourne sans un mot à l'entraînement.

— Il parle très peu, explique Lucius. Plus jeune, il était bègue, mais avec le succès et la fortune, ça lui a passé.

— J'ai l'impression qu'il n'a pas été heureux de nous voir !

— Ce qui ne lui a pas plu, c'est que je te l'ai présenté comme appartenant à Caelus. Le succès lui monte à la tête et il se croit tout permis. Il commet de grosses fautes avec son argent et il a besoin de moi pour veiller sur sa fortune. Il dépense sans compter, pour des babioles, comme un enfant gâté !

— Qu'il est beau ! s'exclame Marcus. Et ses épaules… Je comprends qu'il soit invincible.

— Sa beauté charme les femmes et non des moindres. Julius en a beaucoup profité au début de sa notoriété et a été menacé par de nombreux maris jaloux. Mais depuis qu'il est entré dans le lit d'Alexia Purna, la richissime femme d'affaires, il repousse toutes ses admiratrices.

— Je connais Alexia, je l'ai vue hier. Elle est toujours aussi belle !

Tout en parlant, Marcus pense à son fils aîné qui portait le même nom et qui aurait à peu près le même âge. Mais là s'arrêtent malheureusement les similitudes.

— Mon Julius à moi, ne peut-il s'empêcher de souffler d'une voix retenue, s'intéressait surtout aux histoires que lui racontait Pertinos, notre esclave grec mort pendant le grand tremblement de terre.

— Bon, il est temps de rendre visite à Vecilius Verecundus, qu'on appelle « le boulanger », ce qui le vexe profondément, conclut Lucius en guidant son compagnon vers la rue.

Lucius et Marcus marchent dans la via des Augustales, proche du marché, quand des cris éclatent. Des passants paniqués se précipitent vers les villas pour se presser sous les porches. Les deux hommes ont juste le temps de se serrer contre un mur quand deux charrettes emportées par la pente les frôlent et poursuivent leur course folle, renversant tout un groupe avant de se fracasser contre un mur. Les gens se hâtent de porter secours aux blessés. Deux jeunes enfants ont été écrasés par les roues ferrées, l'un d'eux est mort sur le coup, l'autre a les jambes brisées. Marcus et Lucius s'approchent de l'attroupement qui s'est formé près des charrettes démantelées. Chacun y va de son commentaire. Que faisaient ces charrettes en pleine ville alors qu'elles sont interdites durant la journée ? Priscus, le fabricant d'amphores dont le dépôt se trouve à la porte du Sarno, se lamente avec de grands gestes des bras.

— Par quel maléfice ! C'est impossible, se désole le pauvre homme à genoux devant le cadavre de l'enfant qui baigne dans son sang. Impossible que mes charrettes partent vers le sommet de la rue, à moins que des démons invisibles ne les aient poussées !

— Il a raison ! s'exclame un patricien drapé dans sa toge aux multiples plis vivants, en ponctuant son propos d'un geste du bras. Cette rue est en côte dans ce sens !

— On a senti comme un mouvement du sol, comme si la terre remontait vers nous, explique l'un des ouvriers qui réparaient le toit d'une maison voisine.

— On a eu l'impression que la toiture était en train de basculer, ajoute son collègue. On a pensé que c'était un petit tremblement de terre comme il y en a tous les jours en ce moment.

— Ce n'est pas un tremblement de terre, dit avec assurance un passant qui s'est placé au milieu de la rue et regarde en direction de la porte du Sarno. C'est la rue qui a basculé !

— La rue qui a basculé ?

Des regards incrédules se tournent vers ce jeune homme distingué.

— Qu'on apporte une jarre d'eau, ordonne-t-il.

En cette période où le château d'eau est vide, les fontaines publiques taries et les canalisations en cours de réparation, on doit en acheter à des porteurs qui la ramènent du Sarno et s'enrichissent sur la pénurie. Pourtant un riverain apporte aussitôt une grosse jarre remplie du précieux liquide.

— Je me place là, indique le jeune homme élégant en se positionnant sur le trottoir. À votre avis, dans quel sens doit couler l'eau ?

Nouvel échange de regards, étonnés cette fois, et un brin moqueurs.

— Où veux-tu qu'elle coule ? Dans le sens de la pente qui est vers la porte du Sarno.

Sans rien ajouter, il renverse l'eau sur le trottoir. Elle forme une flaque qui s'écarte et finit par ruisseler dans le sens inverse de celui qu'on attendait. Des exclamations accompagnent ce prodige.

— Mais qu'est-ce que ça veut dire ?

— La terre est montée de ce côté d'un bloc, précise le patricien qui tient toujours la jarre vide à la main. Tout a été soulevé, les villas, les arbres qui n'ont pas été déracinés, le gros mur d'enceinte avec les tours qui n'ont pas été fissurées, et la pente a été inversée.

— Comment est-ce possible ?

— Je n'en sais rien, mais c'est ainsi.

Le passant pose la jarre vide sur le trottoir et s'éloigne sans rien ajouter. Les questions angoissées fusent. Beaucoup de curieux se rendent sur le forum pour parler de cet étrange phénomène.

Marcus et Lucius s'éloignent des groupes qui commentent l'événement pour se rendre au forum. Là, les gens examinent le pavement et discutent. On remarque que les marches du large escalier entre la basilique et le temple d'Apollon se sont disjointes et que certaines sont descellées. Un responsable de la voirie auprès du préfet, Carolus Holconius, mesure l'étendue des dégâts qu'il ne sera pas simple de réparer au plus vite. La remise à neuf des conduites d'eau coûte très cher, il faudra sûrement faire appel aux dons privés.

Un jeune esclave de Vecilius Verecundus, le propriétaire des boulangeries, vient avertir Marcus et Lucius Jucondus que son maître, ne pouvant se rendre au forum, les prie de passer chez lui pour une collation. Ils empruntent la rue de la Fortune et arrivent à la rue de Stabies moins encombrée que d'habitude. Le marchand d'amphores a ramené ses charrettes chez lui et on ne parle plus de l'incident. Pompéi est la ville de l'insouciance. Les tremblements de terre, les petits inconvénients qu'ils provoquent sont habituels et la vie va, toujours heureuse dans la cité préférée des dieux. Tout à coup Marcus s'arrête :

— Si je me souviens bien, le château d'eau n'était pas si haut !

— Tu as raison. Il a été surélevé pour avoir plus de pression d'eau dans les villas. Mais pour l'instant, il est vide. Le canal qui conduit l'eau des montagnes a été très endommagé pendant le tremblement de terre de juillet. Il est en cours de réfection, et de toute façon les sources sont toutes à sec.

Les deux hommes reprennent leur marche dans le brouhaha des passants, les cris des marchands qui incitent les clients à se rapprocher de leur étal, les chanteurs de rue qui s'accompagnent d'une cithare, des bruits des marteaux, des pioches de la multitude d'ouvriers. Ils passent devant la villa d'Aulus Bagonius.

— C'est bien ton ami, Aulus ? demande Lucius.

— Oui, nous avons grandi ensemble, répond Marcus. Je l'aime beaucoup. Il a été le premier à me rendre visite, hier.

— Un homme un peu particulier, déclare Lucius. Depuis des années, il dépense toute sa fortune pour acheter des rouleaux de papyrus, d'anciennes inscriptions sur des plaques d'argile, dans des écritures et des langues qu'on ne connaît pas. Cette passion lui vient de Clopurnius, son compagnon. Il ne s'est jamais marié, sa relation avec Clopurnius dure depuis des années.

— Je sais, il m'en a parlé.

Au coin d'une rue, Lucius s'approche d'une des grandes cruches au large col et, sans la moindre hésitation, écarte les pans de sa toge pour uriner, le regard levé sur la partie de ciel entre les toitures aux tuiles rouges.

— Curieux, tout de même, cette couleur rougeoyante ! constate-t-il.

POMPÉI, LE 22 OCTOBRE, 13 HEURES

48 heures et 21 minutes avant l'éruption

Ils arrivent à l'entrée d'une immense villa constituée de plusieurs bâtiments voisins acquis les uns après les autres et réunis par un architecte au grand goût. Son atrium est l'un des plus grands de Pompéi. Les colonnes de marbre blanc qui l'entourent alternent avec des statues grecques antiques achetées à prix d'or. L'impluvium central tout en longueur est entouré de jets d'eau à l'arrêt. Un homme corpulent, à la démarche lourde, s'avance vers eux pour les saluer avant de les inviter à le suivre.

Vecilius Verecundus porte la toge sans élégance, mais son allure impose un certain respect. Sa bouche largement fendue montrant des dents noirâtres et mal plantées lui donne un air goguenard et suscite immédiatement la sympathie de Marcus. On a envie de lui faire confiance. Il a le sens des affaires, mais il se laisse aller depuis qu'il a rencontré Melina.

Les trois hommes traversent l'atrium, puis une cour intérieure où des ouvriers s'affairent autour d'une tranchée creusée le long des colonnes. Les uns apportent des tuyaux en plomb, d'autres continuent de creuser en direction des thermes privés qu'il a fait construire plus pour épater ses visiteurs et clients que pour lui, car il préfère les thermes publics, estimant que ces moments de plaisir ne peuvent se savourer qu'à plusieurs.

Une jeune femme qui devait guetter leur arrivée fait irruption. Elle est très élégante, malgré un maquillage appuyé et un peu vulgaire. Elle salue le banquier et son regard s'attarde sur Marcus.

— Ma douce, dit le boulanger d'une voix mièvre, laisse-nous. Nous avons à parler.

— Ah bon ? s'emporte Melina dans une moue charmante. Voilà que tu m'écartes !

— Bien sûr que non ! Je pense simplement que ces discussions d'affaires vont t'ennuyer. Mais reste si tu veux, je t'aurai avertie.

Marcus remarque avec amusement que le ton de Vecilius soudain plein de douceur dénote la grande faiblesse de cet homme, qui n'a jamais dû avoir beaucoup de charme, pour cette coquette.

— Il se passe des choses bizarres, reprend-il plus fermement. Le carrelage de mon cubiculum s'est fendu. De la boue brûlante a coulé jusqu'à mon lit.

— En effet, c'est étrange..., s'étonne Marcus.

— À Pompéi, on a l'habitude des mouvements de la terre et des réparations qui s'ensuivent, poursuit Vecilius. Pourtant, depuis quelque temps, je trouve qu'ils s'intensifient. Je ne sais pas ce que cela signifie, il va falloir penser à faire des sacrifices aux dieux.

Vecilius les invite dans la pièce où il prend ses repas. Des peintres travaillent à une nouvelle fresque sur un mur pendant que d'autres grattent une ancienne peinture qui représentait une scène de chasse. Un peu plus loin, dans une entrée, des ouvriers à genoux disposent de petits carrés de faïence sur une surface où les dalles ont été remplacées.

— Pardonnez-moi de vous recevoir aussi mal ! fait Vecilius. Ici c'est un chantier perpétuel. Melina veut tout changer et je pense qu'elle a raison de redonner un peu de jeunesse et de gaieté à cette antique villa.

Sans attendre, Melina s'installe sur un lectus, montrant par là qu'elle est chez elle. Plusieurs chiens de petite taille vont et viennent dans la pièce.

— Ce sont les chiens de Melina. Elle les aime au point de les nourrir avec les mets les plus raffinés et les plus chers.

— Je ne sais pas ce qu'ils ont, intervient Melina de sa voix rayée, mais depuis deux jours ils refusent toute nourriture et ont des crises de folie. Ce matin, on en a trouvé un gisant par terre, il avait été tué par les autres.

Jucondus ne perd rien des travaux en cours et réfléchit déjà aux propositions qu'il va pouvoir faire à Vecilius. Il a bien compris que Melina pousse cet homme autrefois discret à montrer sa richesse et qu'il peut en profiter. Une esclave apporte un large plat sur lequel est posée une imposante tête d'animal entourée de petites cailles rôties.

— Une grosse bête venue d'Afrique. Je ne me souviens pas de son nom, mais je sais que la chair tout autour des os est un ravissement. Sans parler de la cervelle. Onctueuse, fine, une nourriture des dieux.

Sans gêne, Melina demande qu'on la serve, car elle meurt de faim. Vecilius lui adresse un sourire tendre et se tourne vers ses invités :

— C'est si beau la jeunesse ! On est toujours affamé et les forces débordent d'un corps si souple, alors que, passé quarante ans, on est perclus de douleurs.

Comment cet homme qui a un grand sens des affaires peut-il céder aux caprices de cette coquette ? Marcus ne perd rien du jeu de Jucondus qui adresse de grands sourires à la jeune femme, conscient que c'est bien par elle qu'il arrivera à ses fins.

Ils s'installent autour de la table pendant que de beaux et jeunes esclaves remplissent les verres de vin. Melina leur envoie un sourire complice sous le regard ravi de Vecilius.

— Tu t'intéresses donc à mes boulangeries ? demande ce dernier en fronçant les sourcils, car il sait que Lucius est un redoutable marchandeur. J'ai décidé de les vendre même si elles rapportent toujours. Melina veut investir et armer des bateaux.

— Oui, ajoute la jeune femme en prenant la grosse main de Vecilius. Nous avions décidé de nous lancer dans le commerce du vin, mais c'est trop encombré. Avec les tissus précieux d'Orient, nous pourrons importer des épices.

— C'est la spécialité des gens d'Herculanum, remarque Lucius. Ils ne vont pas vous abandonner la place !

Pour lui, une telle décision est la pire de toutes. Plusieurs grandes familles d'Herculanum se partagent ce négoce très rentable et ont toujours su écarter les concurrents. La belle Melina ne lui semble pas de taille à contrer de farouches commerçants que rien n'arrête.

— Ils ne me font pas peur ! réplique Melina, avec un rire laissant entendre qu'elle a des armes imparables.

Lucius échange un regard rapide et discret avec Marcus. La collation dure plus d'une heure pendant laquelle Melina s'enhardit encore et se met à pérorer sur les bateaux qu'elle souhaite envoyer en Afrique qui regorge d'or et de pierres précieuses. Jucondus l'écoute parler avec un léger sourire, se contentant de faire quelques remarques pour bien montrer qu'il ne perd rien de ses propos.

— Il faut se méfier des pirates, intervient-il. On n'envoie pas un bateau chargé d'or sur la mer sans prévoir d'autres navires pour l'accompagner et le protéger. Tout ça coûte très cher.

— Nous le savons, rétorque Melina, consciente que le banquier sous-estime son talent. Nous avons tout prévu ! Marcus, tu vas goûter ce garum, ajoute-t-elle pour changer de sujet, mon Vecilius le fait fabriquer par un artisan de la rue Marine. C'est un véritable régal.

— Si nous allions au forum ? propose Vecilius, une fois le repas terminé.

En effet, c'est l'heure pour les oisifs de se rendre sur cette place, près du temple de Jupiter, aboutissement de toute promenade, lieu où les Pompéiens traitent leurs affaires, des plus simples comme l'achat d'un mulet aux plus importantes comme l'attribution de travaux de voirie ou la réfection d'un temple endommagé par un tremblement de terre.

L'endroit est déjà envahi de patriciens rassemblés par groupes. Les candidats aux prochaines élections s'invectivent, devant une assistance friande de ces empoignades verbales. Des femmes prennent part aux discussions, se rangeant généralement du côté du plus jeune ou du plus éloquent. Vecilius prétexte un rendez-vous avec un charpentier de marine à qui il a commandé un grand bateau pour prendre congé et s'éloigner.

Marcus se tourne soudain vers un groupe d'esclaves en livrée rouge pour être plus visibles qui arrivent par la rue de l'Abondance, en poussant les gens pour faire de la place.

— Laissez passer le sérénissime Caelus ! s'écrie l'un d'eux.

Un remous parcourt l'assistance. Le riche affranchi de Marcus arrive en chaise portée par huit esclaves nubiens choisis parmi les plus puissants. Un groupe de gardes ouvrent le passage et se servent du fouet pour déplacer les récalcitrants.

Lucius glisse à l'oreille de Marcus que Caelus Balinius a pour habitude de faire deux apparitions sur le forum, une le matin, une autre dans l'après-midi. Il a beaucoup grossi depuis son accident de cheval et marche difficilement. Il se contente de faire quelques pas pour saluer les gens en prenant bien garde de n'oublier personne.

Quand la foule s'est attroupée autour de lui, il lève les bras et prononce d'une voix grêle qui ne porte pas, lourd handicap pour un politicien :

— Je vais prendre à ma charge la réparation des dégâts du forum et je donnerai une bourse de pièces d'or à la famille de ce pauvre enfant écrasé par la charrette.

Un tonnerre d'applaudissements suit son propos. Il parcourt l'esplanade de ses gros yeux aux paupières grasses. Ses bajoues rouges pendent de chaque côté de son menton sur le rebord de sa toge. Alors que les gens se pressent autour de lui pour exposer leurs problèmes, il s'en prend ouvertement aux élus actuels, les accusant de s'occuper surtout des affaires de Rome et de laisser les Pompéiens de côté.

— Tout s'arrangera, promet-il à un groupe de producteurs de vins, se plaignant de leurs mauvaises ventes qu'ils attribuent à la mode des vins de Gaule. Je vais m'en occuper.

— Ce qu'il ne dit pas, glisse Lucius, agacé, à l'oreille de Marcus, c'est qu'il a gagné beaucoup d'argent en important de pleins bateaux de vins de Gaule. Mais on espère toujours que cet obèse dont la fortune semble sans fond fera des miracles !

Caelus aperçoit Marcus et Lucius. Il salue froidement Lucius car les deux hommes ne s'entendent pas, puis tend les mains vers Marcus.

— Enfin, tu as décidé de revenir dans la plus belle ville du monde ! J'en suis tellement heureux ! Au fait, je donne un banquet ce soir. Seras-tu des nôtres ?

— Je suis ravi de constater que tout s'est bien passé pour toi. Oui, je viendrai avec plaisir à ton banquet !

Marcus remarque soudain Rectina dont le beau regard sombre est posé sur lui. Elle lui sourit et s'approche de son pas chaloupé et léger.

— Marcus, dit-elle d'une voix contenue. Te voilà de nouveau au forum le plus vulgaire de tout l'Empire romain !

Elle le contemple longuement, au point qu'il en est gêné. Lucius Jucondus la salue : il est en affaires avec cette grande aristocrate cultivée dont le raisonnement simple et sain va directement à l'essentiel avec une intelligence fine et inventive.

— Comme je suis content de vous voir enfin tous les deux ensemble ! s'exclame Caelus, à qui la scène n'a pas échappé. Je n'ai pas oublié combien vous étiez proches autrefois…

Gênés, Marcus et Rectina se détournent poliment pendant que Caelus continue de se pavaner au milieu de la foule tassée autour de sa chaise. Il est mal drapé dans sa toge et les plis du tissu s'amoncellent sur ses jambes torses. Dans sa petite main droite, il tient un bâton en or, sorte de sceptre pour se donner une allure impériale. Son regard fixe fait mal, sa bouche garde un pli dédaigneux. Son handicap, et il le sait, c'est sa voix qui manque d'autorité. On dit, quand on veut le moquer, qu'il a une voix de femme, ce qui nourrit les plaisanteries les plus grossières. Pour cette raison, il préfère envoyer ses hommes de confiance intervenir en public, dont le fameux Paoelus Trichitus, dernier survivant d'une antique famille de patriciens.

Il est adulé et détesté. Sa réputation d'homme cruel qui jouit de la souffrance gratuite a poussé à de nombreuses révoltes contre lui, mais il est intouchable. Sa fortune lui permet d'entretenir une petite armée bien entraînée et surtout bien payée qui ne recule devant personne, même les gardes du préfet Holconius. Il déverse des flots d'or, ce qui profite aux humbles. Il fait servir des repas quotidiens aux pauvres et prend en charge l'éducation d'orphelins dans des pensions aménagées à ses frais. Il a complété l'éclairage public jusque dans les ruelles, ce qui a considérablement fait baisser la criminalité nocturne. Il a fait venir d'Orient des architectes de contrées sujettes aux tremblements de terre qui ont apporté des méthodes de construction capables de résister aux secousses du sol. Ainsi, sa villa édifiée en insérant dans les murs des pièces de bois sur des fondations flottantes n'a subi aucun dommage durant les deux dernières secousses qui ont mis à mal plusieurs édifices traditionnels. Pour lui, les tremblements de terre, la plaie de Pompéi, peuvent se maîtriser. Aussi octroie-t-il une prime à qui fait reconstruire sa maison par ses équipes et l'homme dont on dénonce les perversions bénéficie du respect intéressé du plus grand nombre de Pompéiens. Il ne cache pas ses intentions : faire de Pompéi la capitale d'un petit État dont il serait le prince. Cette idée a ses partisans mais aussi de furieux adversaires qui détiennent leur fortune d'une allégeance à la lointaine Rome.

Un homme de grande taille, portant la toge des aristocrates, se fraie un passage entre les curieux et s'approche de Caelus qui est resté assis, protégé par ses gardes car il se méfie de ses ennemis toujours prêts à profiter d'un instant de relâchement.

— Que fais-tu contre les rebelles qui pullulent autour de nous ? s'insurge le patricien. Hier soir encore, mes esclaves se sont dressés contre moi et ont refusé de m'obéir, sous le prétexte qu'ils ne m'appartiennent pas, que les esclaves sont les égaux des maîtres !

Caelus opine de sa grosse tête chauve. Ses joues molles s'agitent comme des bourses trop grandes pour ce qu'elles contiennent.

— Je sais tout ça ! répond-il de sa voix efféminée. Nous devons sévir. Rassure-toi, j'ai mon idée. Trop de gens tolèrent les chrétiens, assurant qu'ils sont doux et meurent sans protester. Je te le répète : j'ai mon idée. Le chat qui guette la souris est tellement immobile que la souris ne le voit pas !

Caelus aime les métaphores précieuses pour montrer une instruction qu'il n'a pas. De son passé d'esclave, il garde l'ignorance de ceux qui ont grandi courbés sous les tâches les plus pénibles. Il a tenté d'apprendre à lire mais n'y est pas parvenu, ce qu'il s'efforce soigneusement de dissimuler.

— Tu peux nous en dire un peu plus ? insiste le patricien.

— Sache que pour les jeux d'automne je prépare une grande réjouissance aux arènes avec des bêtes sauvages d'Afrique. Les chrétiens seront invités et le peuple sera content.

— Voilà qui est bien parlé ! s'exclame un autre. Mais il y en a tellement que tu n'auras jamais assez de bêtes féroces. Il faut trouver un moyen plus rapide si on veut ne pas se laisser submerger. Je propose qu'on les noie dans le Sarno. Pompéi ne doit pas devenir un repaire de brigands.

— Et que ferons-nous des citoyens qui pensent comme eux ? crie un jeune artisan.

— Ce sont généralement des petites gens. Nous les interrogerons et ils écoperont d'une amende suffisante pour les dissuader. Je me charge de faire signer l'édit considérant comme hors la loi tous ceux qui se réclament de ces idées destructrices.

Pendant qu'il parle, Caelus darde son regard inquisiteur sur l'attroupement autour de sa chaise. Il s'arrête sur Marcus et Rectina. Ces deux-là ne se sont pas retrouvés pour rien, et il devra se méfier, car il sait que Rectina ne l'apprécie pas. Il les apostrophe :

— Tu n'oublies pas, Marcus, que je t'attends ce soir à mon banquet. Tout ce que Pompéi compte de personnes intéressantes y sera, et Rectina, qui est pourtant très occupée, a répondu à mon invitation, ce dont je lui suis très reconnaissant.

— C'est entendu, Caelus, répond Marcus en souriant à Rectina, puis son regard s'arrête sur un personnage à la tête ronde, aux yeux proéminents, et qui boitille.

— Mais je ne me trompe pas ! s'exclame-t-il, tu es bien mon cousin Paoelus Trichitus ? Nos familles étaient proches !

— En effet, répond Paoelus d'une voix rauque. Nous avons le même âge, mais toi tu es resté jeune et fort, tandis que moi..., s'interrompt-il pour faire un geste évasif des bras avant de reprendre : Depuis le grand tremblement de terre, ma famille est anéantie. Et j'ai bien de la chance de pouvoir travailler pour Caelus sinon j'en serais à mendier mon pain. Mais ton retour change beaucoup de choses...

POMPÉI, LE 22 OCTOBRE, 20 HEURES

41 heures et 21 minutes avant l'éruption

Ce soir, le ciel a d'abord viré au rouge vif puis au violet, une couleur qui intrigue les promeneurs. L'odeur de pourriture et de mort s'est intensifiée et gêne la respiration. On accuse les tanneries au bord du Sarno qui utilisent de nouveaux produits pour assouplir les cuirs, mais tout le monde redoute que la raison soit d'une autre nature. Mystérieuse comme un avertissement des dieux.

Le grand prêtre de Jupiter, Salinius, homme de grand savoir, insiste lui aussi sur la présence néfaste des chrétiens et demande qu'on vote une loi obligeant tous les Pompéiens à verser le dixième de leurs revenus dans une caisse commune destinée aux sacrifices.

Marcus est rentré chez lui se préparer au banquet pendant que Massimus reste en ville pour tenter de glaner des informations. En parcourant les rues, celui-ci s'étonne des changements qui sont survenus depuis son départ avec Marcus, dix-sept ans plus tôt, des réverbères qu'on allume chaque soir pour chasser la nuit de la cité, aux fontaines publiques même si elles sont taries, et à la propreté des rues alors qu'à Rome on patauge dans les immondices… Il marche ainsi au hasard, mais ne peut passer inaperçu tant sa haute silhouette, son nez proéminent et pointu le rendent particulier.

Il passe près de la porte Marine lorsqu'une femme s'approche de lui. Une esclave. Ses vêtements grossiers pendent autour de son corps très maigre. Sa figure conserve pourtant une lumière qui n'échappe pas à Massimus. Il s'arrête et remarque, dessinée sur sa robe, là où elle place sa main droite, une vague forme de poisson. Massimus lui sourit.

— Martha, ma sœur. Que le Dieu d'amour te protège. As-tu appris quelque chose ?

Elle sourit à son tour, montrant sa bouche édentée. Massimus joint les mains en inclinant la tête en signe de salut respectueux.

— Rien pour l'instant. Je me demande s'ils ne sont pas morts lors des fièvres qui, deux ans après le grand tremblement de terre, ont emporté un grand nombre d'enfants.

Un grondement monte soudain du sol. Les branches des arbres vibrent. Les noyers perdent leurs noix avec fracas. Les grenadiers se délestent de leurs fruits qui s'écrasent sur les dalles de la rue. Massimus pense fugacement à un monstre prisonnier de la terre et qui tenterait de se libérer.

— Tout ça ne me dit rien de bon…, murmure Massimus alors que le grondement s'arrête.

— Ce n'est pas grave, le rassure Martha. C'est ainsi depuis toujours. La terre se rebiffe, tremble pendant plusieurs mois, puis se calme. On s'y habitue et on n'y fait plus attention.

La nuit est tombée. Une équipe d'esclaves allument les lampes à huile le long des rues. Les petites flammes protégées du vent par des cloches en verre prennent de l'ampleur et répandent une lumière jaune qui éclaire suffisamment la rue pour se diriger.

Martha emmène Massimus au nord-ouest de la ville. Une fois franchie la porte d'Herculanum, la nuit semble plus sombre. On ne voit que des lueurs tremblantes sur la droite. Massimus se souvient d'y avoir longé la veille des tombes abandonnées. Il devine des maisons vétustes, des cabanes couvertes de joncs. C'est là que se rassemblent les misérables, les bannis, les déshérités, les criminels aussi que les autorités n'osent pas aller chercher dans ce coupe-gorge. Une multitude d'esclaves ayant échappé à leurs maîtres y trouvent un refuge à peu près sûr. Ces baraquements ont été édifiés près de l'antique temple dédié à Jupiter. Il n'a pas été restauré, les duumvirs ayant préféré réparer et agrandir le temple près du forum.

— Nos frères se rassemblent ici, précise Martha.

Ils longent une allée mal entretenue aux pavés disjoints. Dans les restes des villas qui n'ont pas été reconstruites après le grand tremblement de terre, on a aménagé des toitures de fortune en roseaux. Des barrières en planches limitent les propriétés. Une nuée d'enfants mal vêtus courent et crient entre les ruines.

— Je ne comprends pas qu'une ville aussi orgueilleuse que Pompéi ne se soit pas occupée de ce quartier insalubre ! s'étonne Massimus.

— Ce n'est pas vraiment la ville, nous sommes en dehors des murs.

— Oui, mais la place manque et cet endroit pourrait être utilisé et embelli.

— Il est question de le nettoyer, mais avec l'urgence des travaux de restauration des villas et de la voirie, ce projet est constamment reporté. Et puis les gens qui se rassemblent là iront ailleurs, forcément, et on les retrouvera un peu partout dans la ville.

Ils entrent dans l'ancien temple par un sentier bordé de grandes herbes et de ronces qui s'accrochent à leurs vêtements. À l'intérieur, dans un espace à ciel ouvert, des dizaines de personnes agenouillées écoutent le prêche d'un très vieil homme vêtu de blanc, portant une belle barbe blanche. Monté sur une large pierre plate effondrée du plafond, il parcourt la foule de son regard ardent. Martha souffle à Massimus :

— C'est Leonus Lemonus, un ancien légionnaire qui a été en garnison à Jérusalem et a vu Jésus porter sa croix. Il va d'une ville à l'autre apporter la parole de Notre Seigneur. Tu as ici des esclaves et des affranchis de toute la ville. Je leur ai parlé des enfants de Marcus. Mais je n'ai rien obtenu jusque-là…

Leonus Lemonus tend les bras vers la foule silencieuse.

— Mes frères, l'heure est venue de nous montrer dignes de celui qui a été condamné à la croix pour ses paroles d'amour…

Un grand remous agite tout à coup la foule. Des soldats font irruption. Martha tire Massimus par la manche.

— La garde ! Les rassemblements sont interdits.

Elle entraîne Massimus dans un recoin à l'abri derrière des colonnes effondrées. Il y a là une petite ouverture dans le mur écroulé qu'ils enjambent. D'autres personnes s'y précipitent en se bousculant. Au bout de quelques minutes d'une fuite désordonnée, ils s'arrêtent, essoufflés, dans la cour d'une villa où le propriétaire les fait entrer. Martha le salue à la manière des chrétiens en joignant les mains et inclinant la tête.

— Ici, vous êtes en sécurité, mes frères.

Martha explique discrètement à Massimus que le propriétaire, Gibus Mortellus, est acquis aux idées nouvelles. Il n'est pas très riche, mais suffisamment pour recueillir ses frères menacés par la torture et la mort. Descendant d'une ancienne famille, ce Pompéien est considéré comme un paria : il a affranchi tous ses esclaves. Il a fait de sa maison un lieu où lui, le maître, n'a pas plus de droits que les autres, c'est une communauté où tout le monde travaille en fonction de ses capacités. La solidarité et l'entraide sont essentielles. À Pompéi, ce mauvais exemple a soulevé les protestations des plus riches, mais les duumvirs n'ont pas voulu intervenir puisqu'il s'agissait d'une opération privée qui ne regardait que Mortellus. Libre à lui de se ruiner pour des esclaves qui ne lui en seraient pas reconnaissants !

Mortellus, un petit homme bossu au regard plein de bonté, invite ses visiteurs dans l'atrium. Une jeune femme apporte des boissons et des amandes douces.

— J'ai envoyé plusieurs serviteurs dans la ville pour ce que tu m'as demandé, Martha. J'ai peut-être une piste !

— Que dis-tu ? s'empresse de demander Massimus.

— Une esclave de Priscus, tu sais, le marchand d'amphores de la porte Marine, m'a dit qu'elle avait bien connu les enfants de Marcus, qu'ils avaient été récupérés par une troupe de montreurs d'animaux savants qui se produisaient dans la région.

— Et alors ? insiste Massimus.

— Et alors, rien. La troupe est actuellement sur la grande palestre. L'âge des trois jeunes gens correspond à celui de ceux que tu cherches. Chose troublante, l'aîné s'appelle Julius comme le fils aîné de Marcus. On a toujours dit que les deux autres étaient jumeaux, même s'ils ne se ressemblent pas. Ils s'appellent Antonus et Pelina, mais ce sont des noms que Peyrhus, le meneur de la troupe de saltimbanques, leur a donnés.

— Sur la grande palestre, tu dis ? demande Martha. Comment je peux les reconnaître ?

— Ils ont trois chiens savants qui savent compter, un âne qui peint des fresques avec sa queue et un petit singe qui jongle ! Il y a aussi des acrobates, et des faiseurs de tours. Tu demandes à parler à Peyrhus.

Un nouveau grondement sourd monte du sol. La maison vibre, les dalles en terre cuite se fendent avec un bruit sec. Dans la villa, les affranchis habitués aux petites secousses n'interrompent pas leur travail.

— Ce n'est rien, dit Mortellus quand le roulement s'est calmé. On dit que c'est signe d'un hiver précoce !

Massimus et Martha prennent rapidement congé de leur hôte et se dirigent vers l'amphithéâtre et la grande palestre. Des cris, des claquements de fouet les arrêtent. Dans la rue Consulaire, des soldats encadrent un groupe d'une vingtaine de personnes, des esclaves reconnaissables à leur chemise de mauvais tissu, des artisans qui portent la tenue de leur profession, un forgeron et ses aides le torse et les jambes couverts d'un lourd tablier en cuir, des potiers aux mains ocre. Au milieu, Leonus Lemonus, en robe blanche, murmure une prière que répètent les autres.

— L'ennui, avec les chrétiens, dit un passant tout près de Massimus, c'est qu'ils sont insensibles aux coups, qu'ils acceptent de mourir plutôt que de renier leurs croyances. Si on les laisse faire, ils vont nous réduire, nous les maîtres, à l'esclavage.

Attristés, Massimus et Martha reprennent leur chemin vers la grande palestre dans l'espoir de retrouver malgré l'heure tardive la troupe de Peyrhus. Les Pompéiens se couchent tard et profitent des douces soirées d'automne pour déambuler dans les rues et assister aux nombreux divertissements donnés par des troupes ambulantes. Martha repère vite Peyrhus qui, au milieu d'une foule amusée, montre ses animaux savants pendant que de jeunes acrobates cabriolent tout autour. Massimus, par sa grande taille, ne passe pas inaperçu. Il fait un signe à Peyrhus, un petit homme vêtu d'une chemise verte et portant un chapeau couvert de longues plumes de paon. Une femme assez vulgaire le remplace.

— Tu veux me parler, étranger ? demande Peyrhus en s'approchant de Massimus.

— Oui, je suis à la recherche de trois jeunes gens qui étaient des petits enfants pendant le grand tremblement de terre. On m'a dit que tu les avais recueillis...

Peyrhus pousse son chapeau, montrant son visage de gros rat. Il est pratiquement imberbe sauf une touffe de poils blancs au bout du menton.

— En quoi ces enfants t'intéressent ? Je les ai adoptés. Ce sont mes enfants ! Regarde, ce garçon et cette fille qui font des acrobaties, et ce grand gaillard qui tient l'âne par la bride !

— Le garçon et la fille sont-ils jumeaux ?

— Je crois que oui. Maintenant, laisse-nous travailler. Le public s'impatiente.

— Comment s'appellent-ils ?

— L'aîné avait six ans. Il connaissait son nom, Julius. Alors on l'appelle comme ça. Les deux autres parlaient à peine, alors je les ai appelés Antonus et Pelina. Mais en quoi t'intéressent-ils ?

— Tu le sauras bientôt ! tranche Massimius en s'éloignant.

POMPÉI, LE 22 OCTOBRE, 21 HEURES

40 heures et 21 minutes avant l'éruption

Les auberges sont pleines d'une foule joyeuse. Les bordels refusent des clients et dans les riches villas de la rue de l'Abondance, les Pompéiens reçoivent leurs amis pour des dîners joyeux. Tout va bien ! Bientôt l'eau sera rétablie dans les maisons, les bateaux emporteront le blé et le vin dans d'autres ports moins riches que ceux de la côte Adriatique.

Caelus mûrit plusieurs projets patiemment mis au point. Si la fabrication de briques et de tuiles indispensables à la reconstruction de la ville lui a permis de gagner beaucoup d'argent, il s'est également lancé dans l'importation d'animaux d'Afrique dont la viande est prisée. Les riches Pompéiens aiment l'inattendu, le surprenant, et montrent leur richesse en offrant à leurs invités des mets dont les qualités gustatives importent moins que la rareté et les prix exorbitants. Caelus fait appeler Paoelus, qui tremble dès qu'il n'a pas bu ses deux cruches de vin. Sa roublardise est légendaire. Il approche les quarante ans, mais il a l'apparence d'un vieillard, bien qu'il apprécie encore les services des jeunes esclaves que Caelus lui fournit. Malgré le vin, Paoelus garde toute sa tête, même quand il n'arrive pas à se tenir debout.

— Que penses-tu de Marcus ? demande Caelus à son homme à tout faire.

— Mon cousin est revenu pour retrouver ses enfants, mais je suppose qu'il va aussi chercher à monter les vieilles familles contre les nouveaux riches.

— Qu'est-ce qui te fait croire ça ?

— Marcus a confié ses avoirs à Lucius Jucondus, et tu sais ce que le banquier pense des affranchis. Et puis, Marcus est toujours amoureux de Rectina.

— En effet ! grogne Caelus la main devant la bouche et réfléchissant. Mais Marcus est seul et personne ne se souvient de sa famille. Il n'a aucun pouvoir !

— Moi, je me souviens des Pansa, réplique Paoelus.

— Ah bon ? fait Caelus sur un ton dégagé mais qui cache mal sa crainte.

Caelus sait que sa fortune exceptionnelle fait beaucoup de jaloux et qu'il occupe une place qui revient de droit à un patricien. Il distribue beaucoup d'argent autour de lui, mais ça ne suffira pas toujours. Il doit veiller à ne pas laisser s'effriter son édifice de relations monté avec patience depuis des années. Rome est loin, il y entretient une multitude d'espions, de belles femmes destinées à faire parler les proches de l'empereur, mais ses adversaires font de même et il doit éviter leurs pièges.

Il est songeur, observant le ciel où brillent les étoiles. Paoelus se tient près de lui, mais semble absent. Au bout de quelques secondes d'un silence pesant, Caelus exprime sa préoccupation :

— Toi aussi, Paoelus, tu fais partie des patriciens. De quel côté seras-tu ?

Paoelus s'éloigne sans répondre. Son silence n'est-il pas l'aveu qu'il est prêt à se liguer avec les siens contre les parvenus devenus beaucoup trop riches et désireux de diriger la ville ? Caelus se gratte le menton. Puis il se redresse sur ses petites jambes. Sa grosse tête chauve dodeline sur ses imposantes épaules. Il rejoint Paoelus qui s'est assis un peu plus loin.

— N'oublie pas que tu es mon associé, insiste Caelus. Moi, je ne l'oublierai pas.

Paoelus ne répond toujours pas. Est-il digne du sang de son cousin Titus qui coule dans ses veines ? Depuis longtemps, il mûrit un plan pour retrouver son honneur, mais avant tout, il doit se résigner à ne plus boire et c'est la marche la plus difficile à franchir. Le retour de Marcus qui, malgré ses malheurs, a su rester digne, lui a rappelé à quel point il se méprisait.

— Quand nous étions encore enfants, te souviens-tu que ma famille fréquentait celle de Marcus ? demande-t-il tout à coup.

Caelus fronce les sourcils devant cette manière de lui rappeler qu'il était alors esclave et qu'il ne fréquentait pas la table des maîtres, alors que lui, Paoelus, bien que bossu et contrefait, y avait sa place. Malgré lui, son visage s'est durci. « N'en fais pas trop, Paoelus ! pense-t-il. Si tu dépasses les limites, il se pourrait que tu tombes du haut des quais dans l'eau froide du port avant deux jours. »

L'ivrogne darde sur Caelus son regard qui a retrouvé sa hauteur de patricien.

— Chez moi, nous recevions les duumvirs. Mon père était le cousin de l'empereur.

— Mais alors, pourquoi ne t'es-tu pas marié ?

Paoelus fait une grimace. Les dieux ne l'ont pas gâté. Il se sait laid avec ses épaules étroites et son dos bossu. Son père le rejetait, préférant son jeune frère Russius, devenu officier de l'armée de Rome. Et aucune jeune fille de la bonne société ne voulait de lui pour époux. C'est à cette époque qu'il avait pris le goût de l'alcool… Mais le retour de Marcus fait naître en lui un espoir inattendu. Certes, Caelus a raison, tant que Marcus est seul, il n'a aucun pouvoir, mais le jour où il aura retrouvé ses enfants, la dynastie Pansa sera ressuscitée. L'avenir fera renaître le passé. Il doit donc retrouver les trois enfants de Marcus. Il en connaît un, mais où sont les jumeaux, Cellia et Stephanus ?

— Nos invités vont arriver, reprend Caelus qui ne veut pas aller plus loin. Il y aura ton cousin. Va vérifier que tout est en place, et rapporte-moi les propos des invités pendant le banquet.

Caelus se dit que le retour de Marcus risque d'avoir des conséquences inattendues dont il doit se prémunir. Il fait appeler Plantarix, son esclave favori, muet, un ancien gladiateur condamné à avoir la langue arrachée. Caelus l'a recueilli baignant dans son sang et l'a fait soigner. Depuis, Plantarix lui voue une reconnaissance sans faille. Homme de combat, d'une force prodigieuse, il est toujours là pour protéger son maître et exécuter les basses besognes indispensables aux affaires du richissime affranchi. Il porte les cheveux longs, en souvenir de ses origines gauloises.

— Surveille Paoelus, ordonne Caelus. Il est complètement saoul et tu sais qu'il dit n'importe quoi. Je ne veux pas qu'il importune mes invités.

Plantarix acquiesce avant de s'éloigner. Caelus se met difficilement sur ses jambes et marche jusqu'à ses appartements pour se préparer. Il ne peut pas paraître devant ses invités, tous choisis dans la meilleure société, sans porter la belle toge blanche avec sa bande rouge qui indique un rang qu'il n'a pas. Cela fait beaucoup rire, mais Caelus est si puissant que personne ne s'aviserait de le défier en public.

⋆

Aulus, le collectionneur de papyrus, arrête son équipage devant la villa de Marcus. Le soleil couché, les voitures sont de nouveau autorisées et les gens importants se déplacent rarement à pied.

Les Pompéiens profitent de la soirée pour se promener, faire de petits achats, visiter leurs amis. La ville grouille d'une foule peu pressée parmi laquelle les voleurs à la tire pullulent ; beaucoup d'esclaves échappés de chez leur maître et considérés comme des parias ne peuvent survivre que par des rapines. La police veille, mais n'empêche pas le pillage des boutiques mal défendues. C'est un des gros soucis pour la municipalité que Caelus ne manque pas de rappeler pour proposer ses solutions.

C'est aussi l'heure de l'insouciance. Les tavernes ne désemplissent pas, beaucoup se doublent d'un étage consacré à la prostitution. Le marché du sexe est florissant. Des marchands de vin déambulent, portant une énorme outre en peau de chèvre sur leur dos, d'autres proposent porte-bonheur, pâtisseries, bijoux en verroterie colorée, petits animaux de compagnie…

Aulus n'aime pas particulièrement les banquets. Il préfère passer ses soirées en compagnie de son ami Clopurnius à déchiffrer des manuscrits. Marcus, non plus, n'est pas un amateur de fêtes, de beuveries et d'orgies.

— Généralement, je ne participe à aucune de ces soirées, précise Aulus, mais je suis reconnaissant à Caelus pour l'aide qu'il m'apporte. Il m'a permis d'acheter de nombreux rouleaux qui sont venus enrichir notre collection. Il m'a dit que lorsque nous le souhaiterions, Clopurnius et moi, il fera construire un bâtiment pour les conserver et que ce sera un des grands trésors de Pompéi.

— Je retrouve bien là le Caelus que j'ai connu dans ma jeunesse ! dit Marcus en souriant.

— On formait une belle équipe pleine d'insouciance, poursuit Aulus. Tu te souviens, il y avait Rectina, et puis Paoelus Trichitus, Claudia, qui m'aimait beaucoup, mais moi, je ne suis pas à l'aise avec les femmes…

Secoué par les cahots de la voiture, Marcus se laisse envahir par les souvenirs. Rectina avait, à une ou deux années près, le même âge que lui. Ils habitaient dans la même rue et leurs familles étaient amies. Ils avaient eu les mêmes maîtres, ils avaient déclamé ensemble les grands poètes latins, appris les premières règles de mathématiques et d'astronomie. Ils s'étaient juré de s'aimer toujours jusqu'à ce qu'une brouille sépare les deux familles. Rectina fut mariée à dix-huit ans. Depité, Marcus épousa Marnella Marctiva, fille d'une grande famille de Nocera.

Entre le temple de l'Abondance et les thermes du forum, ils remarquent une étrange lumière baigner tout à coup la ville. Les passants lèvent les yeux avec des exclamations de surprise. Marcus et Aulus tendent le cou pour contempler un ciel d'un rose lumineux. Au-dessus de leurs têtes, des lueurs bleutées semblables à des draperies bougent, comme poussées par un vent régulier. Cela ne dure que quelques minutes, puis la nuit retrouve son aspect habituel.

— Qu'est-ce que c'était ? demande Marcus, interloqué. Je n'ai pas souvenir d'une chose pareille.

— C'est ainsi depuis quelque temps, répond Aulus. Mallorus, le prêtre d'Apollon, dit que c'est un signe des dieux annonçant une grande période de prospérité.

— Dans ce cas, il n'y a pas à s'inquiéter.

Ils arrivent enfin chez Caelus. Des torches ont été allumées tout autour de son immense cour où des esclaves pansent les chevaux. Son centre est occupé par un bassin où nagent de gros poissons colorés. Ils distinguent au fond du jardin la masse imposante d'un amphithéâtre destiné aux représentations privées. Caelus possède aussi ses thermes, comme les plus fortunés, et y invite volontiers ses amis. Pour conserver ses habitudes malgré le manque d'eau, Caelus n'hésite pas à s'en faire porter d'importantes quantités du Sarno.

Les serviteurs de la maison invitent les convives à se rendre dans une vaste pièce ornée de statues en albâtre où le maître va les recevoir. Au milieu de la foule, Marcus aperçoit Rectina, accompagnée de Poletix, son esclave favori, un jeune homme de grande taille, aux larges épaules et d'une beauté extraordinaire avec ses yeux bleus et sa peau brune. Elle s'approche de Marcus en souriant.

— Te voilà, Marcus ! Je suis bien heureuse de te voir.

Une nouvelle fois, Marcus perd ses moyens devant son élégance, fasciné par les traits de son visage restés harmonieux, pleins de noblesse. Ses cheveux très bruns contrastent avec la blancheur de son teint, entretenue par des poudres, dont la moindre pincée vaut six mois du salaire d'un ouvrier. Elle semble préférer les coiffer en une composition de tresses et de boucles libres, ce qui lui vaut les critiques des dames attachées aux coutumes.

Marcus évite le regard intense et à la fois presque amusé de Rectina. Il se sent inférieur, emprunté à côté du fier Poletix qui ne la quitte pas. Ils forment un si beau couple ! Bien sûr, il ne peut rien y avoir entre un esclave et une patricienne comme Rectina, mais quand même ! Marcus regrette d'avoir été faible. Rectina lui avait écrit, lui jurant de le suivre où qu'il aille pour échapper à son mariage arrangé. Mis au courant, le père de Marcus avait menacé de le répudier s'il cédait à Rectina. Il s'était soumis et n'avait pas répondu…

Rectina s'approche de lui, si près qu'il sent son parfum et en éprouve un grand malaise. Elle semble en jouer, et ne cesse de le regarder fixement.

— Je croyais que tu avais juré sur l'autel de Jupiter que tu ne remettrais plus les pieds à Pompéi !

— C'est vrai, répond-il d'une voix hésitante, mais la vieille Novella que les dieux inspirent m'a assuré que mes enfants ont échappé au tremblement de terre. Je dois les retrouver.

— Je comprends ! fait-elle sur un ton enjoué. J'ai eu la faiblesse de croire que tu étais revenu pour moi !

Ne sachant quoi dire, il bredouille :

— Je n'ai aucune idée d'où ils pourraient être et, en dix-sept ans, les gens qui les ont connus ont pour la plupart disparu.

Rectina n'a pas eu d'enfant. Elle a su faire de ce handicap dans les grandes familles un avantage en mettant en valeur sa beauté dépourvue des rondeurs disgracieuses que peuvent laisser les grossesses. La mort prématurée de son mari lui avait épargné le déshonneur de la stérilité. Depuis, elle vivait dans une liberté totale, fréquentant le forum et les maisons de luxe où se réunissent les aristocrates pour jouer aux dés et bavarder, gérant ses affaires comme elle l'entendait, et traitant avec les hommes les plus influents sans la moindre appréhension.

— Je cesse de te taquiner, dit-elle en souriant. Marcus, ton retour m'est très agréable.

— J'ai acheté une villa par l'intermédiaire du banquier Lucius Jucondus qui va s'occuper de mes affaires. Je me rends compte combien Pompéi m'a manqué, ajoute Marcus.

— Jucondus est le meilleur homme d'affaires de la ville. Tu as eu raison de lui faire confiance, mais sois prudent, ce n'est pas l'ami de Caelus, qui fait tout pour le ruiner !

— Jucondus est tout aussi malin que Caelus et saura s'en protéger !

Ils sont interrompus par l'arrivée de Caelus, majestueux dans sa toge des aristocrates romains, une couronne de laurier en or sur la tête qui cache sa calvitie, donnant le bras à sa femme Pamella Ricaroda. Elle est jeune, d'une beauté un peu empruntée, et minuscule près de Caelus, semblable à une poupée.

Caelus sue abondamment comme s'il avait couru et salue chacun d'un mot gentil, proposant de passer au triclinium où est dressée une longue table près de laquelle sont alignés des lectus. Plusieurs esclaves placent les invités pendant que d'autres apportent les cruches de vin et des plats de petits oiseaux confits, surtout des rouges-gorges et des ortolans que l'on déguste pour l'apéritif. Caelus s'installe en bout de table. Il a demandé qu'on place Marcus à sa droite et Rectina à sa gauche, puis Aulus et le préfet. Il avale un oiselet, vide sa coupe de vin et déclare :

— Mes amis, c'est un grand honneur pour moi de recevoir ce soir mon ami d'enfance, Marcus Flavius Pansa, enfin de retour de Rome. Qu'il soit le bienvenu dans notre bonne société pompéienne où le souvenir de sa famille ne s'est pas effacé et ne s'effacera jamais.

Ce qui surprend Marcus chez ce gros homme qu'on lui a dépeint comme fourbe et cruel, c'est son regard franc, ses paroles pleines d'attention pour ses amis à qui il ne refuse rien. Rectina lui fait bonne figure et applaudit. Caelus lui a rendu quelques services, et elle lui en est reconnaissante tout en restant sur ses gardes.

— Mangez, mes chers amis, poursuit-il, je vous promets une belle surprise avec le spectacle que je vais avoir l'honneur de vous offrir !

Au montant du lectus de Caelus pend une chaîne avec un collier métallique. Marcus s'en étonne.

— C'est Bius, le singe le mieux nourri de tout Pompéi, explique Caelus. Il mangeait les mets les plus délicats, mais cela ne lui a pas suffi ! Voilà qu'il a réussi à détacher son collier et s'est enfui. On n'a pas pu le retrouver.

Des servantes légèrement vêtues, montrant leurs seins à la pointe colorée en rouge, arrivent avec les premiers plats, d'abord des joues de poissons, puis des boules de viande d'hippopotame que Caelus fait venir à grands frais d'Afrique, des cervelles de singe, des testicules de phacochère, censés apporter force et vigueur aux hommes. Le maître des lieux affiche une nette préférence pour les viandes les plus rares, notamment des gibiers africains importés vivants et abattus chez lui. Ce soir, il leur annonce la dégustation de lionceau et d'autruche, cet oiseau aussi haut et rapide qu'un cheval, et des vins les plus coûteux, notamment de ceux venant de Gaule.

— Un de mes bateaux a accosté voilà deux jours, porteur d'animaux fantastiques dont je vous montrerai tout à l'heure ce qu'on peut en faire, ajoute-t-il en souriant.

Les esclaves remplissent les coupes de vin. Quand ils apportent le lionceau sur un grand plat en argent, le silence se fait. Le corps rôti de l'animal dont on a pris soin de laisser les griffes et la tête aux longs crocs acérés étonne. Cette fantaisie coûte une fortune que seul Caelus peut se permettre. Sa femme applaudit de ses petites mains blanches. Caelus demande qu'on la serve en premier. Enfin, les invités goûtent la chair foncée du fauve et expriment leur satisfaction. Même Marcus, pourtant assez réticent aux viandes exotiques, découvre un mets délicat assaisonné d'un garum exquis. Caelus ne manque pas d'expliquer que son garum est obtenu grâce à une recette secrète, qu'il pourrait commercialiser pour gagner encore beaucoup d'argent, mais qu'il tient à réserver une telle merveille à ses amis.

Caelus caresse la joue de sa femme en lui murmurant des mots tendres. Les conversations deviennent de plus en plus libres et prennent de l'ampleur à mesure que les carafes de vin se vident alors que danseurs et musiciens investissent l'espace autour des convives.

POMPÉI, LE 22 OCTOBRE, MINUIT

37 heures et 21 minutes avant l'éruption

À la fin du repas, Caelus frappe dans ses mains.

— Mes chers amis, pour conclure cette belle soirée, je vous invite à vous rendre dans mon théâtre où vous allez assister à un spectacle qui va vous réjouir.

Les convives suivent les esclaves munis de torches et traversent la cour sous un ciel d'où toutes les lueurs étranges ont disparu. Une légère brise avive agréablement les visages. Une multitude d'étoiles brillent au-dessus des toits. Marcus ne peut s'empêcher de s'arrêter pour les contempler. Rectina s'approche de lui.

— Magnifique ciel, n'est-ce pas ? constate-t-elle. Te souviens-tu de ceux d'autrefois ?

Ils laissent passer les autres invités, le regard perdu dans le firmament, tout aux souvenirs de ce temps merveilleux. Un seul détail cependant différencie cette soirée de celles de leur adolescence.

— Autrefois, il y avait le bruit entêtant des insectes, des cigales qui donnaient vie à la nuit, remarque Rectina. Ce soir, le silence pèse sur les épaules comme si c'était la dernière nuit du monde !

Caelus marche péniblement, accompagné de sa femme toujours aussi légère et insignifiante. Il rejoint Rectina,

Marcus et Aulus et les invite dans sa loge. Les autres invités s'installent sur des sièges rembourrés. Des torches éclairent le théâtre et la piste où l'on a répandu du sable fin d'une couleur ocre. Cela signifie-t-il que Caelus va leur offrir un combat de gladiateurs ? Quoi de plus divertissant ? Comme tous les Romains, les Pompéiens ont le goût du sang, des luttes sans merci. Voir mourir des hommes ne les révolte pas. C'est un plaisir. L'arène est un autre monde auquel ils échappent sur les gradins.

La brise marine apporte encore des odeurs d'iode et de sel. La pensée qu'ils vont assister à un combat à mort sans avoir à supporter les cris et les grossièretés de la populace ravit tout le monde.

De nouveau un grondement sourd. On pense au tonnerre et à l'orage qui s'est formé en fin d'après-midi sur le plateau du Vesuvius, mais il n'y a pas d'éclairs. D'ailleurs le roulement semble provenir du sol. Puissant, il fait vibrer les sièges. Les étoiles tremblent. Les plaisanteries et les rires cessent puis reprennent très vite quand le silence rassurant montre que ce n'était qu'un de ces bruits ordinaires, juste un peu plus fort que d'habitude.

— Mon cher Marcus, si je t'ai demandé de t'asseoir près de moi pendant le spectacle, c'est pour une raison bien précise.

Marcus lance un regard interrogateur à son voisin.

— Lis ce qui est écrit sur ce rouleau.

Marcus déroule le papyrus que lui tend Caelus et découvre l'acte de propriété d'une terre sur les pentes du Vesuvius plantée des meilleures vignes de la région.

— Je n'ai rien oublié de ce que tu as fait pour moi !

— Je ne peux pas accepter, Caelus. Tu ne me dois rien !

Marcus réfrène sa colère devant cette provocation. Se voir offrir un tel cadeau par son ancien esclave devenu plus riche que lui est humiliant, mais il ne peut rien dire. Caelus jubile.

— Tu te rappelles Ptolémée, mon fils ? Il a désormais vingt-trois ans et combattait avec les troupes romaines dans le nord de l'Empire. Il sera bientôt de retour. C'est lui qui m'a conseillé de te donner cette terre. Elle était à ta famille, je ne fais que te la restituer ! Je n'ai pas oublié non plus combien tu m'as soutenu à la mort de ma chère Donella.

Marcus se souvient… Quand il est parti à Rome, Ptolémée était encore un tout petit garçon, qui avait à peu près l'âge de Julius. La femme de Caelus était morte des suites de l'accouchement.

Caelus est-il sincère ? Rectina sait que non. Les trompettes se mettent à sonner. Les spectateurs trépignent d'impatience, sachant que Caelus a le génie des surprises. Et ils sont surpris, en effet, en voyant des gardes pousser du bout de leurs lances une dizaine d'hommes et de femmes vêtus de hardes.

— Il est temps de déclarer les disciples de Jésus le Nazaréen hors la loi, dit Caelus. Cette vermine pullule à Pompéi, ce sera un premier exemple.

Malgré la menace, les chrétiens ne montrent aucune peur. Les mains jointes, ils murmurent une prière dont on n'entend qu'un brouhaha incompréhensible.

— Des chrétiens ? s'étonne Rectina.

— Ces gens-là sont étranges, déclare Caelus. Rien ne les atteint. Ils meurent en te disant qu'ils te pardonnent…

— Je sais, dit Rectina. Si on les laisse faire, ils détruiront l'Empire romain. Leur passivité leur confère une force diabolique. C'est le parti des esclaves et des pauvres qui n'ont qu'une ambition, prendre notre place.

Marcus préfère garder le silence. Il pense à Massimus, l'homme le plus doux de la terre. Jamais il ne l'a entendu proférer la moindre parole de revanche sur les riches.

Les chrétiens sont rassemblés au milieu de l'arène. Tout à coup, une jeune femme s'écarte du groupe, jetant autour d'elle des regards terrorisés.

— Je ne veux pas mourir ! s'écrie-t-elle. Sauvez-moi, je renie la nouvelle religion !

Cet appel terrorisé allume un sourire sur la face en poire de Caelus. Ses yeux brillent d'une lueur froide, montrant l'autre aspect de sa personnalité. La jeune fille court vers l'entrée de la piste d'où elle est refoulée par les gardes. On entend des bruits curieux venir de la partie couverte de l'arène. Des cris aux intonations humaines, sortes de ricanements et d'onomatopées d'une langue étrange. Les convives se regardent avec étonnement.

— Je t'en prie, supplie Pamella en se pressant contre son mari. Épargne cette fille. Elle a mon âge et me ressemble un peu.

Caelus constate qu'en effet la jeune chrétienne a elle aussi d'abondants cheveux d'un noir de jais. Il lève sa petite main potelée en direction des gardes :

— Ramenez cette esclave chez Claudius.

Marcus reconnaît alors la jeune fille qui poussait la poutre de la meule. Il ne saurait l'expliquer, mais quelque chose l'attire chez elle. Pourquoi ne l'a-t-il pas achetée quand il en était encore temps ?

Surgissent alors sur la piste des animaux étranges, comme on n'en a jamais vu à Pompéi. Ils ont la vague apparence d'énormes chiens aux grandes oreilles arrondies, les pattes arrière plus courtes que celles de devant et le dessus du dos couvert d'une crinière noire. Le plus étrange, c'est leur manière de communiquer et leurs ricanements lugubres et menaçants.

Les hyènes commencent à tourner autour du groupe de chrétiens qui se mettent alors à chanter dans une langue inconnue. La ferveur de leur voix monte dans l'arène vers les étoiles scintillantes avec une force dérangeante. Un des hommes à la barbe blanche lève les bras et fait un pas vers les spectateurs. Curieusement, les fauves l'épargnent.

— L'apocalypse est imminente ! crie-t-il. Ce monde va disparaître dans les ténèbres d'une nuit sans fin. Vous êtes maudits, peu d'entre vous survivront !

— Qu'est-ce qu'il veut dire ? s'étonne Caelus.

Les fauves gardent leurs distances. Le vieillard les regarde un instant et ajoute :

— Caelus, dans moins de trois jours, tu ne seras plus qu'un squelette figé pour l'éternité ! Toi comme beaucoup de tes amis ici présents.

Caelus se met à ricaner en lançant un regard entendu à ses invités. Pamella presse son énorme bras contre sa poitrine de poupée.

— Écoute, Caelus, cet homme me fait peur. J'ai entendu dire que les chrétiens ont des secrets, qu'ils peuvent attirer la foudre sur ceux qui les combattent. Je t'en conjure, arrête tout ça !

Caelus hésite un instant. Le regard de Rectina est posé sur lui et il le ressent comme un défi. Il ne va pas se montrer faible devant ces notables qui pourront le répéter, or rien n'est plus grave que la faiblesse quand on veut se présenter à des élections.

— Qu'on fasse taire cet homme ! ordonne Caelus d'une voix ferme.

Un coup de gourdin terrasse le vieillard, qui roule sur le sable. Aussitôt les hyènes se précipitent pour le déchiqueter et le dévorer vivant. C'est le signal de la curée. Les fauves, excités par l'odeur du sang, se jettent sur les chrétiens qui se laissent déchirer sans un cri, sans la moindre plainte. Leur chant s'éteint dans un gargouillement de sang et les ricanements des animaux. Les convives applaudissent. Quel ravissement ! Qui d'autre que Caelus pourrait avoir l'idée de faire venir de si loin de tels animaux ? Le sable se gorge de sang ; les hyènes arrachent des lambeaux de chair des corps encore vivants, se goinfrent en ricanant de plus en plus fort.

Rectina, qui n'en est pourtant pas à son premier spectacle sanglant, se sent mal à l'aise. Ce soir, elle n'y prend aucun plaisir. La voix du vieil homme résonne en elle étrangement. Un pressentiment imprécis lui écrase la poitrine.

— Je n'en peux plus ! annonce-t-elle à Caelus. Je ne me sens pas bien. Je crois que je vais rentrer.

— Mais voyons, mon amie, délecte-toi de la mort de ces êtres maléfiques ! s'exclame Caelus.

— Pardonne-moi, répond Rectina, j'ai dû trop manger et j'ai l'estomac à l'envers.

Elle se lève dans la pénombre et s'éloigne sans que personne s'en aperçoive. Même Marcus qui tourne souvent son regard vers elle ne l'a pas vue rejoindre son bel esclave posté un peu en retrait.

Au bout d'une heure de carnage, les hyènes repues se couchent à côté des corps déchiquetés dont certains bougent encore, Caelus se lève. Les invités l'imitent et le félicitent pour ce grand moment de plaisir qu'ils ne manqueront pas de raconter sur le forum. Marcus cherche vainement Rectina. Ne la trouvant pas, il se rapproche d'Aulus, bien décidé à rentrer au plus vite.

Mais il est impossible d'atteler les voitures. Les chevaux hennissent, se cabrent, fouettent l'air de leurs sabots, retroussant les babines et montrant leurs dents comme s'ils s'apprêtaient à mordre. Plusieurs esclaves ont été blessés en voulant les retenir. Les coups de fouet ne font qu'aviver leur terreur.

— Il ne nous reste plus qu'à rentrer à pied, constate Aulus.

Caelus accepte de garder les équipages jusqu'au lendemain et donne des ordres pour qu'on les enferme dans l'écurie.

— Voulez-vous une chaise ?

— Ce n'est pas la peine. L'air est doux et cela nous fera du bien de marcher après l'excellent repas que tu nous as offert, le remercie Aulus.

— Je vous fais accompagner par mes gardes personnels.

Aulus et Marcus saluent leur hôte, le remercient une nouvelle fois et s'éloignent dans la rue. La nuit resplendit, avec tellement d'étoiles qu'il est impossible d'en fixer une sans que le regard soit attiré par ses voisines.

— Tu m'as dit que je devais me méfier de Caelus, dit Marcus, alors que je l'ai trouvé accueillant, assez semblable à l'homme que j'ai connu autrefois.

— Détrompe-toi. Caelus n'a rien perdu de ce qui s'est dit. Il aide volontiers ceux qui le servent, mais il déteste les patriciens, raison pour laquelle il les invite à sa table. Pour leur montrer sa richesse et les humilier !

— Et Rectina ? Pourquoi est-elle partie sans saluer personne ?

— Elle a dit à Caelus qu'elle avait mal à l'estomac. Je pense, en fait, qu'elle était impatiente de rejoindre son bel esclave. Rectina est libre et ne recule devant aucun de ses désirs.

Alors qu'ils se séparent, Marcus cède à la douleur causée par les propos d'Aulus. Cet amour contre nature que Rectina porte à son esclave ne serait-il pas la cause de sa froideur envers lui ? Lui aussi, tout à coup, a l'estomac lourd.

Il n'est pas pressé d'aller se coucher. Il se rend à l'atrium où Massimus le rejoint, en compagnie de Martha.

— Maître ! s'exclame Massimus, tout excité, je crois bien qu'on a retrouvé tes enfants !

— Que dis-tu ? s'écrie Marcus en se dressant, les mains devant lui, comme pour repousser un agresseur.

Martha sourit et précise :

— Ils sont devenus montreurs d'animaux savants !

— Mes enfants, des saltimbanques… Ce n'est pas possible… Qu'on aille les chercher tout de suite !

— Non, maître. Attendons demain. Nous savons où ils sont…

Puis cédant à un doute, Massimus ajoute :

— Je n'ai pas retrouvé en eux les traits des Pansa, ni ceux de ton épouse, mais cela ne veut rien dire.

— Certes, ça ne veut rien dire, pourtant il me semble que mon cœur les reconnaîtra. Quand pourrais-je les voir ?

— Demain. Mais il ne faut pas t'emballer ! Tu pourrais être déçu.

Massimus jette un regard intrigué à Marcus et lui demande :

— Je te trouve bizarre. Le dîner se serait-il mal passé ?

— Au contraire, mais j'ai mangé un peu trop de bonnes choses, tranche-t-il. Allons nous coucher !

Marcus sait pourtant qu'il ne fermera pas l'œil de la nuit. Mais il veut être seul pour ne pas avoir à justifier son angoisse auprès de Massimus qui le connaît trop bien. Par une porte secondaire, il sort dans le jardin et balaie du regard le ciel resplendissant. Au-dessus du plateau du Vesuvius, il remarque des fumerolles lumineuses qui bougent dans une danse pleine de grâce. Où est Rectina en ce moment ? Dans les bras de Poletix ?

POMPÉI, LE 23 OCTOBRE, 7 HEURES

30 heures et 21 minutes avant l'éruption

Dès l'aube, Caelus est réveillé et reçoit ses serviteurs dans sa chambre. Malgré son poids, sa grande difficulté à se déplacer, l'homme à la tête de poire est débordant d'activité. Il a passé la nuit à côté de son épouse mais n'a pratiquement pas dormi. Un messager l'a averti que le bataillon dans lequel son fils Ptolémée s'est illustré est rentré à Rome et que le jeune officier couvert de gloire est en chemin pour Pompéi. Caelus se réjouit de retrouver ce fils qu'il adore, pourtant, il redoute la rencontre avec Pamella, trop belle, trop jeune pour ne pas être sensible à son charme. Car aux regards que son épouse envoie aux hommes, Caelus a compris depuis bien longtemps qu'elle s'ennuyait près de lui et que son argent ne pouvait tout acheter.

Et puis, le retour de Marcus l'inquiète. Il raconte à qui veut l'entendre qu'il est issu d'une grande famille romaine, originaire du nord de la péninsule italique, proche de hautes montagnes. Sa famille a été décimée par une terrible maladie qui emportait jeunes et vieux au point que les cimetières n'étaient plus assez grands. Il y avait échappé et avait été réduit en esclavage par ceux qui l'avaient accueilli. Le grand tremblement de terre a brouillé les repères et personne n'ose remettre en cause la version de l'affranchi. Mais l'arrivée de Marcus, associé à Jucondus et soutenu par cette langue de vipère qu'est Paoelus, change tout. Caelus regrette d'avoir poussé le mépris en lui offrant sa vigne, un affront que son ancien maître n'oubliera pas. Il appelle Plantarix et lui demande :

— Fais appeler Paoelus, je veux le voir tout de suite !

Quelques instants plus tard, Paoelus entre sans tituber. Le manque d'alcool creuse en lui un vide profond et son corps est agité de légers tremblements. Il parle par à-coups, bredouille souvent, mais garde les idées claires.

— Approche, Paoelus. As-tu veillé à l'évacuation des cadavres de l'amphithéâtre ?

— Tout a été fait comme tu l'as demandé. Et je n'ai rien perdu de ce qui s'est dit pendant le dîner.

— Qu'as-tu entendu ?

— Pas grand-chose. Aulus est toujours obsédé par sa collection de manuscrits.

— C'est tout ?

— C'est tout !

Paoelus esquisse une légère grimace dont le sens n'échappe pas à Caelus.

— Prends place à ma table. Le pain de Claudius est toujours aussi bon. Son maître, Vecilius Verecundus, a tort de vendre ses boulangeries.

— La belle Melina lui a mis en tête que la boulangerie est une affaire de petites gens, et rêve de grandeur. Elle a la manière de le flatter et en même temps de lui soutirer son argent. Il se ruine avec bonheur.

Caelus fronce les narines. Son nez, court et un peu épaté au milieu de sa large figure, donne plus de relief à ses lèvres grasses et à ses sourcils qui cachent son regard.

— Et Marcus ?

— Marcus ? Il aurait retrouvé ses enfants. Il s'agirait des acrobates de la troupe de Peyrhus qui montrent des animaux savants sur la grande palestre.

— Ses enfants ? s'étonne Caelus. Quelle bonne nouvelle !

Le regard de Paoelus montre qu'il n'est pas dupe du jeu de son maître.

— Ce sont mes petits cousins, précise-t-il. Je m'en veux de les avoir abandonnés à leur triste sort.

Caelus a bien compris ce que Paoelus sous-entend.

— Les saltimbanques ne sont pas ses enfants, c'est vrai, affirme-t-il, mais il lui faudra un peu de temps avant de découvrir la vérité. Cela va l'occuper et me laissera le loisir de régler cette affaire. Donc, tu vas aller trouver Claudius ce matin même pour lui demander l'esclave chrétienne, tu sais, celle que nous avons épargnée pour les jeux du cirque d'hier.

— Bien. Mais tu connais Claudius. Il est toujours près de ses sesterces. Son avarice est légendaire dans tout Pompéi.

Après quelques instants de réflexion, il ajoute :

— Que veux-tu faire de cette esclave ?

— Ce que je veux en faire ?

Caelus frotte son front avec sa petite main potelée.

— Tu verras. Ce n'est pas le moment d'en parler.

Paoelus baisse ses gros yeux, se redresse et s'éloigne. Son corps est moins voûté, et il marche droit. Il se doute des intentions de Caelus. Quand il a vu la jeune fille dans l'arène, il a été frappé par un détail qui a échappé à tous, mais pas à lui, le physionomiste.

— Je n'ai pas terminé, dit Caelus en forçant sa voix aiguë de vieille femme.

Paoelus fait demi-tour, sans toutefois retrouver complètement son attitude servile.

— Ensuite, tu iras chez Nozerus, le blanchisseur, pour acheter un jeune esclave qui s'appelle Stephanus. Tu discuteras un peu le prix pour ne pas montrer que tu y attaches de l'importance, mais tu finiras par conclure l'affaire.

— Mais Nozerus me demandera pourquoi je veux le lui acheter, objecte Paoelus, qui n'est pas dupe. Qu'est-ce que je vais lui répondre ?

— Tu trouveras bien quelque chose. Tu lui proposeras de lui fournir un esclave de meilleure qualité. Il sera sensible à cet argument. Et maintenant, va, je dois me rendre aux bains, sinon je serai en retard au forum.

— Très bien, répond Paoelus en se tournant, puis il ajoute : Que ferai-je de ces deux esclaves ?

— Tu les ramèneras ici et tu les enfermeras dans la cave, du côté de l'agrandissement. Ensuite, tu iras porter les invitations aux duumvirs et au préfet. Je les attendrai cet après-midi avant d'aller au forum pour leur parler de mon projet de maisons résistant aux tremblements de terre et de la manière de protéger les canalisations enterrées. Partilos, mon architecte, sera là avec ses aides pour expliquer comment fonctionne son système.

Paoelus s'éloigne, laissant Caelus avec ses serviteurs. Le gros homme repousse le plateau et maugrée :

— Je ne veux plus de viande à mon réveil. Ça me gâte la bouche et me donne une mauvaise haleine. Dorénavant, vous me préparez des pâtisseries avec des fruits confits.

« Dorénavant » ! Mot magique dont personne ne mesure la portée, mot tourné vers un avenir plein de vie à profusion et de projets au fil des jours qu'on ne compte pas. Mais à Pompéi, le temps est compté ; chaque respiration, chaque battement de cœur se soustrait à un nombre défini, de plus en plus petit, et que rien ne peut changer.

Paoelus marche en compagnie de quatre serviteurs dans les rues au milieu des flâneurs qui profitent du soleil, de l'air pur et transparent, et de cette brise légère, agréable sur les joues. Il s'arrête devant une taverne. La pensée du vin bloque sa réflexion. Le vide douloureux qu'il ressent en lui peut se combler en quelques verres, mais il renonce. Il doit réagir, échapper au monstre Caelus, se placer du côté de son cousin qui a choisi son camp, celui de Lucius Jucondus, des patriciens écartés des affaires par les affranchis. Il a bien compris que Caelus veut empêcher son ancien maître de retrouver sa place dans la société pompéienne. Car seul Marcus peut réunir les grandes familles patriciennes éprouvées par le tremblement de terre. Le voilà en face de son destin et il ne va pas reculer pour un peu de vin !

Il marche, la tête baissée pour ne pas céder à la tentation des tavernes aux portes ouvertes sur la rue. Il arrive chez le boulanger Claudius et se fait annoncer. Dans la boutique, les clients échangent quelques mots sur le temps et la chaleur inattendue à cette période de l'année. Amusé, Paoelus observe Paula, grande et forte, le nez crochu, la figure rouge, encaisser l'argent et rendre la monnaie sans perdre des yeux le va-et-vient des esclaves qui apportent le pain chaud dont la croûte craque plaisamment. Ici, tout le monde le connaît, lui, le bras droit de Caelus, et chacun essaie de lui être agréable en lui offrant du vin. Mais ce matin, il refuse l'invitation de Paula. Il entre dans la vaste salle où s'activent des esclaves. Une poussière blanche de farine le prend à la gorge sans qu'il y prête attention. Très vite, il remarque une jeune femme, charmante malgré sa crasse et ses cheveux blancs de farine. Alors qu'elle s'arc-boute pour pousser la poutre, l'effort fait ressortir ses hanches rondes, sa poitrine et la finesse de son corps pourtant malmené. Son attitude garde une expression rebelle, hautaine, qui n'est pas celle d'une esclave. Paoelus en est troublé et, quand elle tourne vers lui ses grands yeux bleus, il bredouille un bonjour retenu. Sa tunique déchirée sur le dos montre les traces sanguinolentes laissées par le fouet. Il ne s'est pas trompé la veille, quand cette même jeune femme implorait pitié. Ce visage ovale aux pommettes un peu saillantes, ce menton étroit rappellent à Paoelus d'autres visages à jamais évanouis. Si Caelus a cédé à la supplique de son épouse d'accorder cette grâce à Cellia, il n'a pas pour autant l'intention de l'épargner. Après tant d'années passées à le servir, Paoelus a appris toutes ses ruses. Et puisque Cellia est la fille de Marcus, il se doute que l'autre esclave qu'il doit acheter, Stephanus, est son jumeau. Et que tous les deux sont condamnés à disparaître.

— Paoelus ! s'exclame Claudius en approchant. Quel plaisir de te voir ici ! Que puis-je pour toi ou pour ton maître Caelus ?

Paoelus serre les dents. Lui, le patricien, ne peut avoir pour maître un esclave affranchi. Mais il se retient, considérant que ce n'est pas encore le moment de dévoiler ses intentions. N'est-il pas l'ivrogne que l'on pousse du pied quand il roule sous la table dans les tavernes ?

— Tu as là une bien belle esclave ! dit-il en se tournant vers Cellia. Mais que s'est-il passé ? Tu l'as fouettée ?

— Une vipère, tu veux dire ! répond Claudius. Elle a réussi à s'évader, c'est d'ailleurs un esclave de Caelus qui l'a ramenée. Elle se dit chrétienne. Oui, je l'ai fouettée.

— Je peux te la payer un bon prix. J'ai besoin d'une esclave comme elle pour aider aux cuisines.

Claudius lance un regard soupçonneux à Paoelus. Les cuisines de Caelus ne manquent pas d'esclaves. Bien conscient que ce n'est qu'un prétexte, le boulanger autoritaire au sourire rare se demande pourquoi il veut cette femme. Pour son plaisir ? Paoelus est sûrement impuissant : l'excès de vin ne rend jamais les hommes très vigoureux.

— Pas question. Elle poussera la poutre jusqu'à ce qu'elle en crève, grommelle Claudius, qui n'oublie pas que Cellia lui a craché à la figure. Et puis, il s'est passé des choses que tout le monde n'a pas besoin de savoir.

— Je ne pense pas que Caelus sera content, ajoute Paoelus qui sait que le boulanger lui doit de l'argent.

Un des ouvriers, ruisselant de sueur, ouvre la gueule du four et une chaude odeur de pain en train de cuire envahit la vaste pièce. Des esclaves torse nu apportent des fagots et remplissent un four voisin. La chaleur intense commence à indisposer Paoelus.

— Qu'est-ce que tu veux dire, Paoelus ? Pourquoi me parles-tu de Caelus ?

— Parce que c'est lui qui m'envoie acheter cette fille. Je vais te la payer un bon prix, et tu n'en parleras à personne.

— Attends, je reviens !

Claudius passe dans la pièce voisine et fait signe à sa femme de le rejoindre. Il ne prend jamais une décision importante sans la consulter et il ne veut surtout pas se mettre à dos Caelus pour une esclave, si jolie soit-elle. Il en trouvera une autre tout aussi séduisante et plus obéissante. Deux fois par semaine, près du port, le marché aux esclaves offre de bonnes opportunités. Des bateaux en rapportent des cargaisons de Gaule, d'Hispanie, d'Orient et même d'Afrique. Avec l'accord de son épouse, il détache la chaîne qui retient la jeune femme à la poutre et la tend à Paoelus.

— Tu peux l'emmener. Dis à Caelus que je suis très heureux de la lui offrir, mais avant, je dois t'avertir.

— M'avertir de quoi ?
— Elle ne recule devant rien.
— Sois tranquille, on saura la remettre dans le droit chemin.

POMPÉI,
LE 23 OCTOBRE, 8 H 30

28 heures et 51 minutes avant l'éruption

Paoelus confie la jeune femme à deux serviteurs en leur recommandant de l'emmener chez Caelus. Ils s'éloignent, l'un d'eux tenant Cellia en laisse. Dans la rue, personne ne s'étonne de cette jeune prisonnière traitée comme un animal. C'est une esclave, qui coûte moins cher qu'un beau cheval.

Paoelus ne doute plus. Il ira au bout de la mission qu'il s'est attribuée pour retrouver son honneur de patricien. Depuis longtemps, il rêvait de s'opposer à Caelus, le moment est venu, il ne reculera pas. Grâce à lui, l'histoire de Pompéi va changer de direction.

Accompagné par les deux gardes qui l'attendaient à la porte de la boulangerie, il se dirige chez Nozerus, propriétaire d'une des plus grandes blanchisseries de la ville. Les familles les plus riches lui confient leurs soieries, leurs teintures ; les autres apportent des vêtements fripés, usés et les récupèrent comme neufs. Paoelus s'y rend en marchant très vite. Il a chaud et la soif le taraude. Pourtant, sa décision est prise : il ne boira plus et retrouvera sa place dans la société pompéienne aux côtés de son cousin Marcus.

Malgré la pénurie d'eau, la boutique de Titus Nozerus est restée ouverte. Toute la journée, des esclaves font la navette entre le fleuve et l'imposante villa dont l'ancien propriétaire, excédé par les tremblements de terre, a décidé de fuir à Naples. Paoelus s'approche en marchant entre les vêtements mis à sécher sur le trottoir. La ville permet ainsi, moyennant une taxe, aux laveries d'utiliser le domaine public pour étendre leur linge. Il se fraie un chemin entre les clients qui entrent et sortent de la boutique. Ceux qui viennent chercher leurs vêtements posent sur le comptoir une médaille en os où est gravé un numéro. Pendant qu'une esclave rapporte le linge propre, un autre fait payer.

Dans la laverie règne une infecte odeur qui pique la gorge et bloque la respiration. Des esclaves arrivent avec de grosses jarres remplies de l'urine récoltée dans les rues, indispensable pour assouplir et nettoyer les vêtements usagés. Et gare à qui en renverse dans l'allée : le précieux liquide est taxé et on n'en a jamais assez.

Paoelus se fait annoncer. On le prie de patienter dans le jardin. Près d'un muret, de hautes cuves en bois, de tailles décroissantes, servent au rinçage du linge. On déverse l'eau dans la cuve la plus haute et le trop-plein coule dans les suivantes. Certains vêtements de grande qualité ont été auparavant immergés dans des bains d'argile et battus au fléau pour en resserrer la trame.

Le linge propre est ensuite étalé dans une pièce où brûle un brasero répandant des vapeurs de soufre pour lui donner de la souplesse avant d'être préséché ; parfois, le linge fin est exposé à un second brasero où brûlent des résines destinées à lui conférer une bonne odeur. Et le repassage ? Titus Nozerus a fait fabriquer de grosses presses que ses collègues lui envient.

Averti par ses serviteurs, Nozerus, à la silhouette longue et maigre, sort d'une pièce donnant sur le jardin et s'approche de Paoelus, le regard perçant. Il invite son visiteur à le suivre dans une aile de la maison où le bruit des ouvriers est atténué par des tentures aux couleurs chatoyantes.

— Je viens te demander de me céder un jeune esclave.

— Tu sais qu'en ce moment, on en manque. Les marchands ne proposent que de la mauvaise qualité. Et il faut beaucoup de monde pour creuser les rues de Pompéi, fabriquer des tuiles, réparer les maisons. Il ne reste que le rebut, j'ai besoin de tous mes serviteurs.

— Il faut pourtant que tu me cèdes Stephanus. Il doit avoir près de vingt ans et Caelus s'intéresse à lui. Tu ne peux pas le lui refuser. Il te donnera un esclave plus robuste si tu le souhaites…

Paoelus sait que Nozerus est joueur et n'hésite pas à sortir sa dague quand les dés ne lui sont pas favorables. Caelus l'a plusieurs fois aidé à se tirer d'affaire et à échapper à la prison. À Pompéi, malgré sa violence, on le ménage parce qu'il a su se concilier les puissants, et que les plus riches font nettoyer leur linge chez lui.

— Si c'est Caelus qui me le demande, tempère Nozerus, je veux bien le lui céder. Je ne comprends pourtant pas pourquoi. Stephanus piétine le linge depuis des années et ne sait rien faire d'autre. À force d'être accoudé au muret, il marche difficilement.

— Caelus ne me confie pas tous ses projets. Et puis, tu sais qu'il a parfois des lubies.

— Bon, grommelle Nozerus qui ne peut s'opposer aux désirs de l'homme le plus puissant et le plus retors de Pompéi.

Il donne des ordres et, quelques minutes plus tard, Stephanus arrive en claudiquant. Paoelus a beau être insensible au sort des esclaves, l'état de celui-ci le choque. Le jeune homme est bossu ; le corps atrophié, le buste étroit penché en avant, il titube. Ses jambes tordues sont couvertes d'écailles purulentes. Ses pieds sont déformés comme s'ils avaient été cassés et s'étaient ressoudés de travers. Il darde devant lui le regard apeuré d'un animal qui redoute les coups.

— Approche, Stephanus, ordonne le maître d'une voix ferme, celle qu'il utilise pour ses gens.

Le garçon fait deux pas en avant en s'appuyant contre la cloison, révélant une énorme plaie purulente à la cuisse droite.

— Qu'est-ce qui t'a fait ça ? demande Nozerus.

— C'est rien, maître, répond le garçon d'une voix tremblante. Cela arrive de temps en temps et puis ça guérit. On dit que c'est à cause du bain d'urine. J'ai de la chance d'être robuste, d'autres en meurent.

Robuste ? Il pèse sûrement moins de cent livres. Son corps courbé a pris la forme qu'il lui impose pour fouler le linge. Un corps de vieillard. Seuls son visage maigre, ses yeux pleins d'une lumière intérieure confèrent encore un aspect humain à cette loque.

— Tu vas suivre Paoelus qui sera ton nouveau maître, ordonne Nozerus.

Stephanus lance un regard terrorisé sur Paoelus qui lui dit avec compassion :

— T'en fais pas ! Les foulons, c'est fini pour toi.

— Pardon, maître, mais j'ai du mal à marcher. Souvent, je ne peux pas aller de la cuve à ma paillasse pour dormir.

— On t'aidera.

Le gamin interprète une telle prévenance comme une condamnation à mort. On murmure que beaucoup de riches jouent à torturer des esclaves, les blessent volontairement pour que le docteur Pirus Macena s'entraîne à les opérer et teste de nouveaux médicaments.

— Je suis très bien ici, murmure-t-il.

À cet instant, son regard croise celui de Paoelus, qui en est troublé. Des yeux bleus, tellement semblables à ceux de la jeune Cellia qu'il vient d'acheter au boulanger. Cela confirme ses soupçons, car ces deux esclaves ressemblent à leur défunte mère.

— Vous allez l'aider, ordonne Paoelus à ses gardes.

Ils se placent chacun d'un côté du jeune garçon, qui traîne des pieds. Stephanus darde autour de lui un regard curieux. Il n'a jamais parcouru sa ville. Trop faible pour aller chercher les amphores d'urine, il a passé une partie de sa vie dans cette pièce nauséabonde à piétiner le linge. Il a perdu ses cheveux à force d'être exposé aux vapeurs d'urée. Il ne marche pas vraiment, ses pas minuscules et rapides sont autant de piétinements. L'esclavage a fait de lui une machine. Quelles pensées traversent son esprit ? Il parle d'une voix retenue à peine audible. L'air bruisse en pénétrant dans sa poitrine rentrée durant ses courtes inspirations. Paoelus, qui est pourtant habitué à la maltraitance des esclaves, a pitié de lui, mais comment le soustraire à la volonté meurtrière de Caelus ?

Ils arrivent devant la villa de Caelus où l'autre groupe les attend avec la jeune Cellia dont l'attitude hautaine le surprend. Cette jeune femme, toujours traitée comme un animal, ne baisse pas les yeux. Le corps droit, elle semble indifférente à ce qui l'attend chez son nouveau maître.

Quand Paoelus arrive, elle se tourne vers lui, et sa ressemblance avec Stephanus devient évidente. Le même regard, la même forme du visage. Il n'a plus aucun doute sur leur véritable identité.

Paoelus va avertir Caelus que les deux esclaves sont là. Ce dernier est dans son bain. L'eau manque à Pompéi, mais pas chez lui. Paoelus entre dans la vaste salle où flotte une odeur de fleur séchée. Le maître est allongé dans une vaste baignoire. Sa bedaine dépasse du liquide coloré en bleu. On a disposé des coussins pour qu'il pose sa tête, et devant lui, sur une tablette, se trouvent des fruits secs, des noix fraîches dont il raffole et dont la cueillette commence. Assise à côté de lui, une jeune esclave très belle et très dénudée casse les fruits secs et lui tend les cerneaux blancs après avoir enlevé la peau jaune et amère.

— As-tu accompli ta mission ? demande Caelus sans cesser de mastiquer.

Assise de l'autre côté de la baignoire, une autre esclave, tout aussi belle et dénudée, lui tend une coupe de vin. Il en boit une gorgée et rend la coupe à la jeune femme qui sourit en montrant ses dents très blanches.

— Oui, répond Paoelus.

Il n'a pas dit « maître ». Ce mot est désormais rugueux dans sa bouche. Il ajoute :

— Les deux jeunes esclaves sont là. Que dois-je en faire ?

— Je crois te l'avoir dit. Tu vas les conduire à la cave sous l'agrandissement de l'atrium. Tu sauras bientôt ce que j'ai décidé pour eux.

— Bien, dit Paoelus en lorgnant le vin que la servante verse dans la coupe.

Il se dirige vers la porte quand Caelus l'arrête :

— Qu'est-ce qui te prend, Paoelus ? Voilà que tu n'es pas comme d'habitude. Viens donc boire un verre de vin avec moi.

— J'ai décidé de ne plus boire de vin, souffle Paoelus d'une voix faible, faisant un immense effort sur lui-même.

Caelus ne cache pas son étonnement. Ne serait-ce pas la confirmation que l'ivrogne lui échappe et qu'il devient une menace pour lui ?

Paoelus s'éloigne, la tête haute. Il n'a pas bu depuis la veille au matin, cela le rend fébrile et de mauvaise humeur, mais il ne cédera pas. Le retour de Marcus et surtout la découverte de ces deux jeunes esclaves dont l'origine ne fait aucun doute le placent à une croisée de chemins. Il demande qu'on les enferme, et qu'on veille à ce qu'ils ne manquent de rien.

— Ce sont des prisonniers, s'étonne l'esclave. Et tu dis qu'ils ne doivent manquer de rien ?

— Oui, je dis qu'ils ne doivent manquer de rien, insiste Paoelus. Fais apporter de quoi manger et des vêtements propres…

POMPÉI, LE 23 OCTOBRE, 9 H 30

27 heures et 51 minutes avant l'éruption

Cellia et Stephanus sont enfermés dans une pièce où règne une agréable fraîcheur. Cellia reste debout près de la porte tandis que Stephanus, incapable de se tenir sur ses jambes, roule au sol avec un cri de douleur. À force de faire toujours les mêmes gestes, ses os se sont soudés et les moindres mouvements en dehors du piétinement lui sont très douloureux. La cave donne sur une cour intérieure et la lumière de cette matinée en éclaire les voûtes et les amphores enfouies dans le sable jusqu'au col. C'est la manière à Pompéi de conserver le vin à une température constante. Un peu de mobilier a été disposé pour ceux qui, quelques jours plus tôt, surveillaient la fermentation, une table en bois d'olivier et des tabourets. Stephanus, grimaçant, tente de se remettre debout, mais n'y parvient pas. Comme un insecte blessé, il pousse sur ses jambes raides puis, reperdant l'équilibre, roule sur le côté. Cellia lui prend le bras et le tire si fort qu'il pousse un cri de douleur. Elle comprend que sa position à la poutre de la meule était moins contraignante que celle de ce pauvre garçon complètement déformé par des années de foulage. Stephanus se dresse sur les coudes et la regarde bien en face. Quelque chose d'indicible l'attire vers cette fille qu'il voit pour la première fois, avec la certitude qu'elle ne peut pas lui faire de mal. De son côté, Cellia est surprise. Elle connaît son apparence pour s'être vue plusieurs fois dans de rares miroirs, et surtout dans les flaques d'eau. Le visage maigre à la peau flétrie de Stephanus est semblable au sien. Les mêmes yeux bleus, les mêmes pommettes un peu saillantes, le même front assez haut. Qu'est-ce que cela signifie ?

Stephanus se traîne vers un promontoire, reste de cloison détruite par un tremblement de terre, s'y accoude et tourne un regard satisfait vers la jeune fille, pendant que ses pieds se mettent à piétiner dans un geste mécanique indépendant de sa volonté.

— Mais tu vas cesser ! s'emporte Cellia sur un ton vif.

Il baisse les épaules. Le mouvement de ses jambes s'interrompt un instant, puis reprend.

— J'y peux rien, répond-il d'une voix si faible qu'on l'entend à peine.

Il flotte dans l'air une odeur de moisissure. Cellia s'assied sur le muret. Pourquoi l'a-t-on enfermée avec ce garçon qui lui ressemble ? Elle demande :

— Tu es des frères de Jésus ?

Stephanus adresse à Cellia un regard étonné et secoue sa minuscule tête chauve.

— Qui est ce Jésus ? Je n'ai pas de frère, pas de famille, je suis seul.

— Jésus, c'est notre maître à tous, le maître des maîtres et des esclaves.

— Je ne sais pas de qui tu parles.

Elle n'insiste pas. La cause de leur emprisonnement est autre ; cette ressemblance indique-t-elle une parenté ? Elle pressent quelque chose de grave qui va chambouler son destin. Libre dans sa tête, elle se veut libre dans sa vie, mais ce n'est pas compatible avec sa condition.

— Mais arrête donc, tu me fatigues !

Stephanus interrompt son piétinement quelques secondes, puis ses pieds s'agitent de nouveau. Le silence s'installe. Ni l'un ni l'autre n'y étant habitués, ils entendent malgré eux le frottement de la meule qui broie le grain et le bruit mouillé du linge piétiné dans la cuve d'urine. Stephanus ne pense à rien. Il n'a jamais appris à rêver. S'il arrive à prononcer quelques mots, quelques phrases tout aussi bancales que lui, c'est uniquement pour exprimer des besoins ordinaires. Il s'est habitué à dormir accoudé au mur en piétinant, dans l'odeur infecte qui lui manque presque au milieu de cette pièce où arrive l'air frais de l'extérieur.

Cellia a eu la chance de grandir dans une maison où les esclaves étaient assez bien traités. Elle sait même un peu lire. Enfant, elle a eu le temps de jouer et de s'intéresser à ce qui l'entourait. Un vieil esclave juif lui a appris l'existence d'un Dieu unique, puis elle s'est attachée à une autre servante qui lui a parlé de Jésus.

Devenue une belle jeune fille qui n'a pas souffert de la faim et des mauvais traitements, elle s'est échappée de la villa où elle a grandi, séduite par les paroles rebelles de Jésus. Elle n'était plus esclave, mais libre, et a rejoint un groupe de chrétiens révoltés contre les nantis à Herculanum. Capturée avec d'autres, elle a été achetée par le boulanger Claudius. Au début, il la traitait bien, lui réservant les tâches les moins contraignantes. En contrepartie, il attendait d'elle des services bien particuliers. Elle a refusé, il l'a contrainte par la force. Ce n'était qu'une chrétienne et il avait tous les droits sur elle. Il l'a attachée à la poutre de la meule, bien résolu à casser ce fort caractère qui lui enlevait beaucoup de valeur s'il décidait de la vendre.

— Je veux revenir chez Nozerus, murmure Stephanus. Ici, je peux rien faire.

Il n'est pas à son aise sur ce sol couvert de dalles et dur sous ses pieds craquelés, loin du muret et des cuves, il est perdu.

— Libre à toi. Moi, je ne retournerai jamais chez Claudius, rétorque-t-elle d'un ton ferme avec une force que Stephanus ne peut pas comprendre. Il faut que je m'échappe d'ici ! Il est temps de combattre les riches, les nantis, les voleurs de liberté.

Les paroles d'amour de Jésus sont pour Cellia une incitation à la haine. Elle n'est pas de ceux qui tendent l'autre joue quand on l'a giflée. Tout à coup, elle se dresse.

— Tu n'entends rien ?

Stephanus tend l'oreille, mais le bruit incessant des pieds foulant le linge l'a rendu sourd.

— Écoute…, fait-elle en baissant la voix.

Un souffle, comme une respiration, monte de la terre. Grave, profond, on dirait un très léger grondement, le roulement de gorge d'un gros animal endormi. Les dalles se mettent à vibrer sous leurs pieds avant de s'apaiser.

— C'est rien ! décide-t-elle.

Elle reste un long moment accroupie, la tête dans les mains, les yeux clos. Elle se dit que celui qui va leur apporter à manger ne se méfiera pas et qu'elle pourra l'assommer, mais ensuite ?

— Ce serait bien si on savait pourquoi on nous a enfermés ici tous les deux, alors qu'on ne se connaît pas, grogne-t-elle.

Cette réflexion la ramène à l'étrange ressemblance qui l'unit à Stephanus. Seraient-ils cousins ou jumeaux ? Séparés dès leur naissance de leurs véritables parents ? Les enfants d'esclaves ne sont-ils pas des animaux que l'on vend comme des veaux au marché près du port ?

— Non, ce n'est pas possible, dit-elle en secouant la tête, car elle est incapable de s'imaginer être la sœur de cette loque.

POMPÉI, LE 23 OCTOBRE, 10 HEURES

27 heures et 21 minutes avant l'éruption

Le soleil illumine la Campanie, annonçant une de ces dernières belles journées d'un été tardif. La ville grouille de vie. Rue de l'Abondance, les ouvriers ont repris la réparation des canalisations. Les boulangers ont enfourné leur pain et la bonne odeur chatouille les narines des promeneurs. Dans les auberges on prépare le garum et le poisson pour midi. Priscus, le marchand d'amphores, est de mauvaise humeur. Une nouvelle secousse a cassé une grande partie de sa réserve à cause d'un esclave qui ne l'avait pas rangée correctement. Il doit en fabriquer au plus vite en cette période d'après vendanges. C'est un homme aux jambes arquées, aux larges épaules, connu de tous à Pompéi. Il est imbattable au bras de fer et a acquis une grande maîtrise dans l'art de donner l'impression de perdre pour faire monter les paris. Assis près de son tour qu'il actionne avec une sorte de pédalier, les mains couvertes de glaise collante, il met en forme ses récipients qu'on s'arrache. Son jeune fils Timellius le regarde travailler et ne perd rien de ses gestes très précis dans l'espoir d'un jour prendre la relève.

Près d'une villa sans toiture, des charpentiers actionnent la scie à refendre, la grume étant posée sur deux trépieds. Un peu plus loin, un peintre de fresques prépare ses mélanges à même le trottoir. Les jeunes porteurs d'eau vont de la rivière aux villas pour leur fournir le précieux liquide. Mais les étals de légumes, de poissons, de viande sont presque vides, le marché du forum manque de tout. Les marchandises n'ont pu être livrées durant la nuit, car ânes et mulets sont comme pris de folie. Ils se lancent contre les murs, ruent des quatre pattes, et s'échappent dès qu'ils le peuvent. Patrinus, le grand spécialiste des bêtes de trait, n'y comprend rien. C'est tellement inexplicable pour lui, cette furie d'animaux ordinairement doux et obéissants, qu'il y voit la marque du dieu Apollon que l'on oublie souvent de prier.

Les grondements du sol sont de plus en plus espacés. On dirait que la terre va mieux. Et comment résister à cette belle journée ? Pas un nuage dans le ciel d'un bleu profond ; une légère brise avive les joues des promeneurs. Pompéi montre son plus beau visage.

Patriciens et plébéiens paressent avant de se rendre au forum, bien conscients qu'un si beau temps ne durera pas. Ils s'arrêtent un instant devant la boutique du savetier Omarius qui fabrique les plus belles chaussures de la ville et chante si bien qu'on l'invite souvent dans les banquets pour charmer les convives. Mais ce matin, Omarius ne chante pas. Il réfléchit tandis que ses ouvriers s'affairent déjà à l'établi et qu'on entend les coups de marteau. Il regarde autour de lui, respire le bon air. Il doit se rendre par bateau à Misène chercher des cuirs de qualité, ce qui l'angoisse. Sujet au mal de mer, Omarius reporte ce voyage depuis plusieurs jours. Il devra pourtant se décider, car il va manquer de matière première.

Il se souvient que Pistella, la belle courtisane, va venir chercher ses chaussures. Il doit leur apporter quelques retouches et retourne travailler en chantant. Dans la rue, les gens s'attroupent pour l'écouter.

★

Rectina a perdu beaucoup de temps à paresser dans sa chambre. Elle a mal dormi. Les ricanements des hyènes ont provoqué des cauchemars dont elle peine à se défaire, tandis que ses esclaves lui apportent à manger du pain frais, du miel et des fruits très abondants à cette époque de l'année.

— Je dois me rendre chez Marcus Flavius Pansa, dit-elle à Poletix, son bel esclave qui dort couché devant la porte de sa chambre. Où sont mes vêtements ?

On lui apporte d'abord sa lingerie de corps, une petite culotte en cuir de veau mort-né, attachée par des lacets. Puis, elle place sous ses seins un bandeau qui retient sa poitrine haute. Une esclave lui présente une sorte de chemise, puis la stola, une robe de chambre qui couvre ses chevilles.

Rectina prend place sur un fauteuil et ses femmes s'apprêtent à la maquiller. Comme il fait frais, elles ont allumé un petit poêle. Après avoir nettoyé son visage avec un linge mouillé, les maquilleuses étalent sur sa peau une pommade à base de céruse, puis saupoudrent les joues d'hématite pour renforcer le teint blanc, marque de distinction dans la société romaine.

Vient ensuite le maquillage des yeux. Les paupières sont assombries avec un mélange de cendre et de graisse. Le pourtour est mis en valeur par une préparation à base d'encre de seiche, de manganèse, de noyaux de dattes brûlés et de fourmis grillées. Puis les coiffeuses avec leurs peignes de différentes tailles en ivoire ou écailles de tortue rabattent les cheveux vers l'arrière, forment de petites boucles sur le front et les tempes à l'aide de fers chauffés sur le poêle.

— Allez au plus simple, ordonne Rectina, je suis pressée.

L'opération n'en finit pas, et elle perd patience.

— Ça ira bien comme ça ! décide-t-elle en se levant et congédiant ses femmes. Faites préparer une chaise !

★

Massimus et Martha rejoignent Marcus dans l'atrium. Une lumière déjà automnale ruisselle sur les murs crépis, les colonnes, les statues.

— Tu as une mauvaise tête. Tu n'as pas dormi ? s'enquiert Massimus.

— Non, répond Marcus. Allez, on y va !

— Je comprends que tu sois déçu qu'ils soient devenus des artistes de foire.

— Je saurai les ramener dans le rang, rétorque Marcus.

Il marche vite en se dirigeant vers la grande palestre, ignorant le bruit infernal des coups de marteau sur les poutres qui résonnent, les exclamations entre ouvriers, les appels des marchands ambulants. Martha a du mal à suivre, Massimus l'attend et lui prend la main, la guidant dans la bousculade. La ville est encombrée de promeneurs, de livreurs de pain, de pâtisseries, d'eau et de vin, d'enfants se faufilant, prêts à arracher un sac mal assuré. Des esclaves poussent des charrettes à bras transportant des pièces de bois, des pierres ou du sable.

Ils arrivent à la grande palestre où des comédiens jouent leur première pièce de la journée devant des badauds. Peyrhus présente ses animaux savants pendant que ses jeunes acolytes exécutent des cabrioles autour de lui. Marcus s'arrête, tout à coup intrigué et anxieux.

— Ce sont eux, mes enfants ? demande-t-il d'une voix incrédule.

Peyrhus a remarqué Massimus dont la tête dépasse au-dessus de la foule. Il cède sa place à sa femme et s'approche de l'affranchi.

— Que me veux-tu encore ?

— Je te présente Marcus Flavius Pansa. Il est peut-être le père des trois jeunes que tu as adoptés, Julius, Stephanus et Cellia.

Peyrhus recule son chapeau à plumes, cligne des yeux en observant Marcus. Cet homme n'est pas du peuple : sa tenue, la hauteur de son regard désignent un haut patricien, sûrement très riche. Ce dernier détail retient son attention.

— Julius, Antonus et Pelina, venez ici !

Il se tourne vers Marcus et ajoute sur un ton goguenard :

— Julius avait six ans quand je l'ai adopté. Il se souvenait de son prénom. Pour les deux autres, on m'a bien dit qu'ils s'appelaient Stephanus et Cellia, mais j'ai préféré Antonus et Pelina, les noms de mes enfants tués pendant le tremblement de terre.

Les jeunes gens s'approchent. La jeune fille est pratiquement blonde, dénotant des origines lointaines, Antonus est très brun, avec une barbe noire qui cache son visage, ne laissant voir que ses yeux pétillants et son nez un peu fort. Julius est assez grand. Plusieurs dents manquantes gâtent son sourire.

— Donc, tu prétends que ce sont tes enfants ?

— Curieux, ce changement de prénoms…, relève Martha, alertée.

Marcus s'étonne de n'éprouver aucune émotion face à ces jeunes gens, puis il se fait une raison. Il ne les a vus que tout petits enfants et cela fait dix-sept ans ! Pourtant, il ne garde aucun souvenir d'une Cellia blonde. Resté en retrait, Massimus objecte :

— Maître, sois prudent. Je ne fais pas confiance à ce Peyrhus qui te regarde avec des yeux d'escroc. Attends avant de te décider…

— Certes, répond Marcus sur un ton fataliste, mais on n'aura jamais aucune preuve.

Martha partage l'avis de Massimus et se méfie de Peyrhus qui a flairé la bonne affaire. Elle s'approche de Marcus :

— Pardonne-moi si je t'ai donné de faux espoirs, mais laisse-moi un peu de temps pour tenter d'en savoir plus. Mes frères sont dans toutes les maisons et en connaissent les secrets. Je me suis précipitée vers toi pour te satisfaire au plus vite, mais ce n'était pas une bonne idée.

Peyrhus échange un regard entendu avec les trois jeunes gens qui se sont approchés et se plantent devant Marcus.

— Je comprends ton impatience à retrouver tes enfants et c'est un grand bonheur pour eux : leur famille leur a tant manqué ! Mais je te rassure, avec moi, ils ont été heureux. Je n'ai pas lésiné sur la dépense pour leur donner une bonne éducation. Tu en seras fier !

— Nous reviendrons, décide finalement Marcus en s'éloignant, suivi par Martha qui boitille et Massimus à la démarche hésitante.

Peyrhus veut les arrêter, mais Marcus lui fait comprendre sèchement qu'il doit se rendre au forum où on l'attend.

POMPÉI, LE 23 OCTOBRE, MIDI

25 heures et 21 minutes avant l'éruption

Un esclave vient annoncer une visite à Marcus, qui voit entrer dans sa cour une litière portée par quatre hommes robustes. En sort une femme très élégante, qui regarde un instant autour d'elle. Marcus retient son souffle. Il n'attendait pas Rectina à cette heure, car les riches Pompéiennes prennent le temps de se restaurer et ne sortent de chez elles que l'après-midi, par temps couvert, ou le soir pour ne pas gâter leur teint de lait.

— Je suis venue te demander de m'excuser pour hier soir, lui annonce-t-elle de sa voix claire. Je suis partie parce que je ne supportais plus de voir tuer des esclaves de bonne qualité qui peuvent encore travailler, quand il y a tellement de Pompéiens dans l'incapacité d'en acheter tant les prix sont excessifs. Et puis, malgré ses parfums qu'il fait venir de très loin et qu'il paie fort cher, l'odeur de Caelus m'incommodait.

Marcus lui sourit et l'invite à le suivre dans une pièce voisine de l'atrium où elle n'aura pas à pâtir des rayons du soleil.

Aux yeux de Marcus, sa beauté occulte l'éclat des statues en marbre qui agrémentent cette pièce. Elle resplendit. Son âge la sert. Maquillé avec discrétion, son visage exprime une assurance propre aux femmes de sa condition, une supériorité qui incite au respect. Sa démarche aérienne, ses mouvements toujours légers ont une grâce et une souplesse félines. Depuis la mort de son mari, elle gère seule ses domaines et s'en tire fort bien, marchandant d'égale à égal avec les hommes les plus aguerris.

— J'ai bien compris, répond Marcus. Le massacre de ces chrétiens qui ne cherchent pas à se défendre n'avait rien d'amusant pour toi.

Rectina, assise près de Marcus, jette un regard circulaire au jardin.

— Je reconnais bien là le savoir-faire de Jucondus. Il t'a trouvé une villa fort agréable. Mais je suppose que tu as prévu des travaux…

— Oui, j'envisage d'acheter la villa voisine qui appartient à une vieille personne sans héritier. Jucondus s'occupe de la transaction.

Le silence s'installe entre eux pendant qu'un esclave apporte des fruits et une carafe de vin.

— J'ai appris que tu cherchais tes enfants…, reprend Rectina. Je voudrais t'aider, mais c'est très compliqué. Il se peut qu'ils soient en ville, qu'ils ignorent leur nom et que nous les croisions tous sans savoir qui ils sont. Il se peut aussi qu'ils soient devenus des esclaves et qu'ils soient perdus au milieu des autres.

— C'est si vrai… Je ne sais plus où j'en suis. On m'a présenté trois jeunes gens qui pourraient être mes enfants, pourtant je doute. Je préfère ne pas en parler pour l'instant. Mais je suis aussi revenu pour toi. Pardonne-moi ma franchise, mais ne pas le dire serait te mentir.

Rectina esquisse une moue et lance un regard plein de lumière à Marcus. Il n'a pas tellement changé depuis ses dix-huit ans. Son visage s'est élargi, mais son sourire est toujours aussi séduisant avec les deux fossettes qui se forment de chaque côté de sa bouche. Son corps est devenu assez massif, celui d'un homme de plus de quarante ans qui a pratiqué les sports de combat dans sa jeunesse, mais reste très agréable.

— Je t'ai observé hier, quand les hyènes dévoraient les chrétiens, reprend-elle en regardant un reflet de soleil bouger sur les dalles. Toi non plus, tu n'y as pas pris beaucoup de plaisir.

— Je me disais que mes enfants pouvaient être parmi eux… Je ne sais pas pourquoi, mais le visage de la jeune fille qui implorait qu'on l'épargne m'a touché et j'y ai pensé toute la nuit.

— Les idées de ce Jésus se répandent comme le feu sur des brindilles, poursuit-elle. Dans ma maison, plus de la moitié de mes esclaves et de mes serviteurs libres sont contaminés. C'est un fléau qui, si nous ne savons pas le combattre, nous détruira.

Une servante apporte des pâtisseries au miel et aux amandes pilées.

— Ils sont bien organisés, ajoute Rectina. Ils se rencontrent dans les lieux désaffectés qui ne manquent pas depuis le grand tremblement de terre. Ils communiquent entre eux par des codes. Ils se reconnaissent dans la rue grâce à des attitudes qui échappent aux autres. Sois certain que, si on laisse faire, ils seront bientôt les maîtres de la ville et de tout l'Empire romain.

Marcus songe à Massimus, le doux, le généreux qui ne cesse de lui parler de sa religion. Il n'est pas tenté, car il ne croit pas que les hommes puissent s'aimer et que la paix régnera un jour sur le monde, même s'il considère que la compassion et l'amour peuvent éviter bien des souffrances.

— Ils disent que Jésus est ressuscité, que ses amis l'ont vu vivant plusieurs jours après sa mort. C'est étrange, quand même…

— Tu ne vas pas croire ces foutaises ! objecte Rectina. Ceux qui sont à la tête de ce mouvement, ceux qui veulent détruire Rome et notre Empire ont inventé cela pour séduire les foules d'esclaves et de misérables. Dire que leur Dieu s'est fait homme, qu'il s'est sacrifié par amour pour eux, reste le meilleur moyen de les pousser à mourir pour lui. Ils ont trouvé le stratagème le plus efficace pour constituer une armée qui ne reculera devant rien.

Marcus pense encore à Massimus. Comment imaginer que son affranchi, posé et intelligent, pourrait s'enrôler dans une armée, lui qui déteste la violence ?

— Nous avons toujours été cléments envers les croyances des peuples que nous avons vaincus, ajoute Rectina en passant une main rapide sur son front pour déplacer une mèche de cheveux. Notre tolérance, notre générosité seront à l'origine de notre perte.

Marcus n'insiste pas, comprenant que Rectina n'est pas venue ici pour parler des chrétiens.

— J'ai chargé une esclave chrétienne de faire des recherches pour retrouver mes enfants, reprend-il après un silence. Mon affranchi Massimus cherche de son côté. Souvent j'ai l'impression qu'ils sont près de moi, que je les vois et ne les reconnais pas.

— Caelus a peur, assène Rectina, le visage soudain fermé. Nous sommes quelques-uns à connaître son histoire et il fait tout pour qu'on l'oublie. Il donne des sommes considérables à Aulus pour acheter les manuscrits les plus rares, il me comble de cadeaux et toi, il t'a offert une vigne qui appartenait à ta famille pour te montrer que c'est lui le maître. Il sait que tes enfants sont vivants et, méticuleux comme il est pour ses propres affaires, je suis certaine qu'il n'ignore rien de ce qu'ils sont devenus. Ne compte pas sur lui pour t'aider à les retrouver !

— Il m'a assuré qu'il ferait son possible, répond Marcus, évasif. C'est peut-être une erreur, pourtant j'ai envie de lui faire confiance.

Rectina a un petit rire incrédule.

— Oui, tu es naïf et c'est là ton charme. J'ai des oreilles chez lui, comme il doit en avoir chez moi, ajoute-t-elle. Mais je n'ai rien pu apprendre. Il sait être discret dans les affaires qui le concernent directement.

Elle se tait et tourne un visage amusé vers Marcus.

— C'est étrange, reprend Marcus, je sens en lui comme une générosité, une volonté d'aider les autres. Je n'arrive pas à le cerner.

— Caelus ne refuse rien à ceux qui se rangent de son côté et écrase les autres…

— Malgré ce qu'on m'en a raconté, je ne peux pas lui refuser mon amitié ! tranche Marcus.

Il n'a de haine pour personne. S'il a quitté Rome et les habitudes qu'il avait là-bas c'est pour recommencer une nouvelle vie ici, dans sa ville, avec Rectina et ses enfants. Oublier le passé, le grand tremblement de terre, et replacer les Pansa là où ils ont vécu pendant plusieurs siècles, respectés et honorés, voilà son but.

Rectina comprend le sens de son silence. Sous des aspects pimpants, une tenue parfaite, des affaires en cours, des projets en quantité, qui pourrait penser que cette femme, dont on dit qu'elle est la maîtresse de son bel esclave, cette patricienne qui n'a qu'à claquer des doigts pour satisfaire son moindre désir, courtisée par les plus puissants, se sent vieille et laide ? La solitude déforme le regard qu'on porte sur soi-même.

— Au fond, dit-elle, poursuivant sa pensée, le bonheur n'est possible qu'avec l'espoir de quelque chose, d'un devenir magnifique. En ce sens, je comprends les chrétiens. Pour eux, la vraie vie n'est pas ici, mais dans l'au-delà. C'est leur meilleur argument.

Dans un geste spontané, Marcus lui prend la main qu'elle lui abandonne. Ils échangent un long regard, celui de leur adolescence.

— Nous sommes seuls. Toi et moi, nous avons un passé qui nous pèse, que nous portons comme un boulet. Ne crois-tu pas qu'il est temps de briser nos chaînes et de regarder l'avenir avec les yeux de nos dix-huit ans ?

Marcus se tourne vers Rectina dans un geste plein de tendresse.

— À nous deux, nous retrouverons tes enfants qui deviendront nos enfants, poursuit-elle. Les dieux nous offrent une nouvelle chance de construire une famille, comme nous l'avions envisagé pendant notre jeunesse.

— Rien n'a changé, dit Marcus. Les dieux nous font ce cadeau.

— Oui, réplique Rectina d'une voix retenue, mais combien a-t-il fallu de morts, de souffrance pour en arriver là ? Nous ne sommes plus jeunes et le temps presse.

Elle se rapproche de lui et pose sa tête sur son épaule. Marcus ressent la chaleur de ce contact avec l'envie de l'étreindre, de la serrer contre lui.

— Pendant ces dix-sept années, à Rome, j'ai pensé à toi tous les jours, pourtant revenir m'était impossible. Je te savais mariée et sûrement heureuse. Sans cette vieille devineresse, je n'aurais jamais changé d'avis, mais les dieux en avaient décidé autrement.

— Les dieux ne nous demandent pas notre avis et ils ont bien raison, déclare Rectina en se levant. Il faut que je me rende à ma ferme près d'Herculanum : mes intendants doivent me parler des récoltes. On m'a dit que le vin était bon, mais en petite quantité. Et mes noyers ont souffert, comme mes oliviers et mes grenadiers. Ce n'est pas une très bonne année à cause du manque de pluie, les prix vont augmenter.

Elle a parlé d'une voix légère, comme si les mauvaises récoltes n'étaient qu'un petit détail. Elle s'approche vivement de Marcus et pose un rapide baiser sur ses lèvres.

— À ce soir. Tu me rejoindras dans ma villa champêtre. Nous serons tous les deux, sans invités ennuyeux. Je me souviens de tes goûts. Tu auras des huîtres et de grosses tranches de thon avec du vin de Palerme.

Elle s'éloigne de son pas plein de souplesse en compagnie de Poletix et ils se dirigent vers la litière qui les attend dans la cour inondée d'un magnifique soleil.

POMPÉI, LE 23 OCTOBRE, 13 HEURES

24 heures et 21 minutes avant l'éruption

Après plusieurs heures de calme relatif, un nouveau grondement fait trembler le sol. Un bruit sourd. Les vitres vibrent. Les passants s'arrêtent, tout à coup figés. Ils ne s'y habituent pas. Les marchands ambulants lèvent la tête vers le ciel d'une pureté de printemps. Dans sa boutique, le savetier Omarius s'arrête de chanter. Il ne regrette pas de ne pas avoir pris le bateau : souvent quand le sol tremble, la mer est agitée. Le prêtre Salinius assure que les dieux rappellent aux hommes qu'ils ont des dettes, que l'orgueil ne doit pas les aveugler et qu'il est temps de penser aux sacrifices.

Surpris par la secousse, Drissus Bellus, le forgeron, frappe à côté de la pièce de fer rougi. C'est un homme puissant, le visage sombre, les bras poilus. Il fabrique toutes sortes d'armes, des outils, des couteaux, des clous, des ferrures pour portes ouvragées et pour les coffres. On le respecte malgré son air bourru. Il connaît les secrets du métal qu'il peut durcir en y ajoutant du charbon.

À la taverne de Xillius Menagus, les gobelets se renversent, des chaises fragiles cassent sous le poids des clients. Les rires et les éclats de voix cessent. Les joueurs cherchent les dés qui ont roulé sous les tables.

Marcus a fait appeler Massimus et tous deux sortent dans la rue. Massimus est toujours sombre. Son pressentiment ne le quitte pas.

— Maître, je t'en conjure, reprenons le bateau et rentrons à Rome, tant que c'est possible !

— J'ai bien compris ! Tu t'ennuies déjà de ton fils !

— Je n'ai pas d'autre famille, s'insurge Massimus.

— Tu es libre, Massimus, insiste une nouvelle fois Marcus. Tu ne me dois rien. Retourne à Rome si tu le souhaites ! Ton fils sera heureux de te retrouver.

— Non, maître, je reste avec toi. Je sais que tu m'aideras à établir mon fils ici, dans cette ville. Mais j'ai peur.

— Tu as peur ? Mais de quoi, toi, chrétien qui as confiance en ton Dieu ?

— Je ne saurais le dire, c'est comme ça !

Ils arrivent au forum. Une foule bruyante se bouscule sur cette place rarement déserte. Le préfet Holconius est là, entouré de curieux qui vocifèrent, l'accusant de ne pas avoir tenu sa parole. Il avait promis au printemps dernier que les canalisations d'eau seraient réparées à la fin de l'été. Pris de court, il annonce que Rome paiera une partie des dépenses des jeux d'automne prévus à la fin de la semaine. Il y aura des combats à mort de gladiateurs et enfin, pour clore les festivités, des chrétiens livrés aux animaux monstrueux de Caelus.

— On verra si leur dieu les protégera ! conclut le préfet avec un petit sourire amusé.

Il est applaudi, même s'il n'exprime pas sa pensée. Les jeux passionnent tout le monde et, quel que soit leur parti, les Pompéiens se retrouvent sur les gradins unis par un goût commun pour la violence et le sang. Holconius, lui, déteste la brutalité, mais pour avoir la paix, et rester digne de sa place, il doit faire bonne figure.

Après cette annonce longuement applaudie, le préfet demande à ses esclaves d'approcher sa litière. Ce Romain n'aime pas les Pompéiens, qu'il juge sans éducation. « Ils ont l'odeur de leurs écuries et ils se parfument au garum d'anchois », a-t-il même écrit à son épouse restée à Rome.

C'est vrai que Pompéi pue. Après les grandes chaleurs de l'été, la ville exhale des senteurs de pourriture, de vase, d'excréments, de friture aux huiles rances, d'eau croupie dans les pluviums que personne ne pense à nettoyer. Mais les gens y sont habitués au point de ne plus sentir les effluves amplifiés par le soleil au zénith. Par contre, ce qui les écœure, ce qui leur retourne l'estomac, c'est cette pestilence inconnue, indéfinissable qui, depuis une semaine, surpasse les autres et s'accroît au fil des jours, une émanation de soufre, d'œufs pourris, tellement prégnante qu'elle empêche de respirer librement et provoque des convulsions aux plus sensibles.

Marcus et Massimus se mêlent à la foule. On parle aussi des prix qui ne cessent d'augmenter, notamment ceux du bois à l'approche de l'hiver. Beaucoup n'auront pas les moyens de se chauffer. Les autorités ne détournent-elles pas une partie des impôts ? Qu'est devenu l'argent destiné à aménager le port dont le grand bassin ensablé ne permet plus aux gros navires d'accoster ?

— La route d'Herculanum est complètement défoncée ! hurle Simnus qui possède plusieurs bateaux au port de cette ville. Cela me coûte de plus en plus cher de faire venir du bois et des fruits de Sicile. On voudrait la mort des commerçants, on ne s'y prendrait pas autrement !

— Je te rassure, dit le duumvir Bansus, l'argent a été trouvé. Jucondus, le banquier, accepte de faire un prêt à la ville. Les travaux vont commencer dans les jours prochains et la route sera très rapidement praticable.

Le marchand de fromages, Polenus, s'emporte contre le refus du duumvir de le laisser construire un entrepôt en dessous des remparts, sur un terrain proche du Sarno qui lui appartient pourtant.

— Avec ces nouvelles lois, on n'est même plus maître chez soi ! hurle-t-il.

— Détrompe-toi, dit Bansus. Si tu avais accepté de placer ton entrepôt un peu plus loin des remparts, afin de laisser le passage aux gardes, tu aurais eu l'autorisation. Là où tu veux le construire, tu empiètes sur la terre de Margius.

— C'est une friche que je lui ai proposé d'acheter à prix d'or !

— Il a l'intention de la cultiver, d'y planter une vigne !

D'autres groupes se sont formés. Souvent, on parle à voix basse pour échanger des nouvelles plus intéressantes que l'entrepôt de Polenus. Et ces nouvelles s'amplifient à mesure qu'elles vont des uns aux autres. Pollius aurait été trouvé ivre mort dans un bordel. Sa femme lui aurait vidé son pot de nuit sur la tête !

— Vous ne connaissez pas la dernière ? lance un patricien aux personnes rassemblées autour de lui. La belle Massila est la maîtresse de Gibolus ! Oui, c'est certain, on les a vus dans l'oliveraie près de la porte de Nocera… Et s'ils étaient allongés dans l'herbe, ce n'était pas pour observer les petites fleurs !

— Mais le plus incroyable, ajoute son voisin, c'est que Mollus, le duumvir, est sous la coupe de ce petit prétentieux de Valsius, vous savez le fils Percorus qui rêve d'aller à Rome pour se rapprocher de l'empereur. Mollus ne voit que lui et lui fait des cadeaux inouïs !

— Tu oublies ce gros idiot de Vecilius Verecundus qui vend ses boulangeries pour faire plaisir à sa maîtresse, une fille de Marsinus, le tenancier du bordel près de la rue du Sarno ! s'exclame un troisième sur le ton de la confidence.

Caelus arrive sur sa litière portée par huit esclaves. Il s'efforce toujours d'être un peu en retard pour qu'on le remarque. Ses ambitions politiques l'obligent à avoir une opinion sur tout et à proposer des solutions qui arrangent les uns et les autres. Il sort de sa litière et regarde autour de lui. Il fait quelques pas, demande un verre de vin, attendant pour parler que la foule se soit rassemblée autour de lui. Beaucoup viennent solliciter des aides, de l'argent qu'il distribue avec d'autant plus de facilité que les élections locales approchent. Il paie de jeunes désœuvrés pour graver son nom sur les murs de la ville. Ses adversaires font de même, de sorte que les murs sont couverts de noms, de slogans et parfois d'injures. L'édile Mollus est particulièrement visé. Candidat à sa propre succession, il est moqué parce que sa femme le trompe. Les remarques les plus vulgaires, les plus salaces fleurissent un peu partout, et l'argent de Caelus n'y est pas étranger.

Quand celui-ci aperçoit Marcus, il tend les bras vers lui avec un grand sourire qui élargit le bas de sa tête et donne l'impression que son crâne chauve a rétréci.

— Mon grand ami, viens donc boire un gobelet de ce petit vin avec moi.

Marcus s'approche pendant que Massimus reste en retrait. L'affranchi a pour rôle de tout observer, de ne prendre part à aucune conversation, mais d'épier tout ce qui se dit et surtout à voix basse.

— Cher Marcus, répète Caelus, où en es-tu dans tes affaires ?

— Depuis hier, ça n'a pas beaucoup changé ! répond Marcus, amusé de n'être qu'un prétexte pour Caelus qui ne cherche qu'à se mettre en avant.

— Je crois que tu souhaites acheter les boulangeries de Vecilius Verecundus. C'est une bonne idée. Je peux t'aider. Comme je te l'ai déjà conseillé hier, tu devrais aussi investir dans la fabrication de tuiles et de briques. On en manque beaucoup dans cette ville qu'il faut sans cesse reconstruire. Tu ne seras pas mon concurrent, il y a une telle demande avec les récents tremblements de terre que la place ne manque pas. Et puis, il y a tant d'autres bonnes affaires ! N'oublie pas que je suis ton ami.

— Je te remercie, Caelus.

Caelus, s'approchant de l'oreille de Marcus, la main devant sa bouche, murmure :

— Tu ne devrais pas faire confiance à Jucondus. C'est un voleur.

— Je te promets que je vais y réfléchir, répond Marcus en reculant d'un pas.

— Nous vivons dans la plus belle ville du monde ! s'exclame Caelus en tendant son gobelet pour avoir un autre verre de ce petit vin aigrelet qui lui rappelle ses débuts difficiles.

Il n'en boit qu'ici, de ce breuvage réservé aux ouvriers, pour que les gens sachent qu'il est resté simple et d'abord facile, malgré sa grande fortune.

Le sol se met de nouveau à gronder. Malgré l'habitude, on échange des regards anxieux. Ces bruits, ces petits tremblements de terre sont de plus en plus fréquents. Le marchand d'amulettes s'en félicite : jamais il n'a vendu autant de porte-bonheur. Il va des uns aux autres pour proposer ses bibelots qu'il affirme tenir d'un mage d'Orient à qui les dieux apparaissent régulièrement.

— Ces cailloux viennent d'un fleuve où Vénus et Isis se baignent fréquemment, ajoute le camelot, jamais à court d'arguments. Il suffit de prononcer un vœu quand on en prend dans sa main pour qu'il se réalise !

Il sait être convaincant avec son regard franc et son visage encore poupin. Et les affaires sont bonnes ! Un jeune homme, qui envisage de se rendre à Rome pour faire fortune, achète une dizaine de porte-bonheur attachés à une ficelle et les enfouit dans sa poche, certain d'avoir fait une bonne affaire.

Mona, la prostituée qui aguiche les clients devant la taverne de Roturus, compte mentalement l'argent qu'elle a gagné durant ce début de journée lumineuse. L'ancienne esclave, échappée d'une ferme de Nocera, entasse les sesterces dans sa chambre miteuse. C'est sa dernière semaine à traquer les clients sentant la vinasse et la pourriture, à mimer le plaisir alors qu'elle ne ressent que dégoût. Dans quelques jours, elle va s'installer dans la boutique de tissus à Naples qu'elle vient d'acheter. Elle sera une femme digne et pourra fréquenter les matrones, les inviter à jouer aux dés, et épouser un citoyen. La belle vie qui l'attend après tant d'années de sacrifices ! Si elle pouvait accélérer le temps, elle n'hésiterait pas. Mais tout est bien comme ça : l'attente fait partie du bonheur. Une semaine, ce n'est pas si long…

⋆

Julius, le gladiateur, se rend à Herculanum monté sur son magnifique cheval. Il aime l'équitation et talonne l'animal sur la route pavée. Julius est tellement célèbre et adulé à Pompéi qu'il ne peut aller librement sans être arrêté par une multitude d'admirateurs. Les femmes, surtout, l'attendent en nombre à l'entrée de sa villa. Il pourrait profiter de sa célébrité et de son argent car il est conscient que sa gloire ne durera pas, qu'il risque la mort à chaque entrée dans l'arène sous les ovations du public. Sachant que la moindre distraction peut être fatale, il s'enfonce des bouchons dans les oreilles avant d'aller au combat. Formé dans l'école de gladiateurs de Caelus, Julius peut désormais manger à la table des maîtres, mais c'est au prix d'un travail acharné. Ils sont nombreux les combattants qui rêvent de vaincre le grand Julius ! Quelle gloire pour eux, mais Julius se sait le plus rapide, le plus fort, le plus intelligent.

Il devrait être à l'entraînement en prévision des deux combats qu'il va livrer dans trois jours, à l'occasion des jeux d'automne. Mais comment résister à l'amour qui le consume ? Celui que tant de femmes vénèrent comme un dieu n'en aime qu'une, qui vit à Herculanum, Alexia Purna, femme d'affaires aussi fortunée que libre. Et pour lui, pour cet amour, elle a accepté d'être mise au ban de la bonne société. Car bien que très riche et adulé par le public, Julius n'en reste pas moins un esclave, ceux sur qui les patriciens ont droit de vie et de mort. On dit que Caelus l'a acheté après le grand tremblement de terre ; il l'avait vu se battre avec un autre gamin de son âge et avait discerné dans ce gardien d'oies de sérieuses dispositions pour la lutte. Maigre et chétif, son corps ne demandait qu'à se développer. Caelus l'a confié à des entraîneurs qui ont cultivé ses aptitudes. Et les résultats n'ont pas tardé.

L'attitude méprisante de Caelus le conduit à prendre une décision qu'il a repoussée à plusieurs reprises. Il ne participera pas aux jeux d'automne. Alexia et lui ont décidé d'aller vivre loin de Pompéi, à Rome probablement, où Julius ouvrira une école de gladiateurs. Les jeux d'automne pourraient lui être fatals et il ne veut pas risquer sa retraite dorée avec le combat de trop.

Tout à ses pensées d'avenir radieux, Julius est ramené à la réalité par son cheval, tellement nerveux ce matin qu'il a du mal à le diriger sur la voie de Boscoreale à Oplontis. Le cheval refuse, se cabre, rue et le désarçonne. Julius tombe sur les rochers. Superstitieux, le gladiateur a coutume de voir des signes divins dans une infinité de petits détails. En se relevant, il redoute que ce soit un message des dieux lui signifiant que son prochain combat lui sera fatal.

Sans se préoccuper de son cheval qui s'est enfui, Julius poursuit sa route et entre enfin dans la cité. Il s'engage dans la rue principale d'Herculanum en direction de la luxueuse villa d'Alexia. Elle éclate de rire en voyant son visage sali, ses vêtements d'un gris poisseux.

— Tu as besoin d'un bon bain ! s'exclame-t-elle en s'élançant vers lui.

Il est si grand et si fort qu'elle ressemble à une petite fille dans ses bras. Elle se blottit contre sa large poitrine, certaine que près de lui rien de mal ne peut lui arriver. N'est-il pas l'incarnation d'Hercule ?

— J'ai vu Caelus hier, lui dit-elle soudain, avec sa franchise habituelle. Il fait courir le bruit que tu n'es pas en forme, que tu risques d'être vaincu…

Ces propos ramènent Julius au but de sa visite. Maintes fois, il a proposé de racheter sa liberté, mais Caelus lui a ri au nez, s'exclamant : « J'ai plus d'argent que je ne peux en dépenser, à quoi me serviraient tes sesterces ? D'ailleurs, ta fortune est à moi puisque tu m'appartiens. Sois heureux que je te laisse libre ! »

— Parfois, j'ai envie de percer sa grosse bedaine ! s'exclame Julius.

— Surtout, n'en fais rien ! Tu vas combattre aux jeux d'automne ; tu t'en tireras sans mal, tu as déjà vaincu des hommes plus dangereux que ceux que tu vas affronter.

— Je sais tout ça, mais il ne faut pas fanfaronner trop vite. L'expérience m'a montré que ceux dont on ne se méfie pas sont souvent les plus dangereux. Il ne faut jamais baisser la garde. Je ne voudrais pas échouer si près de la fin. J'ai décidé de…

On vient annoncer que le bain de Julius est prêt.

— Va, dit-elle, montrant qu'elle n'a pas envie de l'écouter. Ensuite, tu rentreras à Pompéi. Tu as encore le temps de t'entraîner une partie de la journée. Pour tes derniers jeux, tu dois être flamboyant.

— Justement, je suis venu t'annoncer que je ne veux pas combattre.

— Il le faut. Tu ne vas pas te déshonorer pour si peu !

Julius se précipite vers sa maîtresse.

— Alexia, je t'en prie, j'ai un mauvais pressentiment…

— Trois jours, rien que trois jours ! réplique-t-elle vivement. Tu comprends que je ne pourrais pas partir à Rome avec un lâche qui déclare forfait ni avec un gladiateur vaincu par un inconnu. Maintenant laisse-moi. Je serai au cirque pour t'applaudir !

— Tu ne m'aimes pas, Alexia… Tu es seulement flattée que je renonce à toutes les autres femmes pour toi, rétorque Julius, blessé.

— Cesse de dire des bêtises. Va, tu n'as plus beaucoup de temps.

*

Rectina a passé une partie de l'après-midi à régler ses affaires. Quand Marcus est arrivé, la veuve a ressenti cet embrasement qu'elle n'avait plus éprouvé depuis le temps où elle rejoignait le jeune Marcus dans un coin discret de la villa familiale. Ils ont fait une longue promenade en évoquant le passé, comme pour effacer la distance que leurs vies séparées ont placée entre eux.

Ils ont dîné dans un petit salon dont les fresques montrent des scènes d'amour qui ne les ont pas laissés indifférents. Les mets raffinés, le bon vin les ont rapprochés.

Vers vingt et une heures, après le repas, Rectina propose de se rendre dans le grand jardin de sa magnifique villa rupestre. Marcus a bu un peu plus que d'habitude et se sent léger, heureux de marcher en donnant le bras à son amie d'enfance. Il retrouve ses dix-huit ans ; son mariage avec Marnella, ses enfants ont quitté ses pensées. Rectina, d'ordinaire si hautaine, gardant toujours ses distances avec ses visiteurs et ses amis, est douce et caressante. Voilà bien longtemps qu'elle n'avait pas été aussi heureuse !

Ils marchent en silence l'un près de l'autre. Marcus sent le bras de Rectina retenir le sien et Rectina sent l'épaule de Marcus frôler la sienne. La nuit est magnifique. Une myriade d'étoiles scintillent dans un ciel comme il n'en existe nulle part ailleurs qu'à Pompéi.

— Je n'aurais pas dû faire allumer les torches le long des allées. Elles gâtent l'éclat des étoiles et la profondeur du ciel. Viens, au bout du jardin, il n'y a pas de lumière.

Ils s'engagent dans une allée serpentant au milieu d'arbustes, genévriers, lauriers roses et s'enfoncent dans un espace sombre. Le bruit de leurs pas sur le gravier, la sérénité de la nuit font naître en eux une envie d'étreintes et de baisers.

— Cette absence d'insectes…, murmure Rectina en pressant le bras de Marcus. On ne s'y habitue pas ! Cette année, l'hiver sera précoce.

Marcus remarque Poletix dissimulé dans l'ombre, qui les épie.

— On dit en ville que tu as pour amant le bel esclave qui te suit partout et te sert avec une fidélité totale.

Elle se contracte et se plante devant Marcus.

— Vas-tu croire les sornettes qu'on raconte et que je laisse raconter ?

— Je ne sais pas. Tu n'es pas obligée de me répondre.

— Poletix est magnifique. C'est un ravissement du regard, et beaucoup de matrones ont voulu me l'acheter. Mais voilà donc que tu jalouses un esclave ! Ce n'est pas digne de toi ! Je vais lui dire de s'en aller.

Marcus n'insiste pas et ils reprennent leur promenade silencieuse dans cette obscurité qui les rapproche. Les dieux se seraient-ils concertés pour faire de cette nuit la plus belle, la plus douce, la plus intime, comme la conclusion d'une longue histoire ?

Après avoir marché sous les étoiles qui les invitent au bonheur, Marcus et Rectina retournent à la villa. Rectina frissonne.

— La fraîcheur tombe, murmure-t-elle. Je vais demander aux serviteurs de nous laisser… Allons dans mon appartement.

— Ce que je pense est idiot, murmure Marcus, mais j'ai l'impression de sortir d'une coquille ! Un papillon qui se libère de son cocon. Et je me dis que je ne suis pas digne de tant de bonheur.

— Et pourquoi donc ? N'es-tu pas veuf, comme moi ?

— Certes, mais… j'ai l'impression de profiter de la souffrance des disparus.

— Les morts ne doivent pas empêcher les vivants de vivre, tranche Rectina dans un souffle en lui prenant la main pour le guider dans les couloirs de l'immense villa jusqu'à une vaste chambre très encombrée.

— Nous ne savons pas ce que nous réserve l'avenir, alors, profitons du présent ! Viens près de moi, ajoute-t-elle en lui tendant les bras.

2

LE DERNIER JOUR

POMPÉI,
LE 24 OCTOBRE, 8 H 30

4 heures et 51 minutes avant l'éruption

L'air embaume de l'odeur du pain en train de cuire dans les trente-deux boulangeries. Déjà, les adolescents des laveries récoltent l'urine dans les amphores disposées un peu partout aux coins des rues. Les fêtards rentrent chez eux en titubant. Les ouvriers sont déjà au travail sur les nombreux chantiers. Aux portes, près des remparts, les muletiers crient après leurs animaux récalcitrants. Pompéi retrouve son visage habituel d'un début de journée, avec beaucoup de bruit et les odeurs qui, avec le soleil, s'amplifient. L'interdiction de vider les pots d'aisance par la fenêtre n'est pas appliquée malgré les lourdes amendes qui punissent les contrevenants. On crie : « Attention à l'eau ! », mais le liquide nauséabond et les excréments sont déjà tombés sur les passants. S'ensuivent de vives altercations, des menaces et souvent des bagarres vite réprimées par les gardiens de l'ordre qui patrouillent.

Marcus est parti assez tôt de chez Rectina qui doit contrôler les récoltes avec son intendant. Ses vignes sur les pentes du Vesuvius donnent un vin très apprécié mais aussi délicat à réaliser. Si l'on n'y prend garde, la moindre pourriture dans la récolte gâte le travail d'une année de patience et elle n'entend rien laisser au hasard.

— Tu me rejoindras ce soir, a-t-elle glissé à Marcus en frôlant sa main. Désormais, nous ne nous quitterons plus jamais…

— C'est promis, a répondu Marcus en posant un baiser sur son front.

Il doit se rendre au forum et s'occuper de ses propres affaires. Il a prévu de rendre visite à Claudius et aux trois autres gérants des boulangeries qu'il compte acheter. Près de la basilique, une vieille femme l'arrête au coin de la rue.

— Martha ? s'étonne-t-il, que viens-tu m'annoncer ?

— J'ai désormais la certitude que les trois acrobates ne sont pas tes enfants !

Marcus n'est pas surpris. Ces trois jeunes gens sont tellement différents qu'il doute de leur parenté. Et puis, il n'a ressenti aucune émotion en les voyant. Peyrhus est donc bien un escroc prêt à profiter de sa naïveté.

— Qu'est-ce qui te fait dire cela ?

— Paoelus, ton cousin. Il veut te voir.

Martha disparaît dans la foule, laissant Marcus un peu déçu, et en même temps rassuré. Paoelus a connu ses enfants ; il reste un des derniers liens avec son passé, mais comment lui faire confiance, comment ne pas redouter un piège de Caelus ?

Marcus rentre chez lui. Personne, dans la foule d'ouvriers qui peuplent les rues à cette heure, ne s'étonne de la présence de ce patricien. Des regards amusés suivent son pas rapide et son attitude, tête baissée, comme s'il ne voulait pas être reconnu. Il n'est pas le seul à avoir passé la nuit ailleurs que chez lui, dans les bordels, chez une maîtresse ou à jouer aux dés dans un tripot. Ces gens que leur fortune dispense de travailler s'ennuient, et s'offrent ainsi des plaisirs communs qui font oublier le temps.

Le soleil a retrouvé sa belle couleur d'or si rassurante. Le ciel aussi est redevenu d'un bleu très pur, mais Marcus marche, la tête lourde d'une nuit dont il se sent un peu coupable. Dans les bras de Rectina, a-t-il seulement pensé, l'espace d'un éclair, à sa femme morte sous l'éboulement de leur villa, et à ses trois enfants ? Ne les a-t-il pas abandonnés pendant ces heures de bonheur ?

Près du forum, une foule de gens regardent du côté du Vesuvius. Un curieux nuage sombre s'est formé au-dessus du plateau aride. Ce nuage est très épais, plein de lueurs internes qui bougent. Il est lourd, et s'étale lentement sur les pentes couvertes de vignes. L'odeur de soufre, d'œuf pourri, remplace rapidement les senteurs matinales et habituelles du pain et des pâtisseries en train de cuire.

Puis le vent se lève et dilue la nuée pour l'emporter lentement vers Stabies. Bientôt il n'en reste que quelques traces sombres du côté de la mer.

Les conversations reviennent aux affaires de la ville, les potins, et les élections proches. On parle aussi du spectacle donné à l'amphithéâtre par Caelus Basinius, au cours duquel on croit savoir qu'il offrira des chrétiens à ses animaux venus d'Afrique. Le travail un instant interrompu reprend. Tout autour du forum, les livreurs apportent leurs paniers pleins de miches odorantes, les boutiquiers étalent leurs marchandises sur des tréteaux devant leur porte : au marché aux légumes, on discute des prix de la laitue, devenue très chère à cause du manque d'eau, de l'ail, des oignons dont on fait une grande consommation, des pois chiches, des fruits secs et des pommes aux belles couleurs rouge et or. Les premières grenades sont toujours hors de prix et réservées aux plus riches. Il faudra encore attendre deux ou trois semaines pour que l'abondance de fruits fasse baisser les tarifs.

Marcus se dirige vers sa villa quand un grondement l'arrête. Sur le haut du Vesuvius, un nouveau nuage noir s'est formé. Et il roule dans la pente avec un bruit sourd qui fait vibrer le sol en direction d'Herculanum avant de se dissiper et de laisser le soleil briller de nouveau.

★

Après le passage du nuage, à Boscoreale, la campagne est couverte d'une couche de suie noire collant aux doigts, donnant l'impression qu'un incendie a tout ravagé, ne laissant que du charbon.

Affolés, les habitants de la petite cité se sont rassemblés sur la place qui fait office de forum, à côté du temple d'Isis que l'on vénère particulièrement. Les discussions vont bon train. L'air semble pur, transparent, pourtant de fines aiguilles irritent la gorge et les poumons.

— Mes esclaves ne peuvent plus travailler, dit un patricien. Dès qu'ils forcent un peu sur l'outil, ils toussent et se plaignent d'horribles douleurs à la poitrine.

— Même mes mulets se sont mis à tousser, ajoute un autre.

— Les dieux nous punissent de ne pas suffisamment les honorer…

POMPÉI, LE 24 OCTOBRE, 9 HEURES

4 heures et 21 minutes avant l'éruption

Caelus est sorti dans son jardin et a traversé lourdement l'atrium en longeant le grand bassin vide. Il déambule dans l'allée bordée de plantes odorantes qui rendent l'air agréable à respirer. Son poids le gêne, c'est pourquoi il a fait disposer tout au long de sa promenade habituelle des bancs rembourrés de peaux de mouton. Car au bout de quelques pas, Caelus est essoufflé. Le temps du jeune esclave plein de force qui luttait avec son ami et maître Marcus Flavius Pansa est bien loin !

Il pense aux deux journées de jeux qu'il contribue à offrir aux Pompéiens, quelques jours avant les élections locales qui doivent désigner les duumvirs pour l'année suivante. Il a dépensé beaucoup d'argent pour qu'on grave son nom sur tous les murs de la ville. Il a fait distribuer du pain, disposer des fontaines à vin à différents endroits. Chaque jour sur le forum, il s'en prend aux dirigeants incapables de rétablir l'eau dans les villas. Il a promis d'aménager à ses frais des canalisations d'eau dans de petits tunnels, de sorte que les mouvements du sol ne les abîment pas. Échafaudages, chaussées dépavées, tranchées un peu partout gênent la circulation des Pompéiens. Caelus a maintes fois juré qu'avec lui, tout rentrerait très vite dans l'ordre et a expliqué à qui voulait l'entendre que son architecte Partilos sait construire des édifices capables de résister aux tremblements de terre les plus violents afin de résoudre le mal endémique de Pompéi. Il s'est engagé à transformer, dès qu'il le pourra, tous les temples et les bâtiments publics et à aider les particuliers afin que la cité cesse enfin d'être un immense chantier.

Comment ne pas être conquis par un tel programme ? Caelus se sait investi d'une mission sacrée qui le place bien au-dessus des autres et qui lui permettra d'être élu et de prendre la tête des édiles.

Tout s'annonce si bien ce matin ! Il a vu le gros nuage noir se former sur le Vesuvius, descendre les pentes, couvrir la ville dans une pénombre d'orage, puis se dissiper rapidement. Ses yeux piquent, sa gorge brûle, mais cela s'estompe déjà. D'ailleurs le vent a chassé cette poussière et le soleil brille de nouveau.

Paoelus se fait annoncer par un esclave et s'approche de son pas hésitant d'ivrogne sevré.

— Te voilà ! s'exclame Caelus. Où en es-tu ? Combien de chrétiens as-tu capturés pour les jeux ?

Paoelus se dandine d'un pied sur l'autre. La station debout lui est pénible, surtout quand il n'a pas bu.

— Viens t'asseoir à côté de moi, propose Caelus qui se veut généreux quand cela le sert. As-tu arrêté des chrétiens ?

— Très peu. D'ailleurs, je ne pense pas que ce soit une très bonne chose de les faire dévorer par tes horribles animaux. Ces esclaves sont utiles dans les maisons et ils vont manquer. Les propriétaires commencent à se plaindre.

— Ne crois-tu pas qu'ils se plaindront beaucoup plus quand les chrétiens prendront le pouvoir et les fouleront du pied ? Et puis quand je te donne un ordre, tu n'as pas à le discuter. Tu dois l'exécuter !

Le regard que Paoelus lui lance fait comprendre à Caelus qu'il n'a plus affaire au patricien déchu, prêt à tout pour avoir du vin. Caelus se fait conciliant :

— Excuse-moi de te parler ainsi, mais je suis excédé par les chrétiens. J'évoquerai le sujet tout à l'heure sur le forum. Et pour le reste ?

— Les deux esclaves que j'ai achetés hier, comme tu me l'as demandé, sont toujours enfermés dans la cave.

— As-tu vérifié qu'ils ne peuvent pas s'échapper ?

Paoelus hésite, et ment :

— Sois sans crainte.

— Et Marcus ?

— Il a passé la nuit chez Rectina.

— Parfait ! On s'occupera de lui plus tard. Il ne doit se douter de rien. Tu vas lui faire bonne figure et n'oublie jamais de l'inviter à mes banquets.

— Je n'oublierai pas.

Surpris par son attitude, Caelus jette un regard plein de soupçons à Paoelus. L'ivrogne n'est-il pas en train de le trahir ? « Il est temps de le remettre à sa place ! »

⋆

Après une rapide collation, Marcus retourne en ville avec Massimus pour régler l'achat des boulangeries. Au croisement des rues de Stabies et de l'Abondance, un cri les arrête. Tous se tournent vers le chantier où de l'eau fumante a jailli entre les ouvriers. Plusieurs hurlent de douleur. On leur apporte des linges imbibés d'eau froide qu'on applique sur leur visage.

— Mais que s'est-il passé ? demande Marcus.

— On ne sait pas. On était en train de creuser la tranchée quand une faille s'est ouverte dans la terre et l'eau a surgi spontanément avec tant de pression qu'on n'a pas eu le temps de s'écarter.

— C'est une canalisation qui s'est percée ?

— Sûrement pas ! Il n'y a plus d'eau depuis longtemps. Le château d'eau est vide. On se demande si…

Le sol se met soudain à trembler sous leurs pieds. Un grondement assourdissant venu de partout à la fois fait vibrer les vitres des ouvertures face à la rue. Puis le calme revient. Alors chacun reprend son travail, les artisans rentrent dans leur boutique, les promeneurs poursuivent leur marche ; seuls les ouvriers de la voirie restent attroupés autour du jet qui, tout à coup, perd de sa vigueur et s'arrête, ne formant plus qu'un petit ruisseau d'eau bouillante.

— Au travail et vite ! s'emporte le chef de chantier, vous avez assez perdu de temps comme ça. Il faut terminer avant ce soir.

Les hommes s'activent de nouveau. La boue rouge est pelletée sur le bord de la tranchée. Omarus, le cordonnier, se dit qu'il a eu tort de retarder son voyage à Stabies car il va manquer de cuir. Il ira demain !

Paoelus est là, tout près, à suivre Marcus et Massimus qui marchent lentement dans la rue des Augustales. Il a senti le sol bouger. Son corps réclame le vin sans lequel il n'a pas de forces. Et puis, quand il est ivre, il est heureux, et il a envie de rire, comme ça, pour rien. Sa laideur n'a plus d'importance. Au fil des années, il a sombré dans la misère jusqu'à ce que Caelus, qui s'enrichissait avec sa briqueterie, en fasse son homme de confiance. Il avait accepté à contre-cœur mais n'osait plus se montrer sur le forum. N'était-ce pas humiliant pour Paoelus Trichitus de devenir le subordonné d'un affranchi ?

Par curiosité ou pour échapper à sa propre déchéance, il s'était fait parler de ce Jésus, mort voilà une quarantaine d'années sur la croix. Il avait écouté avec attention le récit de sa vie. Descendant de David, ce prince prêchait l'égalité entre les hommes, et surtout le pardon pour les égarés. Mais Paoelus était trop faible pour avoir la force de la compassion. Alors il avait combattu les chrétiens pour effacer ses doutes, et continuer de mener sa petite vie d'ivrogne.

Mais voilà deux jours qu'il n'a pas bu, malgré les douleurs de son corps. La tentation est grande, il serre les dents, il tiendra bon. Car le retour de Marcus le met en face de sa déchéance et le sort de Stephanus et Cellia, ses petits cousins, dépend désormais de lui.

Massimus souffle à l'oreille de Marcus :

— Ton cousin Paoelus te suit. Je viens de l'apercevoir, dissimulé dans l'attroupement autour du marchand de coqs de combat.

— Oui, je sais, Martha m'a averti qu'il voulait me parler.

— Je ne veux pas jouer le trouble-fête, mais il ne faut pas négliger tes intérêts.

— Que veux-tu dire ?

Massimus hésite un instant, observe deux enfants se disputer une pomme, inspire profondément.

— Allez, exprime-toi ! insiste Marcus. J'ai bien compris que tu me cachais quelque chose !

— Écoute, je peux seulement te dire de rester très prudent et de tourner sept fois ta langue dans ta bouche avant de parler.

— Je ne comprends pas.

— Méfie-toi de ton cousin, Paoelus ! Que ne ferait-il pas pour un peu de vin ? Je sais que Caelus veut se débarrasser de toi.

Ils arrivent au forum envahi de gens anxieux. Un homme les rejoint, un homme bossu, la tête couverte par un capuchon qui darde sur Marcus ses gros yeux larmoyants.

— Paoelus ? Mon cousin ! s'exclame Marcus, surpris par son étrange allure.

Paoelus s'approche d'un pas hésitant, lance un coup d'œil à Massimus qui reste en retrait, les mains jointes, ce geste que les chrétiens utilisent parfois pour se reconnaître.

— On raconte que tu as un chrétien pour ami et confident, dit-il d'une voix ténue. Cela suffit à ceux que ton retour dérange pour soutenir que tu es toi-même chrétien. Je tiens à t'avertir, mon cousin. Tu pourrais, toi aussi, te retrouver dans l'arène, face aux fauves de Caelus !

Paoelus ne quitte pas Massimus du regard. Un étrange sentiment envahit Marcus lorsqu'il se remémore les propos de Rectina : « Caelus ne supportera pas de te laisser dans la ville dont il veut être l'élu parce que tu es son ancien maître et que c'est toi qui l'as affranchi ! »

— Explique-toi, ta voix tremble tout à coup ! demande Marcus.

— Oui, ma voix tremble parce que j'ai de l'affection pour toi.

Marcus reste méfiant. Paoelus baisse la tête et paraît tout à coup aussi soumis qu'un esclave à qui on va administrer le fouet. Le manque de vin le rend mou et incapable de tenir une conversation. Son cœur bat très fort. Le visage de Massimus, éclairé par une lumière douce, semble l'inviter à le rejoindre. Dans un geste irréfléchi, Paoelus prend les mains de l'affranchi.

— Pardonne-moi !

— De quoi te pardonnerais-je ? d'avoir fait tuer mes frères ? Tu es pardonné. L'amour est toujours le plus fort.

Paoelus ressent tout à coup une vague de chaleur monter dans sa poitrine. Une joie étrange, comme s'il était quelqu'un d'autre.

— Personne ne doit savoir que je t'ai parlé, murmure son cousin. Caelus a des oreilles partout. Mais cette fois je ne veux pas être complice de la mort de deux jeunes esclaves de vingt ans, une jeune fille et un garçon déformé par le travail qu'il accomplit depuis son enfance, avoue-t-il. Tu ne dois pas faire confiance à Peyrhus qui veut profiter de ses trois enfants adoptifs pour t'extorquer de l'argent. Viens, Marcus, je vais te conduire auprès de tes véritables jumeaux.

— Mes jumeaux ?

— On ne peut pas se tromper, ils ressemblent au souvenir que j'ai de Marnella, ton épouse.

— Et Julius, l'aîné ?

— Il ne risque rien. Tu le retrouveras bientôt.

— Alors, je te suis !

— D'ailleurs, tu as déjà vu Cellia demander sa grâce dans l'arène en face des hyènes de Caelus.

Marcus se remémore la curieuse impression que lui avait donnée cette jeune esclave et comprend soudain que c'est le visage de son épouse qu'il a retrouvé en elle. Il vacille à son tour. La tête lui tourne. Tout se bouscule en lui, ses deux enfants et l'amour de Rectina qui l'attend dans sa ferme sur la route d'Herculanum. N'est-ce pas étrange que la présence de ces deux esclaves le gêne ?

— Il faut faire vite avant que Caelus n'apprenne ma trahison, ajoute Paoelus.

Ils s'éloignent du forum où les groupes se sont formés. Paoelus marche d'un pas hésitant. Il a rabattu son capuchon pour qu'on ne le reconnaisse pas, les boiteux ne manquent pas à Pompéi. Derrière, Marcus trébuche à chaque pas. Massimus lui a pris discrètement le bras. Ils arrivent à une ruelle entre deux villas. À droite, celle de Caelus, imposante ; à gauche, un second bâtiment, récemment construit. Paoelus y ouvre une petite porte dans le mur d'enceinte, qui donne sur un escalier.

— Il y a une cave et dans la cave se trouvent tes enfants, leur explique-t-il. J'ai déverrouillé la porte. Va les chercher, je m'assure que personne ne te surprendra.

— Pourquoi fais-tu cela ?

— Parce que ces enfants sont mes cousins et qu'avec eux tu vas reconstruire la grande famille des Pansa. Il est temps de remettre les affranchis à leur place.

Marcus prend les mains de Paoelus et l'attire à lui.

— Je t'en serai toujours reconnaissant. Si tu veux…

— Va, je te dis. Moi, je rentre dans la villa pour détourner l'attention des gardes.

— Et mon fils aîné, mon Julius malingre et souffreteux ?

— Julius, un malingre ? Tu veux dire que c'est l'homme le plus fort de Pompéi ! C'est le grand Julius, le gladiateur dont tu as entendu parler. Il porte les marques du tremblement de terre, avec une cicatrice sur le côté droit du menton.

— Mon fils, un gladiateur ? s'épouvante Marcus.

Ce métier à hauts risques est réservé aux esclaves, aux hommes libres très pauvres, mais sûrement pas aux fils de grande famille. Marcus en est humilié, même si Julius est adulé par la foule et lui-même très riche.

— C'est Caelus qui l'a fait instruire dans le métier de l'arène.

— Tu veux dire que Caelus l'a adopté ? Il me le paiera, grogne Marcus.

— Laisse ça pour l'instant. Caelus a élevé Julius au rang d'un dieu vénéré par la foule. C'est mieux que s'il était resté un esclave pour travailler dans les champs.

— Mais comment sais-tu que Julius est mon fils ?

— Je m'en doutais depuis longtemps. Figure-toi que lorsque Caelus a ramené Julius dans son école de gladiateurs, une vieille esclave qui avait appartenu à ta famille a dit qu'il ressemblait à ton fils aîné. Caelus s'est emporté et a donné l'ordre qu'on la flagelle. Le lendemain, elle était morte. J'ai bien compris à cette réaction de ton affranchi qu'elle avait probablement raison.

Paoelus s'esquive furtivement, à la manière d'un lézard. Une lumière s'est allumée devant lui, étrange, inattendue. Cette attirance pour les chrétiens à laquelle il échappait en les faisant massacrer a pris le dessus. Quelque chose lui dit confusément qu'une nouvelle direction se présente à lui et que c'est celle qu'il attendait.

Marcus s'engage dans l'escalier tandis que Massimus reste en retrait pour surveiller les environs. Il ne fait pas totalement confiance à Paoelus et redoute que ce soit un piège.

Alors que Marcus arrive en bas des marches, le sol se met à trembler avec un bruit sourd. Une grosse pierre du mur tombe devant lui. Il a juste le temps de se plaquer contre la paroi opposée pour l'éviter. Une fois le calme revenu, il tente d'ouvrir la porte, mais la secousse l'a bloquée. Il tambourine, veut la fracasser avec l'épaule, rien n'y fait. Massimus vient l'avertir que des gardes approchent. Marcus n'insiste pas pour ne pas donner l'alerte et s'éloigne discrètement. Il reviendra.

POMPÉI, LE 24 OCTOBRE, 10 HEURES

3 heures et 21 minutes avant l'éruption

Paoelus contourne la rue de l'Abondance quand une silhouette lui fait signe. Hier encore, il aurait fui, poussé par la peur, mais désormais Paoelus est serein. La femme baisse sa capuche et il reconnaît une servante de Caelus.

— Viens !

— Où m'emmènes-tu ?

— Tu ne dois pas rester ici, c'est dangereux pour toi.

— Mais pourquoi tu t'occupes de moi ?

— Tu le sauras bientôt.

Un nouveau grondement sourd monte du sol, puissant. Les gens sortent des maisons, se questionnent du regard. On entend des cris d'effroi, puis le calme revient, avec son silence si dérangeant. Quelques toitures se sont écroulées avec fracas. Paoelus et l'inconnue croisent un homme qui remplit une charrette de coffres et de sacs. À côté, sa femme tient son nouveau-né dans ses bras.

— Je n'en peux plus ! dit l'homme. Je quitte cette ville maudite ! On ne peut plus vivre en paix.

— Et où vas-tu ? lui demande un voisin perplexe.

— Je ne sais pas, à Naples, à Rome. Un bateau nous emmènera.

La femme et Paoelus s'engagent dans une ruelle peu fréquentée bordée de petites boutiques, de magasins destinés aux plus humbles. Quatre hommes armés font irruption devant eux. Paoelus s'approche.

— Je suis Paoelus, l'associé de Caelus. Laissez-nous passer !

— Voyons, Paoelus, tu es bien naïf ! s'exclame la femme avec un rire strident. Tu crois que Caelus va te laisser faire n'importe quoi ? Il paraît que tu as arrêté de boire, c'est sûrement ce qui te gâte la tête !

Aucune résistance n'est possible. Paoelus regarde autour de lui comme s'il cherchait une échappatoire : sans lui, les enfants de Marcus sont condamnés et le grand rêve de rétablir l'ancien ordre à Pompéi s'évanouit à jamais. Pourtant, il n'y a pas d'alternative, il ne peut que se laisser emmener. Après un dédale de ruelles, les gardes arrivent chez Caelus. Paoelus ne redoute plus la confrontation avec son ancien maître : il peut encore mentir pour sauver sa vie et celle de ses petits cousins.

— Comment oses-tu faire ça ? demande-t-il à la femme qui rit de nouveau.

— Caelus m'a promis une bourse de pièces d'or. Jamais je n'aurai gagné autant en travaillant si peu !

— Rappelle-toi que Caelus ment chaque fois qu'il ouvre la bouche.

Dans l'atrium, à quelques pas de cette entrée discrète dans la villa voisine, Caelus s'est allongé devant une petite table et grignote une pâtisserie aux fruits rouges sur de la pâte dorée. Il se rendra finalement au forum cet après-midi. Ce matin, il a envie de se distraire. La femme le rejoint.

— C'est bien, dit-il en lui tendant la bourse promise. Fais-le entrer !

— Il est là, répond-elle en tendant le bras vers Paoelus encadré par les gardes.

Caelus tourne lentement la tête et fait mine de s'étonner :

— Que vois-je ? Mon fidèle Paoelus. Ne crois-tu pas qu'il est temps qu'on s'explique ? Depuis que ton cousin Marcus est de retour, tu n'es plus le même homme.

Paoelus hésite. Doit-il faire la paix avec Caelus qui n'attend que ça ou se placer ouvertement du côté de Marcus ? Il décide de louvoyer et dit d'une voix dont le manque de sincérité le gêne :

— Caelus, tu sais bien que je ne cherche qu'à te servir. Alors, j'ai…

Il s'arrête, baisse ses gros yeux. Une rapide pensée au bon vin que Caelus lui fait livrer lui soulève l'estomac. Une petite lumière s'allume dans son esprit, au fond de son âme, comme la flamme chancelante d'une bougie malmenée par un courant d'air. Cette bougie, c'est un homme vêtu d'une robe blanche dont les poignets saignent qui la tient. La flamme s'affermit et devient lumière absolue. Alors, il s'écrie, d'une voix forte, sûre, comme s'il n'était plus ce minable ivrogne :

— Et puis non, je vais tout te dire ! J'ai été touché par la grâce de Jésus le Nazaréen. Les chrétiens m'ont convaincu. Malgré tout ce que je leur ai fait subir, ils m'ont envoyé la grâce de leur Dieu. Ma vie t'appartient, Caelus, mais ne crois pas que je vais trembler devant le bourreau !

Caelus regarde autour de lui, échange un sourire entendu avec les deux affranchis qui se tiennent près de lui, inspire et affirme d'une voix pointue qui se veut calme :

— Voilà deux minutes, tu me disais que tu voulais me servir et maintenant tu affirmes que tu es chrétien ! Tu dois choisir !

— J'ai choisi.

— Emmenez-le où vous savez ! ordonne Caelus. J'arrive.

Sans un mot, des gardes conduisent Paoelus le long d'une allée bordée de plantes dont les odeurs suaves se mêlent à des relents de pourriture probablement dus à quelque charogne oubliée. Cette fois, Paoelus marche très dignement. Il avance sans boitiller, presque droit.

— Où allons-nous ?

— Tu verras.

Ils poursuivent en direction du bout de la propriété, là où se trouve le théâtre de Caelus. Des gradins en demi-cercle permettent d'y accueillir une centaine de personnes. La piste occupe la plus grande place, petite certes comparée à celle du théâtre municipal où se déroulent les jeux publics, mais c'est déjà un grand luxe que peu de Pompéiens peuvent s'offrir. Deux personnes sont au milieu de la piste, entourées de gardes, en plein soleil. Paoelus reconnaît avec effroi Cellia, la fille orgueilleuse de Marcus, qui fait face au danger, et Stephanus, qui gémit, couché à même le sable. Paoelus s'approche de Cellia.

— Pardonne-moi. Tout ceci est de ma faute !

Cellia secoue la tête. L'envie de cracher au visage de cet odieux personnage qui lui souffle son haleine fétide au visage lui bloque un instant la respiration.

— Il ne te reste plus qu'à prier ton Dieu.

La jeune fille sursaute, comme si elle avait été piquée par un scorpion. Prier son Dieu ! Depuis longtemps, elle a compris qu'on n'obtient rien par la prière et que seul un acte fort peut la tirer de ce mauvais pas.

— Nous avons eu un nouvel arrivage de hyènes qui n'ont pas mangé depuis qu'elles ont été débarquées du bateau, dit un garde en éclatant d'un rire grossier. J'espère qu'elles vont vous trouver à leur goût !

De puissants rugissements suivis de ricanements caractéristiques retentissent. Cellia lance autour d'elle un regard rebelle, cherchant désespérément une échappatoire.

Caelus arrive sur les gradins, et s'installe au plus près de la piste. Il souffle, épuisé par cet effort matinal. Il aurait pu se faire porter, mais son astrologue-médecin lui a conseillé de marcher un peu pour chasser les humeurs acides de ses mollets qui le font beaucoup souffrir.

— Paoelus, tu comprends désormais qu'on ne me défie pas, encore moins lorsqu'on est un ivrogne insignifiant.

— Caelus, je t'en prie, libère ces deux enfants, réplique Paoelus bien campé sur ses jambes tordues.

— Ce sont tes cousins, n'est-ce pas ? Cela suffit à les condamner.

— Libère-les, répète Paoelus en haussant la voix pour couvrir les ricanements des bêtes de plus en plus proches. Le Dieu des chrétiens t'en saura gré et te pardonnera tous tes crimes !

— Demande-lui d'abord de te pardonner les tiens.

Cellia chancelle. Les rugissements de plus en plus proches la terrorisent. Elle se met à genoux et crie :

— Caelus, je t'en supplie, épargne-moi, je ferai tout ce que tu voudras ! Je ne veux pas mourir !

Caelus l'observe un instant. C'est une belle femme, et son attitude laisse percevoir une solide personnalité. Il hésite : ne pourrait-il pas l'utiliser contre son père ? Cellia a compris les raisons de son silence et décide de ruser :

— Tu me sauves, je te sers. Je peux aller partout et même dans les chambres à coucher de tes ennemis.

— On a assez perdu de temps, décide Caelus en se tournant vers ses gardes. Faites entrer les animaux !

Stephanus pleure et implore à son tour de sa voix enfantine :

— Ramenez-moi dans ma cuve ! Il n'y a que là que je suis bien !

Paoelus, droit en face de Caelus, répète :

— Fais de moi ce que tu veux, mais je t'en prie, libère ces enfants.

Caelus pousse un ricanement moqueur. Paoelus insiste :

— Tu vas me tuer parce que je connais la vérité, Caelus. Je te servais pour avoir du bon vin, le retour de Marcus a tout remis en question et sa seule présence à Pompéi te nargue. C'est lui qui t'a affranchi. Et ces jumeaux, tu dois les tuer parce que tu sais que leur père les retrouvera et que le scandale éclatera. Mais ce que tu ignores, c'est que j'ai pris mes précautions. Des gens savent la vérité et parleront quand ils apprendront que tu nous as fait dévorer par tes sales animaux, moi et mes deux jeunes cousins. N'oublie pas que Julius est adulé par les Pompéiens et que lui aussi va le savoir !

Caelus songe aux élections qui approchent, se gratte le front, puis rétorque :

— Julius ne survivra pas aux jeux d'automne dans deux jours. Tout est prévu.

Puis, se tournant vers ses gardes, il crie :

— Qu'attendez-vous pour faire entrer les animaux ?

— C'est que… maître, dit un homme dont la voix tremble, les animaux sont bizarres.

— Que veux-tu dire ?

— Ils tournent en rond dans leur cage, ils mordent les barreaux de fer, ils sautent contre les murs, ils se battent, et quand on a ouvert la porte, ils n'ont même pas cherché à s'enfuir, ils ont continué leur ronde infernale, comme s'ils étaient tout à coup frappés de folie.

— Tu m'embêtes avec ces détails. Fais entrer les hyènes, je n'ai pas que ça à faire !

— Très bien, maître.

Quelques instants plus tard, quatre hyènes poussées par la pointe des lances arrivent dans la lumière éblouissante de l'arène. Paoelus ne ferme pas les yeux. Il se place devant les jumeaux.

L'attitude des fauves est effectivement bizarre. Les hyènes, qui n'ont pourtant pas mangé depuis plusieurs jours, ne prêtent pas attention aux proies offertes. Efflanquées, elles tournent près des barrières comme si elles cherchaient une issue, puis bondissent, tentent de s'agripper aux barreaux de fer avec leurs crocs. L'une d'elles réussit à sauter sur les gradins. Caelus, pris de panique, ordonne aussitôt à ses esclaves de la tuer. L'animal touché à mort roule sur la piste.

Les hyènes ne se préoccupent toujours pas des proies que Caelus leur livre. Elles poursuivent leur ronde infernale, sautent en mordant l'air, comme prises de violentes douleurs.

— Qu'est-ce qui se passe ? demande Caelus, apeuré.

— C'est un miracle ! s'exclame un esclave.

Un roulement profond monte du sol. Caelus sent son siège vibrer sous son énorme poids. La terre tremble. Les animaux poussent des cris aigus, comme s'ils étaient rongés par un mal invisible. Une vingtaine d'esclaves sont nécessaires pour réussir à les enfermer dans leur cage de fer.

Caelus donne l'ordre qu'on ramène les trois survivants à leur prison, puis il se lève, aidé par ses serviteurs qui le guident entre les gradins. Il refuse de croire à un miracle. Ne serait-ce pas un tour de ces maudits chrétiens ? Les esclaves chargés des fauves leur ont probablement donné à manger de mauvaises choses.

— Fais préparer une chaise, je vais finalement me rendre au forum, ordonne-t-il à Plantarix.

Le comportement étrange de ces hyènes affamées qui n'ont pas profité des trois chrétiens l'inquiète, alors il cherche à se rassurer : « Les animaux ont été rebutés par Paoelus qui sent le vin et la charogne, car il ne se baigne jamais ! » Il pense pourtant à Vecilius Verecundus, le « boulanger » comme on l'appelle à Pompéi, qui a décidé de quitter la ville en attendant que la terre se calme. Caelus se demande s'il ne devrait pas faire de même, mais il n'aime pas les déplacements trop inconfortables. Par la route, il faut être escorté par une légion de gardes pour éviter les voleurs qui s'en prennent aux voyageurs riches, et la mer lui démonte l'estomac. Et puis les élections dans une quinzaine de jours requièrent sa présence quotidienne sur le forum où il multiplie les promesses.

Près de l'atrium, des éclats de voix le tirent de ses réflexions. Un esclave arrive en courant. Il n'a pas le temps de parler qu'un jeune homme apparaît. Grand, fort bien fait, il porte l'uniforme des officiers de l'Empire. Caelus se fige. Puis son visage s'illumine.

— Mon fils ! Mon cher Ptolémée ! s'exclame-t-il en tendant les bras.

— Père, me voilà enfin de retour !

Ptolémée observe son père se dandiner péniblement pour le rejoindre. Il a beaucoup grossi depuis son départ et ne semble pas au mieux de sa forme.

— Vois-tu, mon fils, ce que cette mauvaise chute de cheval a fait de moi… Me voilà vieil homme, incapable de me déplacer par mes propres moyens !

— Les affaires ont été bonnes ! constate Ptolémée en regardant autour de lui.

— Pas trop mauvaises, en effet, ajoute Caelus. Il y a tant à faire ici !

— Je sais, père, et je te fais confiance pour trouver de bonnes opportunités.

Caelus détaille avec ravissement son fils, son Ptolémée avec son visage carré et volontaire, ses cheveux presque blonds et son corps de grand sportif !

— Tu vas m'accompagner au forum. Je te présenterai ceux qui comptent ici. Et je suis fier de me montrer en compagnie de ce bel officier qui est aussi mon fils.

— On m'a dit que tu t'étais remarié ? demande tout à coup Ptolémée.

— Oui, tu rencontreras ma nouvelle épouse dès notre retour, mais pour l'instant le temps presse. Je dois me rendre au forum. Il se passe ici des choses très bizarres !

Contrairement à ce qu'il vient de dire, Caelus n'est pas impatient de présenter sa jeune épouse à Ptolémée. Elle a souhaité se rendre chez sa sœur et c'est une aubaine. Il murmure à l'oreille de Plantarix, son esclave de confiance :

— Va dire à Pamella de partir au plus vite. Je ne serai pas tranquille tant qu'elle ne sera pas arrivée chez sa sœur. Avec les tremblements de terre et ces nuages de cendres, mieux vaut qu'elle ne s'attarde pas. La nuit tombe tôt en cette saison.

Pamella est proche de sa sœur, malgré sa brouille avec leurs parents. À la mort de leur père, les deux femmes se sont réconciliées avec leur mère, qui est venue s'installer à Terzigno. Caelus a donné de l'argent à son beau-frère pour qu'ils puissent vivre selon leur rang. Il est ainsi, l'affranchi de Marcus : souvent cruel sans raison, et généreux avec ceux qu'il apprécie.

⋆

Marcus marche rapidement vers l'amphithéâtre. La rue est encombrée. Des charrettes, tirées par des hommes, roulent vers la porte Marine. Ceux-là ont décidé de fuir, n'écoutant que leur instinct.

Protégés par de hauts murs, les gladiateurs poursuivent leur entraînement. Les uns armés d'un grand filet s'opposent à ceux qui brandissent des épées de bois en s'abritant derrière des boucliers formés d'une large planche. Ils répètent inlassablement les mêmes gestes sous les ordres d'un maître, ancien gladiateur qui a échappé à la mort, au visage marqué par de nombreuses cicatrices. À l'autre extrémité de l'arène, un groupe de gladiateurs vêtus de leurs tuniques courtes s'entraînent à l'épée. L'un d'eux, plus grand que les autres, retient l'attention de Marcus. C'est bien Julius, celui que Paoelus dit être son fils aîné. Il comprend que Martha n'ait pas reconnu le garçonnet malingre qu'elle cherchait dans ce robuste combattant dépassant les autres d'une tête. Retiré dans un coin d'ombre, Marcus prend le temps de l'observer. Julius multiplie les attaques pendant que son adversaire, muni d'un grand bouclier, le conseille sur sa manière d'attaquer. Enfin, il pose son épée de bois et va boire une louche d'eau à un seau posé sur le rebord de l'arène.

— Tu n'as pas la tête au travail, dit alors son entraîneur, beaucoup plus âgé que lui. Tu as commis au moins deux fautes qui auraient pu t'être fatales dans un véritable combat.

Julius s'essuie le front ruisselant d'un revers de main. C'est vrai, il n'est pas au meilleur de sa forme et rien n'est plus risqué que d'arriver au combat sans disposer de tous ses moyens.

— Je suis fatigué, ajoute-t-il en s'asseyant. Je vais me reposer un peu, on reprendra cet après-midi.

— Tu ne dois pas perdre trop de temps, tu sais aussi bien que moi que la moindre faiblesse peut te coûter très cher. Imagine la gloire de celui qui pourra te vaincre ! La foule t'aime, te considère comme un dieu, mais n'oublie pas que si tu mords la poussière elle va te haïr d'emblée et réclamera ta mort qu'il sera bien difficile de lui refuser.

— Je sais tout cela ! répond Julius pensif. Je crois que je vais arrêter. Tu m'as toujours dit qu'il fallait savoir éviter le combat de trop.

— Tu ne dois pas raisonner comme ça, le réprimande l'homme qui s'est assis à côté de lui. Tout compte dans le métier du cirque. La fatigue de ce matin peut te brouiller la vue. Je te le répète, ce n'est pas une bonne chose de t'attacher à une femme alors que tu peux avoir toutes celles que tu désires. Alexia prend trop de place dans ton esprit et t'empêche de réfléchir, de juger l'adversaire, de profiter de ses moindres faiblesses. Quand tu aimes d'amour, tu ne penses qu'à survivre aux coups, tu veux te garder pour la femme de ton cœur, et tu restes sur la défensive au lieu d'attaquer. Je te le redis, Julius, depuis que tu es amoureux de cette belle patricienne, tu n'es plus aussi bon qu'avant, et le public s'en est déjà rendu compte. Tu as eu beaucoup de chance de ne pas encore avoir été vaincu !

— Je vais arrêter. Voilà, je n'ai plus envie de combattre. Depuis quelque temps je ne ressens plus cette excitation sublime en entrant dans l'arène, cette envie de vaincre qui occupait tout mon être et me donnait des ailes. Tu as raison, j'ai eu beaucoup de chance, mais ça ne durera pas.

— Tu ne peux pas renoncer ! s'écrie Tonus, excédé. Le public t'attend aux jeux d'automne dans deux jours. Imagine la colère du peuple en apprenant que tu déclares forfait !

Julius secoue la tête comme pour chasser des pensées qui n'y ont pas leur place si peu de temps avant un combat décisif. Marcus constate combien il est beau avec son corps aussi finement sculpté qu'une statue grecque, son visage carré, ses yeux clairs et cette impression de volonté pleine d'une douceur inhabituelle chez les jeunes hommes dont le métier est de se battre, souvent de tuer.

— Et puis, ces tremblements de terre, ces bruits qui montent de la terre me gênent.

— Ils gêneront tout autant tes adversaires. À toi de maîtriser ton appréhension pour en faire un avantage.

— Alexia sera ma femme, elle m'aime, et je l'aime. Je sais que je dois la sortir de ma vie pendant ces deux jours qui restent pour gagner mon dernier combat, mais…

— Julius, tu te comportes comme un enfant et je me demande si tu ne vas pas le payer au prix fort. Alexia est une grande patricienne et toi, tu appartiens à Caelus qui pourra te faire tuer si tu lui désobéis. Et puis la belle Alexia t'aime en tant que gladiateur, quand tu seras redevenu un homme comme les autres, elle ne verra plus en toi que l'esclave. C'est pour ça que tu veux risquer ta réputation et ta vie ?

À cet instant, Julius aperçoit Marcus qui s'approche de lui. Il ressent comme un frémissement, quelque chose d'indicible. Marcus aussi est mal à l'aise, car dans les traits de Julius, il croit reconnaître les siens, les mêmes yeux clairs, le nez droit et un peu fort, le menton fendu en son milieu d'une fossette qui en augmente l'aspect volontaire. Et cette cicatrice, au lieu d'une blessure lors de son premier combat, n'est-ce pas un souvenir du grand tremblement de terre ?

— Julius, dit Marcus d'une voix retenue, il faut que je te parle.

Tonus, l'entraîneur, veut protester et se place devant Marcus. On ne vient pas distraire son champion si près des grands jeux d'automne. Déjà qu'il n'a pas l'esprit suffisamment clair pour se donner entièrement à son combat, ce n'est pas le moment d'en rajouter.

— Laisse ! fait Julius en écartant Tonus d'un ample mouvement de son bras musclé.

— Tu l'auras voulu, Julius ! s'emporte l'entraîneur. Je te l'ai pourtant assez répété, c'est au fond de nous qu'il faut chercher les causes de nos échecs !

Julius ne lui prête pas attention et propose à Marcus de le suivre dans la pièce qui lui est réservée. Si les autres gladiateurs se préparent dans une cour proche de l'arène, Julius a droit à un traitement spécial. Bien qu'esclave lui-même, sa richesse lui permet d'entretenir une nuée de serviteurs entièrement dévoués à sa personne.

— Assieds-toi, propose le gladiateur en présentant un siège en bois au visiteur.

Il demande qu'on apporte un pichet de vin et des gobelets.

— Excuse-moi, ici tout est en terre ou en métal. Le verre est interdit, les combattants pensent que les objets en verre portent malheur.

Marcus cherche ses mots. Comment apprendre à ce colosse qu'il est son père ?

— Je suis venu te rendre visite ici, parce que j'ai quelque chose à te révéler.

Il avale une gorgée de vin et se racle la gorge. Il ne quitte pas des yeux la balafre sur le menton de Julius.

— Je sais que ta cicatrice n'est pas due à un mauvais coup lors d'un combat, commence-t-il. Tu as été blessé lors du grand tremblement de terre, voilà dix-sept ans. Tu avais six ans. Tu étais avec ton petit frère et ta petite sœur, des jumeaux. Votre mère et une grande partie de ta famille ont été tuées. Sauf votre père qui n'était pas là... Et vous avez été réduits en esclavage...

— Tu dis que j'avais six ans ? Personne n'en sait rien. Je ne garde aucun souvenir du grand tremblement de terre. Mes premiers souvenirs commencent au temps où je gardais les oies dans une ferme, lorsque Caelus m'a acheté pour faire de moi un gladiateur.

Malgré ses propos, le visage de Julius s'est contracté, ses yeux se sont plissés ; le colosse serre les lèvres comme pour ne pas céder à ses sentiments. Une telle nouvelle n'est pas bonne pour lui à cet instant.

— Tu appartiens à l'une des plus anciennes familles de Pompéi. Tu es un patricien, Julius, et on a fait de toi un esclave, un combattant de l'arène, ce qui est indigne de ton état.

Julius vide son gobelet d'un trait.

— Arrête de me parler ainsi, murmure-t-il sans conviction. Tu me fais trop mal.

— C'est pourtant la vérité !

Maintenant, il a une raison, Julius, de détester celui qui l'a fait riche et adulé par toute la ville. Marcus ajoute :

— Ton père, c'est moi, Marcus Flavius Pansa. Après la destruction de notre villa, la mort de notre famille, j'ai quitté cette maudite ville qui m'avait tout pris pour m'installer à Rome en me jurant de ne plus jamais revenir. Et puis… Et puis, on m'a dit que vous étiez vivants, alors… me voilà !

Julius baisse la tête, comme terrassé par cette nouvelle.

— Comment te croire ? doute le gladiateur. Si j'étais un patricien, pourquoi ceux qui m'ont recueilli après le grand tremblement de terre auraient fait de moi un esclave ?

— Parce qu'un esclave, ça travaille, et on en manque à Pompéi.

Abattu, son épée de bois à la main, incapable de faire un pas, Julius réfléchit. Alors ces ombres fugaces qui passent parfois dans sa mémoire seraient bien les restes de son passé ?

Tonus entre vivement dans la pièce et interpelle son gladiateur.

— Allons, Julius, l'entraînement n'est pas terminé, qu'est-ce que tu attends ?

Julius jette l'épée et dresse son magnifique corps.

— Si, pour moi, c'est terminé !

Bien que plus petit, Tonus se plante devant lui. Il est habitué aux caprices de Julius qui se croit tout permis parce qu'il est célèbre jusqu'à Rome.

— Tu ne peux pas faire ça ! Ce serait suicidaire.

Sans un mot, Julius sort de l'arène suivi par Tonus qui le supplie de ne pas commettre une aussi grosse bêtise.

— Caelus sera très en colère !

— Caelus ne pense qu'à ses intérêts. Je ne suis pas un esclave…

Il tourne vers Tonus son visage éclairé par un petit sourire avant d'ajouter :

— Je suis un patricien. De la famille des Pansa !

— Mais qu'est-ce que tu vas encore imaginer ? s'emporte Tonus puis, se tournant vers Marcus, il ajoute : Je devrais te passer mon épée à travers le corps. Comment as-tu osé lui dire de telles sottises ? À croire que ses ennemis t'ont payé pour ça !

Ce n'est pas la première fois qu'il voit Julius tenter de se rattacher à une lignée célèbre. La gloire de l'arène lui est un peu montée à la tête et il se prend volontiers pour un général d'armée.

— Viens, lance le gladiateur à Marcus, notre place n'est pas ici.

Ils sortent de l'amphithéâtre. Quand il apparaît sur la grande palestre, tous les regards se tournent vers lui. Un attroupement se forme. Des femmes se jettent contre lui, l'enserrent de leurs bras trop courts pour son large torse, lui crient des paroles enflammées. Marcus est étonné d'une telle célébrité. A-t-il eu raison de lui parler ? Que lui offre-t-il en échange ?

Peyrhus qui est là avec sa troupe et ses animaux savants s'approche :

— Si j'ai bien compris, dit-il d'une voix aigre à Marcus, tu choisis comme fils le plus grand des gladiateurs ! Tu le préfères à tes véritables enfants que j'ai élevés dans l'humilité avec soin et amour. Cela ne te gêne pas que Julius soit le fils sans père d'Augusta Porelli, la prostituée qui travaillait sur le port et qu'on a trouvée un matin, la gorge ouverte, baignant dans son sang !

Julius prend le saltimbanque par le col de sa chemise et le soulève à deux pieds du sol.

— Tais-toi ou je t'écrase comme un mauvais champignon !

— Et moi, je t'enfonce ma dague dans le ventre ! ajoute Marcus, menaçant.

Peyrhus a appris à se méfier des patriciens, qui peuvent tuer un homme de la plèbe sans en être jamais importunés. Mieux vaut renoncer et retourner auprès de ses animaux, tant il est conscient qu'il ne tirera rien de ce patricien moins fragile qu'il ne l'avait cru.

— Julius, lui conseille Marcus, il faut que tu finisses ta carrière en beauté. Tu dois concourir aux prochains jeux. Ce n'est que dans deux jours. C'est peu de temps à attendre. Tu pourras annoncer ta retraite après la victoire. Tu ne devras plus rien à personne !

Les prochains jeux ! Julius ne l'envisage plus. Y participer c'est risquer de se faire battre parce qu'il ne sera pas suffisamment préparé. Tout perdre alors qu'il sort de sa condition servile ? Que lui conseillerait Alexia ? Quelle sera sa réaction quand elle apprendra qu'il est un patricien et que plus rien ne s'oppose à leur union ?

— Je dois te laisser ! dit-il sur un ton ferme en s'éloignant. On se reverra bientôt.

Il s'élance à travers la large place, bouscule les montreurs de chiens savants, renverse l'étal d'un marchand de porte-bonheur. Sa force, sa vélocité rendent sa démarche aérienne, aussi irrésistible que s'il s'agissait d'Hercule lui-même. Il vole avec cette aisance que donne une musculature parfaite. Devant tant de puissance, de grâce, personne ne proteste et le marchand de porte-bonheur, assis sur les pavés, le regarde s'éloigner, certain d'avoir vu le dieu en personne. Grave, Marcus le contemple : ne vient-il pas de commettre une erreur ?

POMPÉI, LE 24 OCTOBRE, 10 H 30

2 heures et 51 minutes avant l'éruption

Au forum règne un début de panique. Les tremblements de terre, les bruits sourds affolent tout le monde car ce n'est pas habituel. Beaucoup parlent de quitter la ville pour quelque temps. D'autres, comme Nozerus, le propriétaire des laveries, redoutent d'abandonner leur villa où les meilleurs ouvriers de la ville sont en train de peindre des fresques, alors ils préfèrent minimiser le risque d'une grosse catastrophe. Pourtant, Botteri, le pêcheur, raconte qu'au lever du jour, sur le port, des porteurs se sont fait renverser par deux ânes en furie qui attaquaient tout ce qui bougeait comme des bêtes féroces. Bansus, le duumvir, a été mordu au sang par son propre chien d'ordinaire très doux. Les rumeurs les plus folles se répandent et agitent encore plus les esprits.

— Tout ceci doit bien avoir un sens ! s'exclame Velinus, le chasseur de lièvres. Voilà plusieurs jours que les animaux sauvages sont partis, les autres ont peur, mais de quoi ?

L'arrivée de Caelus provoque une diversion. Le gros homme rassure par sa bonhomie joviale, sa détermination, et sa façon de parler à tout le monde. Il est aussitôt entouré d'une foule de Pompéiens anxieux et leur présente

Ptolémée, si bien fait qu'on a peine à croire que c'est son fils. Ptolémée est assailli d'une avalanche de questions sur Rome, l'empereur, sa cour, sur les victoires des armées romaines… Le jeune homme y répond avec une simplicité qui plaît beaucoup. Un nouveau grondement du sol arrête net les conversations. Tous les regards se tournent avec anxiété vers Caelus comme pour lui demander sa protection. Il se veut rassurant et lève les mains vers la foule, pourtant son visage n'est pas aussi réjoui que d'habitude.

— Tu te souviens qu'avant le grand tremblement de terre les bêtes avaient été prises de la même folie ? demande le vieux Dedocus qui taille des pierres tombales dans une carrière sur la route de Nocera.

— C'est sûrement qu'un autre grand tremblement de terre se prépare, conclut Odilus Prius, un homme assez imposant à la toge trop courte qui laisse entrevoir ses chevilles. Il faut s'attendre à beaucoup de dégâts.

— Et alors ? réplique vivement Caelus. Ce n'est pas une raison pour partir ailleurs où ce ne sera pas mieux !

Il se croit appelé par les dieux pour sauver sa ville. Odilus Prius, qui a gagné le respect de tous grâce à l'invention de voiles triangulaires, réplique :

— Le grand tremblement de terre a fait beaucoup de victimes parce que les gens ne s'y attendaient pas. Ils n'ont pas eu le réflexe de sortir des villas où ils risquaient de se ramasser un mur sur la tête.

— Voilà qui est bien dit ! s'exclame Caelus dont on raconte pourtant qu'il ne s'entend pas avec Prius.

Le préfet arrive. Très vite entouré de curieux, il annonce :

— Je vais faire crier par les rues qu'à la prochaine alerte, grondements, tremblement de terre, chacun sera tenu de sortir de sa villa ou de son atelier et de courir vers un endroit découvert, place publique, forum, palestre ou autres.

Il est interrompu par une énorme explosion, profonde, sourde et en même temps intense. La panique gagne la foule ; on se bouscule, des groupes s'échappent par les rues voisines, puis le silence revient, souverain. Caelus n'a pas bronché. Son fils est resté près de lui. Habitué des champs de bataille, il ne tremble pas pour un bruit dont il ne mesure pas la portée, si inattendu soit-il.

— Il faut faire un sacrifice à Jupiter ! s'écrie Octavus, le fabricant d'un garum réputé qu'il vend à Naples et à Rome. Voilà dix-sept ans que son temple est endommagé et qu'avons-nous fait ? Rien ! Nous avons pensé à réparer le temple d'Isis, des Lares, d'Apollon mais nous avons oublié le dieu des dieux.

— Faites ce que vous voulez, lance d'une voix fébrile Melanus Portus, un petit homme qui s'est enrichi en important des étoffes précieuses d'Orient, moi, je m'en vais dans ma villa de Naples. Je reviendrai quand les animaux seront de retour. Ce sera la meilleure indication que le danger est écarté.

— Tout le monde n'a pas une villa à Naples, tranche Caelus. Que chacun suive les bons conseils de prudence du préfet et tout ira bien.

Le banquier Lucius Jucondus voudrait lui aussi s'enfuir mais il n'ose l'avouer.

— J'ai le sommeil tellement léger que le moindre craquement me réveille, prétend-il. Alors, je vais me rendre à Stabies où j'ai des affaires. Je reviendrai après les jeux d'automne. Tout le monde sait que je n'y assiste jamais.

Prenant le contrepied de Jucondus, Caelus affirme à la ronde qu'il ne partira pas, soucieux de montrer qu'il ne cède pas à la panique et qu'il a l'étoffe d'un chef gardant la tête froide, même dans les moments difficiles.

— Je propose qu'on fasse un sacrifice cet après-midi à Jupiter, dit-il à la cantonade. J'offre trois taureaux !

On loue la générosité de Caelus. Le prêtre Salinius approuve et décide que le sacrifice aura lieu devant le temple de Jupiter, face au forum. Il va faire crier par la ville que les Pompéiens sont invités à y participer. Plus il y aura de monde, plus Jupiter sera content.

Lucius comprend trop tard qu'il a eu tort de parler de son intention de fuir. Exprimer sa peur n'est pas bon pour ses affaires. Il tente de se rattraper :

— Je donnerai un grand banquet ce soir, après le sacrifice !

— Tu n'as pas dit que tu partais à Stabies ? objecte Portus, qui ne l'aime pas.

— C'était une manière de parler. J'ai des affaires assez urgentes à régler là-bas, mais je partirai après.

Un semblant de calme étant revenu, Caelus s'excuse auprès de la foule, arguant qu'il souhaite passer un peu de temps avec son fils qui a tant de choses à lui raconter, et donne l'ordre à ses esclaves de le porter chez lui.

⋆

Encore une explosion. Si puissante que les murs vibrent et que les vitres volent en éclats. Une explosion comme née de l'air, de rien, mais qui fige tout le monde sur un geste arrêté face à l'angoisse du proche avenir. Les gens sortent des boutiques, les ouvriers qui repeignent les décors de la villa de Petrus Villius sont là, les outils à la main, regardent le ciel et s'interrogent puis, comme le calme semble revenu, reprennent leur travail. Dans les villas, les maîtres prient les Lares, font des offrandes pour qu'ils protègent la maison. Une fois certains d'avoir accompli leur devoir, ils retournent à leurs occupations puisque les tremblements de terre, pour l'instant, font beaucoup de bruit mais ne causent aucun gros dégât.

Lorsque Caelus arrive chez lui, les esclaves déposent la chaise à l'entrée de l'atrium. Pamella, sa femme, vient à sa rencontre. Elle est assez belle, fine et si jeune qu'on la prendrait volontiers pour sa fille. Caelus l'a épousée parce qu'elle sert ses intérêts politiques. Il a vraiment aimé Pellisa, sa première femme, morte des suites de son accouchement, et le retour de son fils réveille cruellement la douleur de son souvenir.

— Ah ! Pamella ? s'étonne Caelus. Te voilà prête pour partir chez ta sœur ?

— Les explosions… J'ai peur.

Elle voit Ptolémée et le reconnaît d'après les fresques peintes dans différentes salles du palais le représentant plus jeune, son visage n'a pas beaucoup changé. Elle hésite un instant, visiblement touchée par la beauté de ce jeune officier à l'uniforme rutilant.

— Je te présente Ptolémée ! s'exclame Caelus. Il revient de Rome et va rester quelques jours avec nous, puis il ajoute : Ne t'en fais pas. Ce n'est pas la première fois que la terre gronde. Tu peux partir tranquille.

Elle appelle Tubor, son esclave africain préféré. C'est aussi un très bel homme à la peau sombre, au regard clair. Pamella l'observe un instant en silence, puis se tourne vers Ptolémée, comme si elle comparait leurs charmes. Comprenant le sens de son attitude, Caelus insiste :

— Il faut que tu partes maintenant, si tu veux être arrivée avant la nuit.

Elle tourne les talons, qui claquent sur les dalles. Perplexe, Caelus lance un regard interrogateur à son fils, qui sourit. Il a bien compris que sa femme n'a pas laissé Ptolémée indifférent.

— Des tremblements de terre, il n'y en a pas qu'à Pompéi. J'en ai connu plusieurs, sur les îles. Ce ne sont pas ces petites choses qui arrêtent les légions romaines.

Il ne peut détacher ses pensées de Pamella et se dit qu'il devrait tenter de la retenir, car il a bien senti qu'elle aussi était sensible à son charme.

— Pourtant, je ne suis pas certain, père, que tu aies raison de laisser partir ton épouse…

— Elle veut rejoindre sa sœur et sa mère à Terzigno. Cela fait longtemps qu'elle m'en parle. Ce n'est pas très loin.

Ptolemée est satisfait d'apprendre que Pamella ne s'éloigne pas beaucoup. Il pourra lui rendre visite dans les jours prochains, en dehors de cette ville où tout le monde espionne tout le monde, et surtout loin des regards soupçonneux de son père.

— Au fait, père, je voulais te demander… Julius, le grand gladiateur que les Romains considèrent comme un dieu, est-il à Pompéi ?

— Bien sûr. Tu le verras aux prochains jeux d'automne, dans deux jours. Je te le présenterai.

— Ce sera un honneur pour moi !

— N'en fais pas trop, Ptolémée, Julius m'appartient.

On lui annonce l'arrivée de Sollelus, un charpentier de marine à qui il a commandé un bateau de luxe plus grand que tous ceux de la baie de Naples. Sollelus, déjà âgé, a un sens aigu des affaires. Il commence par s'excuser de son retard dû aux rues encombrées de gens qui entassent leurs bagages sur des chariots. On se bouscule aux portes de la ville.

— Ils fuient, dit-il en souriant. Le mouvement fait oublier

POMPÉI,
LE 24 OCTOBRE, 11 HEURES

2 heures et 21 minutes avant l'éruption

Depuis de longues minutes, ils sont tous les trois assis sur un rocher éboulé du mur, derrière la porte coincée, celle par laquelle devait passer Marcus. Les larmes roulent sur le visage de Stephanus, maigre, décharné, ridé comme celui d'un vieillard alors qu'il n'a que vingt ans. Cellia, elle, ne pleure pas. Assise en face du garçon, elle laisse aller sa tête sur l'épaule de Paoelus. Elle a eu si peur quand les hyènes sont arrivées dans l'arène, énormes, leurs gueules aux crocs puissants ouvertes, prêtes à la broyer.

— C'est un miracle ! ressasse Paoelus. Un véritable miracle.

— Ah bon ? s'écrie Cellia, exaspérée. Alors pourquoi la porte que tu avais laissée ouverte est-elle désormais condamnée, bloquée dans le mur qui a bougé ?

La révolte embue l'esprit de la jeune fille. Les leçons de bonté des chrétiens ne sont que des leurres pour faire accepter la misère aux pauvres gens. D'avoir échappé à la mort, face aux fauves, a réveillé en elle une énorme envie de revanche.

— C'est par là que votre père devait vous rejoindre, concède Paoelus. Il nous faut trouver un autre moyen de sortir avant que le plafond ne nous écrase.

— Notre père ? s'étonne Cellia en adressant un regard dégoûté à Stephanus. Lui, c'est mon frère ?

— Oui, vous êtes les enfants de Marcus Flavius Pansa. Et nous sommes cousins.

Elle a beau tout ignorer de ses origines, quelque chose de profond, comme un souvenir venu d'une partie opaque de son esprit, pleine de silhouettes inconnues et en même temps familières, lui souffle que ce que lui a dit Paoelus pourrait être vrai. La famille qui l'a élevée avec un peu d'amour lui a donné le goût de la liberté. Puis elle a été vendue à Claudius. Elle a commencé par servir les pains brûlants au comptoir sous le regard sévère de Paula, la femme de Claudius. Elle a ensuite été employée à la corvée du bois, des fagots très lourds qu'il fallait porter près du four. Elle avait quatorze ans quand un affranchi l'avait violée entre les sacs de farine. Elle l'avait mordu au sang, mais n'avait pas pu s'en défendre. Depuis, elle est ainsi, farouche, rebelle et toujours prête à fuir l'autorité. Devenue chrétienne par goût pour la clandestinité, elle rêve de plonger un tison incandescent dans l'estomac de Claudius le boulanger qui a abusé d'elle de nombreuses fois.

— Mais bouge-toi un peu ! s'emporte-t-elle contre Stephanus. Arrête de pleurnicher. Un homme, ça n'a pas de larmes !

Stephanus lève sur elle ses yeux de chien triste, suppliants, comme pour lui demander pardon. Il se lève lentement, à la manière d'un vieillard, mais ses jambes fléchissent sous le poids de son corps décharné. Ses mollets sont constellés de gros abcès purulents. Il continue de piétiner dans un geste mécanique, comme il l'a fait pendant dix années sans interruption. Victime toute désignée par sa faiblesse, il a été malmené par les autres esclaves et par ses maîtres, qui ne le trouvaient pas assez efficace. Il n'a aucun souvenir de son passé, il est né dans une cuve avec l'odeur nauséabonde qu'il a fini par apprécier et rechercher. Il a perdu ses dents et se nourrit d'une bouillie de pain trempé dans de l'eau. Il a souvent eu envie de mourir, de plonger sa tête dans l'urine et de se laisser étouffer par l'horrible liquide. Pourtant, maintenant qu'il en est loin, la cuve lui manque. Il comprend qu'il a été heureux de fouler le linge, car il n'a sa place nulle part ailleurs.

Paoelus inspecte les murs et la partie lézardée proche de la porte. Il pousse les planches disjointes avec l'épaule, mais tout est coincé. Un peu plus loin, une ancienne ouverture condamnée par des grilles de fer est tout aussi infranchissable. Il revient vers les jumeaux quand une brusque et violente secousse le renverse. Autour d'eux, les murs s'écroulent par endroits, d'énormes blocs de pierre tombent des voûtes.

★

Martha, la tête dissimulée par un capuchon, remonte la rue de Stabies. Quatre hommes l'accompagnent, eux aussi la tête cachée. Arrivée près de la porte de Capoue, elle fait un signe discret à ses suivants, qui s'approchent.

— C'est ici. Caelus est le propriétaire de cette énorme villa. Vous allez suivre cette ruelle. En cas de danger, vous pouvez fuir par le petit passage souterrain qui sort derrière les remparts de la porte de Vesuvius. Il n'est jamais gardé. Vous savez ce que vous avez à faire. Moi, je reste là, pour vous avertir au cas où quelqu'un viendrait.

Les quatre hommes armés de pieux de fer avancent dans la ruelle et descendent un escalier jusqu'à une porte. Ils commencent par arracher les clous qui tiennent les ferrures aux planches, puis tentent de faire sauter la serrure sur le côté droit.

À l'intérieur, Cellia, la première à entendre les coups contre la porte, se dresse sur ses jambes flageolantes. Elle appelle Paoelus.

— Écoute…

Plein d'espoir et d'appréhension, l'oreille aux aguets, Paoelus s'interroge sur l'auteur de ces bruits. Marcus revenu avec du renfort ou bien un piège comme Caelus sait en imaginer ? La porte cède et s'ouvre. Cellia se précipite et voit quatre hommes s'enfuir vers un passage souterrain.

— On y va ! s'exclame-t-elle.

Paoelus aide Stephanus à se mettre sur ses jambes. Cellia regarde autour d'elle la rue encombrée de gens apeurés sortis précipitamment de chez eux. L'occasion est trop belle ! Après une pensée pour cet infirme qui lui ressemble tant, elle balaie ses scrupules et s'élance. Elle ne va pas s'encombrer de ce pseudo-frère qui ne peut lui être d'aucun secours. La liberté est un plaisir solitaire. Son cœur bat très fort et elle s'élance.

Surgissant du souterrain avec Stephanus, Paoelus voit Cellia courir au milieu des passants et disparaître à l'angle d'une rue. Il ne tente pas de la rattraper et aide Stephanus à passer par-dessus l'éboulement de pierres et de poutres.

— Viens, dit-il, on va retrouver ton père.

Mais chaque mouvement procure une intense douleur au jeune homme, qui ne peut pas plier ses genoux et proteste d'une voix désespérée :

— Je veux retourner chez Nozerus, dans la cuve. C'est ma place. Ailleurs, je tremble, j'ai peur, j'ai mal partout !

Paoelus aperçoit Martha qui soulève l'avant de sa capuche. Il s'en approche discrètement.

— C'est Massimus qui m'a indiqué l'endroit et m'a demandé de venir vous délivrer.

— Merci, Martha, surtout ne reste pas dans les parages. Fuis tant que tu le peux.

— Je vais t'aider !

— Non, ce n'est pas la peine. Stephanus n'est pas lourd.

Sans un mot, Paoelus passe un bras du jeune homme sur son épaule. Personne ne fait attention à eux. Le calme est revenu, le soleil brille de nouveau dans un ciel sans nuages. Quelques décombres fument encore, mais finalement, les dégâts semblent plus minimes que ne le redoutait Paoelus.

⋆

Dans le jardin où s'affairent des esclaves, Marcus et Massimus ont été surpris par le nouveau grondement, plus intense que les précédents. Massimus tremble malgré lui, ce qui exaspère Marcus :

— Tu me dis que les chrétiens n'ont pas peur de la mort, alors tu n'es pas un bon chrétien !

— C'est vrai, je suis lâche. Tu as probablement raison, je ne fais pas assez confiance à mon Dieu. Mais crois-moi, je n'ai pas peur de ma mort. J'ai peur de ta mort à toi !

Marcus lance un regard affectueux à son affranchi. Celui-ci pense au père de Marcus qui l'avait acheté et fait instruire. C'est pour cet homme bon, mort lors du grand tremblement de terre, qu'il veut protéger Marcus malgré lui. Une façon de payer sa dette.

— Sur le corps sans vie de ton père, j'ai juré de ne jamais te quitter et de te protéger chaque fois que je pourrai, au prix de ma propre vie.

Marcus ne résiste pas à l'élan qui le pousse vers son ami et le prend dans ses bras.

— N'aie aucune crainte pour moi ! Que veux-tu qu'il se produise ? Les tremblements de terre comme ceux de ce matin ont toujours existé, tu le sais bien.

— Certes, certes…, maugrée Massimus, peu convaincu.

Marcus tourne fréquemment un regard inquiet vers la petite entrée ouverte sur la rue. Enfin, il s'exclame :

— Martha tarde… Je redoute qu'il ne lui soit arrivé quelque chose. Viens, allons à sa rencontre.

Ils sortent. Rue de l'Abondance, des groupes échangent des propos angoissés. La dernière explosion a renversé les étagères de l'apothicaire Turnus Coponus. Ses esclaves empilent dans des coffres les résines, les plantes sèches, les fioles contenant les élixirs de longue vie, de santé et de force sexuelle.

Une nouvelle secousse, très brève, les surprend.

— Il faut faire quelque chose ! s'exclame un petit homme aux grosses mains noueuses qui rappellent son passé d'ouvrier.

— Qu'est-ce que tu veux qu'on fasse ? le rabroue un passant.

Massimus aperçoit enfin Paoelus qui avance en soutenant Stephanus. Marcus s'arrête, étonné par l'allure de ce jeune homme chauve d'une maigreur repoussante qui traîne des pieds.

— Paoelus ! l'interpelle Marcus sans quitter des yeux le jeune garçon qui darde un regard apeuré autour de lui. Sais-tu où est Martha ? Je suis allé où tu m'as dit mais la porte était coincée. J'ai demandé à Martha d'aller délivrer mes enfants avec ses amis.

— Martha est arrivée avec des hommes forts. Ils ont ouvert la porte. Alors, je suis parti avec tes jumeaux. Marcus, voici Stephanus, ton fils.

Stephanus tourne lentement son regard d'animal traqué vers Marcus.

Sidéré, Marcus le fixe. Ce garçon handicapé serait son fils ? Il n'ose y croire quand, tout à coup, le visage osseux est éclairé par un rayon de soleil et Marcus distingue nettement les traits de son épouse. Il retient son souffle. Les dieux lui montrent-ils cette ressemblance avec la disparue pour le mettre en face de son égoïsme et de sa faute ? N'a-t-il pas passé la nuit avec Rectina ? Il parcourt avec dégoût les jambes cagneuses et tordues remplies d'abcès du jeune homme, ses gros genoux et ce torse rentré, aux côtes saillantes qui apparaissent sous une chemise grossière et puante.

— Stephanus ? Tu dis que c'est mon fils ? demande-t-il, toujours incrédule.

— Ne me faites pas de mal ! Je veux retourner chez Nozerus ! s'écrie Stephanus de sa voix à peine sortie de l'enfance.

Il éclate en sanglots avec un raclement de gorge douloureux à entendre.

— Qui te parle de te faire du mal ? réplique vivement Paoelus.

Marcus voudrait lui parler, rassurer ce garçon qui porte sur son corps les stigmates d'une souffrance quotidienne. Il ne l'avait pas imaginé de la sorte et la seule pensée qu'il est son fils le révolte. Va-t-il être obligé de le cacher à son entourage ? À Rectina ? De l'enfermer quand il donnera un banquet avec les notables de Pompéi ?

Massimus pose une main sur son épaule dans un geste familier et affectueux.

— Cellia, sa jumelle, s'est enfuie. Je n'ai pas pu la rattraper, poursuit Paoelus. C'est une très belle fille avec beaucoup de caractère et qui n'a pas souffert de son état d'esclave.

— Je te remercie, Paoelus, dit Marcus en soupirant. Mais lui ?

— Il faut le faire soigner, conseille Paoelus en partant. Il a besoin de manger, de reprendre des forces, ensuite, il sera plus présentable.

Massimus et Marcus le regardent s'éloigner dans la rue poussiéreuse, jonchée de débris.

⋆

Paoelus ne va pas très loin. Des gardes l'entourent.

— Que me voulez-vous ? s'étonne-t-il. Je suis Paoelus Trichitus, un patricien.

— Tu es aussi chrétien !

— Qu'est-ce que vous racontez là ?

Ils l'obligent à les suivre jusqu'à une poignée de malheureux tenus en respect du bout de la lance par une dizaine de gardes.

— Emmenez tout ça ! Il est temps de nettoyer Pompéi de sa vermine ! dit l'officier sans quitter Paoelus du regard.

— Martha ? s'étonne Paoelus en l'apercevant parmi les prisonniers.

Elle aussi a été capturée. Caelus a besoin de beaucoup de chrétiens pour les prochains jeux et surtout de montrer aux Pompéiens qu'il s'occupe de nettoyer la ville de ses éléments perturbateurs.

— Ils m'ont prise ! Mais cela n'a plus d'importance, j'ai fait ce que Marcus m'a demandé… Je lui ai ramené ses jumeaux.

— Moi aussi j'ai fait ce que ce je devais, mais ma mission n'est pas terminée. Il faut trouver un moyen de s'échapper.

⋆

La multiplication des explosions souterraines intrigue Caelus. Ptolémée s'inquiète de ces bruits inhabituels.

— Tu ne vas quand même pas faire comme les gens du peuple ! s'étonne Caelus. Ce ne sont que de petites choses qui arrivent de temps en temps. Rassure-toi.

— Quand me feras-tu rencontrer le gladiateur Julius ? demande l'officier pour oublier sa peur.

— Quand tu veux. Il suffit de lui envoyer un esclave. On pourrait le faire venir ce soir ?

— Avec grand plaisir, répond dans un sourire le beau Ptolémée.

Une nouvelle secousse fait vibrer les murs, des tuiles se détachent de la toiture et il les entend se briser sur les dalles de la cour. Les vitres qui ne s'étaient pas cassées lors des premiers coups de boutoir tombent en petites perles lumineuses. Ptolémée hésite un instant. On enseigne aux officiers de la légion que le courage s'apprend et qu'il faut l'entretenir à chaque occasion. Il a certes l'habitude du danger, mais pas de cette menace venue du fond de la terre. Il joue les forts à bras, pourtant, il se demande s'il ne devrait pas s'enfuir.

— Qu'en pense Billanos, ton astrologue grec ? demande-t-il finalement.

— Il est de mon avis. Il dit qu'il ne faut pas s'affoler. Les astres sont nettement favorables à Pompéi. Les bruits vont se calmer rapidement et tout redeviendra normal. Le sacrifice à Jupiter aura lieu cet après-midi. Je serai très fier d'y paraître avec toi.

À cet instant, les cris aigus des hyènes éclatent avec le tranchant de lames virevoltantes. Caelus s'assied sur son lit.

— Faites donc taire ces bêtes ! soupire-t-il, exaspéré. Apportez-leur deux ou trois chèvres ! Ces animaux semblent se parler comme les pires des hommes et ce n'est plus supportable !

— Elles refusent de manger, maître, dit l'esclave chargé de s'occuper des fauves. Elles tournent dans leur cage, elles sautent contre les murs, elles se roulent par terre, se mordent au sang. Je n'ai jamais vu pareil comportement.

— Maître, quelqu'un veut te voir et c'est urgent ! s'exclame un esclave qui fait irruption dans la pièce.

— Qui ?

— Julius ! Et il est en colère.

Caelus sourit. Depuis qu'il est vénéré comme un dieu, Julius multiplie les caprices.

— Fais-le entrer ! lance-t-il, puis, se tournant vers son fils : Je vais donc te présenter plus tôt que prévu le grand Julius, imbattable dans l'arène mais, comme tu vas le voir, pas très malin ! Il prend rarement le temps de réfléchir, il est assez influençable.

Paré de la toge des patriciens, avec la bande écarlate, Julius fait son entrée la tête haute mais s'arrête net en apercevant Ptolémée et ses décorations rutilantes.

— Mon fils, je te présente le grand Julius, dit Caelus avec un sourire moqueur. Mais pourquoi cet accoutrement ?

Déstabilisé, Julius cherche ses mots. Il ne s'attendait pas à se trouver en face de ce bel officier imposant, lui qui n'est qu'un gladiateur.

— À Rome, ajoute Ptolémée en souriant, on parle beaucoup de toi, Julius. Tu es un héros, beaucoup plus célèbre que les généraux de l'armée impériale !

Julius garde le silence, se sentant soudain tout penaud, embarrassé par sa toge de patricien.

— Que t'arrive-t-il Julius ? reprend Caelus. Je te croyais à l'entraînement pour briller aux prochains jeux d'automne.

Malgré sa force, sa détermination dans l'arène, Julius n'a aucune assurance face à Caelus devant qui ses colères tournent toujours très court. Il a longtemps vénéré celui qui l'a soustrait aux difficiles travaux des champs pour l'inscrire dans sa grande école de gladiateurs. Puis, à mesure que sa réputation a grandi, Caelus a su lui permettre de s'enrichir et de vivre très librement. En contrepartie, le maître lui demande de ne jamais le trahir. Caelus est au courant de son aventure avec Alexia, et laisse faire. Pendant que le champion est amoureux de cette femme inconséquente qu'il n'invite jamais à ses banquets, il se tient à l'écart de rencontres plus gênantes pour lui.

Soucieux de ne pas perdre la face devant l'officier venu de Rome, Julius s'apprête à répondre, mais Caelus tend la main pour lui imposer le silence, et précise :

— Sais-tu que c'est très grave de porter un tel habit ?

— Désormais, je porterai la toge des aristocrates car j'en suis un. Je suis devenu esclave après le grand tremblement de terre parce que ma famille a été décimée. Mon métier de gladiateur est indigne de ma naissance et je n'irai plus dans l'arène. Je voulais t'en avertir.

Caelus éclate d'un grand rire un peu forcé.

— C'est Alexia qui t'a mis ça dans la tête ? s'écrie-t-il en prenant son fils à témoin. Julius, retourne à l'entraînement ! Après ta victoire aux jeux d'automne, je te promets que tu seras affranchi.

— Je ne veux pas être affranchi, ce serait reconnaître mon état d'esclave. Je suis Julius Pansa, le fils de Marcus Flavius Pansa.

— Écoute, Marcus s'est persuadé que ses enfants étaient vivants, alors il a cherché trois jeunes gens qui correspondaient à peu près à eux, mais il n'en est rien. Les enfants de Marcus sont morts, hélas, tous les trois après le grand tremblement de terre. J'ai connu ta mère et ton père. Je t'ai acheté et je me suis rendu compte que tu avais l'étoffe d'un grand champion. Sans moi, tu ne serais rien.

Caelus a réussi à jeter le trouble dans son esprit. Marcus se serait-il fourvoyé ? Sa célébrité fait de Julius le centre de nombreux ragots. Combien de femmes l'ont approché en affirmant qu'il était leur fils perdu ou volé dans le chaos qui a succédé au désastre ? Et ce Grec qui l'assurait être son frère rejeté avec lui sur une plage après le naufrage de leur bateau ? Au début, il s'est laissé abuser, puis il a compris que les importuns cherchent surtout à profiter de sa célébrité et de sa fortune. Pourtant, Marcus semble différent. La famille Pansa a certes disparu, mais elle est toujours présente dans la mémoire des vieux Pompéiens.

— Va t'entraîner, c'est plus important que toutes ces fadaises, ordonne Caelus, satisfait de voir que ses propos ont porté leurs fruits. Je sais que tu veux prendre ta retraite et t'installer dans une belle villa avec Alexia. Tu seras libre de le faire et je t'aiderai dans les affaires, mais tu devras former mes gladiateurs dans mon école. Ce sera tout ce que je te demanderai pour que ton grand savoir ne soit pas perdu.

Sans rien ajouter, Julius s'éloigne. Caelus lui crie :

— Et tu seras libre, tu entends, un citoyen romain libre.

Caelus a tout prévu : Julius ne survivra pas aux prochains jeux et ses ruades ne l'inquiètent pas. Ce n'est pas la première fois que le gladiateur vient se plaindre et qu'il repart ainsi, avec des promesses qui ne seront pas tenues.

Mais la décision du gladiateur est prise : il ne participera pas aux jeux d'automne. Son esprit est beaucoup trop troublé pour avoir la lucidité permettant d'anticiper les coups de l'adversaire. Les jeux d'automne sont les plus importants de l'année ; les meilleurs gladiateurs y seront et Julius ne se sent plus à la hauteur.

Il traverse le jardin et sort dans la rue, faisant signe de le suivre à la dizaine de gardes qui le protègent et tiennent les admirateurs à distance.

POMPÉI, LE 24 OCTOBRE, 11 H 20

2 heures et 1 minute avant l'éruption

Une nouvelle explosion, sourde, mais si puissante que le choc s'en ressent dans l'estomac, les tripes, et tout le corps. Ceux qui ont décidé de fuir se hâtent de charger leurs bagages sur des charrettes, ou endossent un coffre qui contient l'essentiel de leurs économies, certains de revenir.

Les portes de la ville sont prises d'assaut, des rixes éclatent autour des passages bloqués.

Et puis, il y a ceux qui restent, car fuir, c'est faire offense aux dieux, refuser d'assister au grand sacrifice de l'après-midi et aggraver leur colère. Des milices se forment spontanément, brisent les roues des charrettes à bras, défoncent les coffres à coups de masse.

Sur le forum, les gens se rassemblent autour du grand prêtre de Jupiter, un homme de haute taille à l'allure austère. Ils sont très vite une centaine, d'autres arrivent des rues voisines. Il tend les mains vers les visages anxieux tournés vers lui.

— Tout le monde se souvient de ce qui s'est passé lors du grand tremblement de terre, prêche Salinius, le serviteur de Jupiter, descendant d'une des familles les plus respectées de Pompéi. Le dieu suprême qui aime notre ville nous met en garde contre notre égoïsme. Nous avons la plus belle ville du monde et nous oublions de le remercier. Ceux qui fuient accroissent sa colère. Il est encore temps d'obtenir sa clémence.

« Jupiter me parle, vous le savez, et j'ai ainsi pu aider beaucoup d'entre vous. Nous allons nous assembler en une grande procession qui précédera le sacrifice. Chacun y participera selon ses moyens. Aux trois taureaux de Caelus, nous ajouterons deux chèvres de Jucondus, des moutons de Pirus. Cela devrait le convaincre d'être clément. Les prêtresses d'Apollon se joindront à nous. Nous commencerons à seize heures précises.

Les paroles de Salinius, très respecté, rassurent et incitent beaucoup de Pompéiens à renoncer à fuir. Redoutant malgré tout un nouveau grand tremblement de terre, ils calfeutrent leurs portes, déplacent les meubles pour éviter qu'ils ne soient détruits par la chute d'une cloison, placent des étais pour retenir les charpentes. Le travail, un moment interrompu, reprend dans les ateliers. Omarus pense à nouveau qu'il a eu tort de ne pas affronter la mer pour aller chercher son cuir, et s'active à préparer ses commandes avec le peu de matériaux qui lui reste. Dans les villas, les céramistes ajustent les petits carrés de couleur sur les sols, les boulangers travaillent à fournir du pain pour la soirée de fête. Les tavernes se préparent à faire face à une affluence tardive ; les prostituées choisissent leurs vêtements et se parfument. Comme les denrées vont manquer, les autorités municipales prennent un arrêté par lequel les marchands, et seulement eux, peuvent entrer dans la ville avec leurs chariots de légumes, de poissons et de viandes.

*

De retour chez lui, Julius demande qu'on prépare Timus, son meilleur cheval. Il ne va pas tenter l'échec et la mort honteuse sur la piste où il a connu tant de succès. Les dieux lui soufflent de se mettre en retrait. Un serviteur entre précipitamment dans la pièce.

— Impossible de harnacher Timus. Il est comme fou ! D'ailleurs tous les chevaux sont très énervés. Ils se jettent contre les murs, se mordent et se blessent ! On ne peut pas les calmer.

Inquiet, il se rend à l'écurie. Les animaux en folie frappent les cloisons à grands coups de sabots, se cabrent, hennissent en montrant leurs dents. La bave coule de leurs babines. Julius ouvre la porte de Timus, un magnifique étalon noir d'une dizaine d'années. La bête renverse les deux hommes qui cherchent à la retenir et bondit à l'extérieur en poussant des hennissements stridents.

— Il n'y a que celui-là qui ne bouge pas trop ! dit un garçon d'écurie en montrant un très vieil animal au dos cassé.

Julius ne prend pas le temps de tergiverser, et donne l'ordre de harnacher le canasson. Il doit rejoindre Alexia. Et ce n'est plus un esclave qui va lui rendre visite, mais le fils de Marcus Flavius Pansa. Plus rien ne s'oppose à leur union.

Quand il monte sur le dos de la bête, elle s'affaisse, puis se redresse et s'élance dans la rue, avec une vigueur qu'on ne lui aurait pas prêtée. Elle court d'une manière désordonnée, renverse un vieil homme. Julius tire sur les rênes, mais ne peut arrêter sa monture prise de panique. Il dépasse des groupes de fugitifs qui se dirigent vers Herculanum en suivant la voie empierrée au bord de la mer. Soudain, le cheval se cabre, jetant au sol son cavalier qui tombe sur les rochers, et s'enfuit. Le grand Julius se relève vivement, et se met à courir entre les charrettes à bras et les hommes portant des coffres sur le dos, les femmes retenant leurs enfants.

POMPÉI, LE 24 OCTOBRE, MIDI

1 heure et 21 minutes avant l'éruption

Les explosions se sont succédé toute la matinée, mais depuis un moment, plus le moindre craquement, plus la moindre vibration du sol, un calme magnifique s'est installé. Le soleil brille sans cette couleur rougeâtre qu'il avait depuis quelque temps. On veut croire que la journée sera superbe. Après le sacrifice, les Pompéiens iront dans les tavernes, organiseront des banquets puisque ici tout se termine toujours par la fête.

Dans sa maison de campagne, Rectina pense à Marcus. Elle doute qu'il retrouve ses enfants : s'ils étaient vivants, cela se saurait. Pompéi est un gros village. Les familles patriciennes se comptent sur les doigts des deux mains. Les autres ne sont que des artisans, des affranchis et une multitude d'esclaves qui vont et viennent. Si les enfants de Marcus avaient survécu, quelqu'un les aurait recueillis. Cela, Rectina en est certaine, mais elle ne veut pas, par une telle affirmation, pousser Marcus à partir de nouveau. Elle fera tout pour le garder. Certes, elle n'est plus toute jeune et ne peut espérer avoir un enfant. Le docteur Pirus Macena lui a dit que son ventre était trop froid pour permettre la conception. Après son mariage avec

Cacicundus, Rectina a pensé adopter un enfant, prendre un de ces nourrissons que l'on trouve abandonnés dans la rue ou sur les marches d'un temple, fils d'esclave ou de pauvre fille obligée de se prostituer, un enfant de personne placé là par Isis pour elle, pour qu'elle en fasse un héritier digne de sa prestigieuse famille. Puis elle a renoncé parce que Salinius, le grand prêtre, lui a dit que Jupiter n'était pas d'accord.

Pour l'instant, elle tance ses serviteurs qui ne se hâtent pas suffisamment. Elle doit visiter sa propriété avec ses intendants avant le retour de Marcus. Ses femmes l'ont fardée et coiffée, la voilà vêtue d'une longue robe blanche avec des pierreries sur la poitrine.

— La voiture est-elle enfin prête ? s'impatiente-t-elle. Je suis pressée.

D'un naturel peu bavard, ne se laissant jamais influencer par les événements, Poletix arrive en courant, le visage contracté, l'air épouvanté.

— C'est la première fois que je vois cela ! annonce-t-il d'une voix tremblante. Les chevaux d'ordinaire si doux sont devenus fous et impossibles à maîtriser. Plusieurs hommes ont été nécessaires pour en atteler deux à la voiture, mais ils ont réussi à s'échapper, entraînant derrière eux la voiture, qui s'est disloquée contre un mur. Deux autres chevaux ont brisé la porte de leur stalle et se sont enfuis en poussant des hennissements terrifiés. Je ne comprends pas !

— Les chevaux sont terrorisés par les explosions, c'est tout.

— Non, maîtresse, je connais ces animaux. Ils sont toujours restés calmes quand la terre gronde lors des tremblements de terre. Je te le dis : il se passe autre chose, quelque chose de très grave !

— Bon, concède Rectina, tu vas envoyer un émissaire à Marcus pour lui dire que j'annule ma tournée dans les fermes et que je l'attends dans l'après-midi.

Songeuse, Rectina regarde son esclave s'éloigner. Elle a remarqué sa froideur, son manque d'empressement depuis le retour de Marcus. Il est sûrement jaloux, sentiment inacceptable pour un esclave. Elle saura le lui rappeler au moment opportun.

⋆

Massimus rejoint Marcus. À son attitude préoccupée, Marcus se doute qu'il ne lui apporte pas de bonnes nouvelles.

— Il faut que je te parle de Stephanus, commence l'affranchi. Il ne va pas bien. Son corps est déformé. Je doute…

— De quoi doutes-tu ?

— Qu'il soit le fils que tu cherches. Cellia n'est peut-être pas sa jumelle.

— Ne trouves-tu pas qu'ils se ressemblent ? Et puis, j'ai reconnu sur son visage les traits de mon épouse.

— Pardonne-moi, maître, de te faire de la peine, mais tu les as regardés avec les yeux de l'envie. Je constate qu'en effet ils se ressemblent un peu, mais rien ne prouve qu'ils sont frère et sœur. Ici, à Pompéi, les gens se ressemblent parce qu'ils sont tous plus ou moins cousins. Et puis je doute de Paoelus. Il dirait n'importe quoi pour avoir du vin !

— Je ne te crois pas. Paoelus semble sincère !

Massimus baisse les bras et parcourt du regard la longue rue de l'Abondance avec ses boutiques ouvertes, ses petits artisans qui travaillent sur leur établi, avec les ouvriers qui continuent de creuser autour des canalisations. Devant son établi, Omarus le cordonnier chante et les gens ralentissent le pas pour l'écouter.

— Mais pourquoi doutes-tu ? demande Marcus.

— Martha m'avait parlé d'une femme qui se dit être la mère de Stephanus.

Marcus pousse un profond soupir. Massimus a peut-être raison, mais il ne veut pas risquer de se tromper et s'occupera de Stephanus, qu'il soit ou non son fils.

— Tu trouveras toujours quelqu'un pour te raconter n'importe quoi quand il y va de son intérêt.

— Depuis que tu lui as parlé, Julius refuse de combattre dans l'arène, poursuit Massimus, gêné de s'adresser ainsi à son ancien maître. Il a menacé Caelus et se targue de porter la toge des patriciens. Tu mesures l'importance de tes propos à deux jours des jeux d'automne ?

Après un instant de silence, Massimus rassemble son courage et déclare enfin :

— Je veux t'avertir. Je vais te quitter.

Marcus sursaute, puis retrouve son calme habituel.

— Tu es libre, Massimus, je suis ton ami et je te regretterai.

— Tu sais qu'on fait porter la responsabilité de ce qui se passe aux chrétiens… Je dois rejoindre mes frères.

— Je ne t'ai jamais interdit de prier ton Dieu !

— Les rafles vont s'intensifier. Je me dois d'être avec ceux qu'on persécute.

Marcus reste un long moment pensif, puis il dresse la tête vers Massimus, tellement plus grand que lui.

— Tu veux te laisser capturer et torturer ? Mais tu as complètement perdu la raison !

— Mon Dieu me le demande et je dois lui obéir.

— Je ne te comprendrai jamais. Toi, si sensé, comment peux-tu être du côté de ces fous qui ne croient qu'en un seul

Dieu, comme s'il n'y avait dans le monde que la terre sans la mer, sans le soleil et les étoiles, sans la lune, sans le feu...

— Mon Dieu est le créateur de toutes choses...

— On a Jupiter, alors pourquoi aller chercher plus loin ?

— Parce que mon Dieu n'est pas semblable à un homme, c'est la force suprême, origine et aboutissement de tout, de la mer, de la terre, du feu. Mais c'est aussi celui qui nous rend heureux quand on écoute les paroles d'amour de Jésus.

— Ce fou ? Non, Massimus, sache que cela ne me plaît pas que tu ailles rejoindre ces illuminés qui acceptent de mourir en chantant. Tu mérites mieux, mon ami !

— Maître, j'espère que tu changeras d'avis !

Massimus tourne les talons. Marcus le rattrape.

— Dis-moi au moins où tu vas ! Je veux pouvoir te venir en aide en cas de besoin.

— Dans les écuries de Mallinus Barrinus où mes frères sont entassés depuis qu'ils ont été déclarés hors la loi et dangereux pour la société. Ils vont être mis à mort, certains dans le cirque, d'autres seront attelés aux charrues comme les plus viles des esclaves. Beaucoup seront tués à coups de lance puis jetés dans le Sarno !

Marcus pose sa main sur l'épaule de Massimus et se fait insistant :

— Je devrais te faire enfermer pour t'empêcher de mourir d'une manière aussi indigne. Mais je respecte ton choix. As-tu seulement pensé à ton fils ?

— Je ne pense qu'à lui, affirme Massimus. C'est pour le convaincre que je veux mourir en martyr.

Les deux hommes s'étreignent puis Massimus s'éloigne sans rien ajouter, la tête basse pour ne pas montrer ses yeux mouillés.

*

À Herculanum, l'entrée n'est pas gardée. Julius franchit de son pas puissant la porte de la ville et arrive à la villa de sa maîtresse. Il traverse la cour, puis le jardin, pénètre dans l'atrium. Personne. Alexia est dans son appartement, allongée sur un lit près d'une petite table couverte de coupes de fruits et de victuailles. Elle lui lance un regard anxieux. Il se précipite vers elle et la prend dans ses bras.

— J'ai peur, dit-elle d'une voix tremblante. Que se passe-t-il ? Que fais-tu là alors que tu devrais être à l'entraînement ?

— Je dois t'annoncer quelque chose et je voulais être près de toi.

L'angoisse se lit sur le visage blême de la femme, qui se blottit contre lui.

— Ces grondements incessants… Mais qu'est-ce que ça veut dire ?

— Je t'en prie, reprends ton calme. Ce n'est pas la première fois que le sol gronde. Cela dure quelques jours, et puis tout redevient normal !

Il la serre contre lui. Entre ces bras puissants, Alexia se sent rassurée. Julius n'est-il pas l'égal des dieux ?

— As-tu connu Marcus Flavius Pansa ? demande-t-il tout à coup.

— Pourquoi cette question ? Bien sûr que je connais Marcus… J'avais seize ans quand est survenu le grand tremblement de terre. On a dit que sa femme, ses enfants et toute sa famille ont été tués. Alors, il a vendu tous ses biens et s'est enfui, à Rome, d'où il est revenu voilà trois jours. Mais pourquoi me poses-tu une telle question ?

— Sa famille était patricienne, n'est-ce pas ?

— Oui, bien sûr. Mais pourquoi tu me parles de ça ? insiste-t-elle en s'écartant de lui.

— On dit que Caelus est son affranchi et…

— Là, tu vas trop loin, l'interrompt Alexia. Les gens de Pompéi sont réputés pour colporter les pires ragots. Ce bruit a couru, mais on l'a vite oublié, et puis cela ne m'intéresse pas ! Caelus n'est pas mon ami, je ne veux rien savoir de lui ! Je n'oublierai pas cette affaire dans laquelle il m'avait doublée, escroquant mon client et ami. Ce n'est pas pardonnable.

— Les trois enfants de Marcus auraient survécu au tremblement de terre. L'aîné, un Julius, aurait été blessé par la chute d'une pierre, ajoute le gladiateur en montrant sa cicatrice, puis réduit en esclavage.

— Qu'est-ce que tu racontes ? demande Alexia, étonnée.

— Je suis son fils. Marcus est revenu de Rome parce qu'une voyante lui a dit que ses enfants étaient vivants.

— Il est surtout revenu pour retrouver Rectina. Je me souviens qu'on avait beaucoup parlé d'eux quand la famille de Rectina l'avait obligée à épouser Cacicundus, lui s'est marié tout de suite après, sûrement par dépit.

— Je suis son fils, il me l'a dit lui-même ! Caelus a fait de moi un gladiateur et c'est révoltant !

— Qu'est-ce qui te permet d'affirmer ça avec autant de conviction ?

— Marcus me l'a dit !

— Et qu'en sait-il ?

— Paoelus le lui a dit et je le crois !

— Paoelus ? Cet ivrogne ? Surtout ne lui accorde aucune confiance !

Julius est vexé. Alexia n'est-elle pas en train de lui faire comprendre qu'il ne sera jamais de son monde, qu'il est né esclave et le restera ? Entre eux ne sera possible que cet amour buissonnier, sans jamais espérer se montrer dans la société patricienne parce qu'il en est indigne.

— Et puis Apollon, mon protecteur, me souffle que c'est vrai !

Toute peur oubliée, Alexia éclate d'un grand rire incrédule. Les muscles du visage de Julius se contractent.

— Arrête de dire n'importe quoi ! réplique-t-elle. Je t'aime comme tu es. Tu te dis descendant d'une des plus grandes familles de Pompéi, je veux bien te croire, mais il faut le prouver. Or le descendant d'une grande famille ne recule pas devant le danger ! Alors, retourne t'entraîner !

Julius est contrarié par la réaction de sa maîtresse. Ce demi-dieu ne supporte pas qu'on remette en cause ses décisions.

— Si tu es un patricien, tu dois le prouver, assène-t-elle. Ensuite seulement j'accepterai de t'épouser. Ta richesse m'indiffère, tu dois être à la hauteur de ton rang. Je sais que tu n'as plus la tête à combattre, pourtant il le faut, pour prouver à ceux qui t'adulent que tu es digne de leur admiration. Retourne à l'entraînement. Je te ferme ma porte jusqu'à ce que tu sois vainqueur des jeux d'automne. Quand je pense que tu t'es promené dans les rues de Pompéi en portant la toge des patriciens. Tu es ridicule, tu comprends, ça ?

Le grand Julius s'éloigne, vaincu, déconfit. Il traverse le jardin la tête basse, espérant qu'Alexia va très vite le rappeler. Le soleil est chaud, la nature radieuse, immobile comme en plein mois d'août lorsque la chaleur endort collines et animaux. Alexia ne reviendra pas sur sa décision et il n'a pas la tête au combat ; il va devoir s'entraîner pour combler son retard, mais en aura-t-il le temps ? Combien de grands gladiateurs ont ainsi succombé sous les cris haineux de la foule ? Profondément meurtri, il n'a d'autre solution que de retourner à Pompéi. Il marche lentement vers la porte de la villa en espérant toujours qu'Alexia va le rappeler. Puis il se résigne. Le grand Julius a encore l'après-midi et la journée de demain pour rattraper son retard.

— Je serai vainqueur ou mort ! décide-t-il en se mettant à courir.

POMPÉI, LE 24 OCTOBRE, 12 H 45

36 minutes avant l'éruption

Cellia évite les attroupements. Son attitude, sa manière de regarder autour d'elle trahit sa peur d'animal traqué. La haine l'habite. Le Dieu d'amour des chrétiens dont elle se dit la disciple peut-il comprendre sa souffrance lorsque Claudius s'enfermait avec elle dans l'entrepôt des sacs de farine ? Doit-elle pardonner la douleur infligée ?

Elle avance vite, la tête baissée, redoutant d'être interpellée et de perdre du temps. La pensée qu'elle est la fille de Marcus Flavius Pansa la laisse indifférente, elle regrette seulement de ne pas avoir profité de l'occasion pour réclamer des vêtements neufs. Rien n'est plus visible et honteux que la misère à Pompéi.

Elle imagine Claudius et sa femme dans la pièce qu'ils se sont réservée, près de la boulangerie, en train de manger. Ils pensent aux fournées de l'après-midi, aux commandes pour les banquets de la soirée, Paula compte mentalement les sesterces que ce surcroît de travail va lui rapporter. Pendant ce temps, Leonardus, l'esclave de confiance, dirige le travail. Les pâtissiers fabriquent des galettes aux fruits et au miel. Le bruit des meules que des esclaves actionnent se mêle au ronflement du feu dans les fours. L'un d'eux a été endommagé par les récentes secousses. Des maçons s'affairent à le réparer au plus vite, car il manque à la production.

Le démon des chrétiens est de son côté, Cellia a plus d'attirance pour le mal que pour la compassion. Elle passe devant la boutique de Malinus, le boucher, où beaucoup de gens se pressent. On trouve chez lui des mets rares dont raffolent les riches patriciens, de la langue de paon, des hures de sanglier, des viandes provenant d'Afrique, cou de girafe, têtes de gazelles, viande d'éléphant et de rhinocéros, cervelles de chimpanzés présentées sous des cloches en verre pour les protéger des mouches. Plusieurs esclaves s'affairent à découper les morceaux que leur réclament les clients pour les banquets prévus après le sacrifice. À la caisse, à droite, Felina, la femme de Malinus, pèse la viande avec une balance romaine et calcule le prix. Cellia connaît bien cet endroit où elle est venue plusieurs fois chercher une commande. Quand il était de bonne humeur et content d'elle, Claudius l'envoyait ainsi en promenade.

Elle s'arrête, remonte la capuche sur sa tête pour masquer son visage, attendant le moment opportun. Personne ne la remarque ; la jeune femme s'approche. L'esclave qui découpe la viande se rend vers l'arrière de la boutique chercher un demi-mouton. D'un geste prompt, Cellia saisit le couteau et le cache dans sa manche. Personne ne l'a vue. Elle s'éloigne lentement, sans montrer la moindre fébrilité.

Arrivée à la boulangerie, elle se faufile dans le couloir qui conduit à la salle des sacs où elle a souvent dû subir les assauts de Claudius.

— Mais qu'est-ce que tu fais là ?

C'est lui, le boulanger, avec sa lèvre inférieure retournée, ses gros yeux ternes.

— Dis que tu t'ennuyais sans nous ! fait Claudius en souriant.

— C'est ça, je m'ennuyais…

Elle serre le manche de son couteau toujours dissimulé.

— Me raconte pas de blagues ! Tu ne vas pas me dire que Caelus t'a affranchie ! Les affranchis ne reviennent jamais là où ils ont été esclaves !

La haine l'aveugle. Elle sort vivement l'arme, frappe, mais le boulanger esquive le coup et le couteau tombe au sol. Cellia s'enfuit à toutes jambes et se mêle aux gens attroupés dans la rue.

Tous les regards sont tournés vers le Vesuvius, tout à coup couvert d'un énorme nuage noir qui dévale les pentes en direction de Pompéi.

⋆

Lucius Jucondus, le banquier, a terminé le classement de ses documents. Il ne partira pas puisque sa notoriété l'oblige à participer au sacrifice. Ce soir, il donnera même un banquet en l'honneur de Salinius, le grand prêtre de Jupiter. Il est en froid avec Caelus, mais sa présence est indispensable pour des affaires où leur collaboration permet à l'un et à l'autre de gagner beaucoup d'argent. Vecilius Verecundus a finalement renoncé à quitter la ville et sera là avec sa maîtresse. La décision du sacrifice a été prise dans l'urgence et beaucoup de Pompéiens manqueront. Organiser sur le pouce un banquet digne de la réputation de Jucondus demande de la rigueur et il ne cesse de rabrouer les esclaves et son intendant pour que tout soit prêt, mais il manque du poisson, de la viande, la fournée de pain commandée ne sera pas cuite avant cinq heures ce soir et, puisque les animaux sont frappés de folie, il a fallu envoyer des esclaves avec des charrettes à bras chercher du vin dans sa ferme du Vesuvius.

Après avoir mangé, il décide d'aller faire une brève promenade dans son jardin. Le temps est superbe. Maintenant que les dieux sont satisfaits, Lucius peut de nouveau penser à ses affaires. Il s'assied sur un banc rembourré et regarde les feuilles mortes tournoyer dans l'air avant de se poser dans l'allée.

★

De son côté, Aulus est désespéré. La chute d'une cloison a endommagé une étagère avec de nombreux rouleaux très précieux. Il redoute le pire et tourne en rond dans sa villa, ne sachant quel dieu prier pour conserver son inestimable trésor. Puis il prend une décision et demande à ses esclaves de venir l'aider à entasser les manuscrits dans différentes caisses.

— On va les emporter chez Clopurnius à Herculanum. Il a fait aménager une pièce si solide qu'aucun tremblement de terre ne peut la détruire. Vous placerez les coffres sur une chaise que vous porterez comme si c'était moi.

★

Installé devant la baie de son immense salle à manger, le préfet, Carolus Holconius, profite de l'étrange paix qui règne sur la ville et les collines voisines après les terribles explosions de la matinée. Sa villa est située près de la porte de Nole, entourée par un très grand jardin planté d'espèces rares dont l'odeur sirupeuse enchante aussi bien au printemps qu'en automne. Protégée des vents du nord, il y fait toujours bon, même au cœur de l'hiver. Cet ancien centurion aime se laisser aller aux plaisirs de la bonne chère. Il mange beaucoup, surtout des viandes avec une abondance de garum, et la marche à laquelle il s'astreint tous les jours ne suffit plus à faire fondre son excès de poids. C'est aussi un lettré, un grand admirateur de la Grèce et de ses poètes. Venu de Rome, nommé par Néron, il y a une vingtaine d'années, il envisage de terminer ses jours dans la villa qu'il a fait construire et décorer selon ses goûts éclairés. Il a demandé, compte tenu de son âge, à l'empereur Vespasien de le libérer de ses fonctions pour vivre les quelques bonnes années qui lui restent dans l'insouciance et surtout sans le tracas constant des querelles entre ces infects affranchis enrichis. L'empereur a refusé.

À Pompéi, les nouveaux riches n'aiment pas les chrétiens, qu'ils accusent de vouloir détruire la société marchande grâce à laquelle ils ont bâti leur domination. Pour leur plaire, Carolus les fait arrêter, mais il n'y met pas beaucoup de zèle. Une rafle a permis d'en emprisonner une trentaine dont il ne sait que faire. Oui, en regardant la sérénité des collines et la beauté de cette ville, il doute soudain.

C'est un homme décidé qui n'agit que lorsqu'il est certain de réussir. Dans sa jeunesse, il a commandé une légion et s'est illustré en Germanie contre les hordes de Goths. Tout le monde reconnaît la vaillance de ce soldat taillé comme un lutteur d'arène, au visage carré, au regard franc. Il n'aime pas la souffrance pour la souffrance, c'est d'ailleurs ce qui l'oppose fréquemment à Caelus. Il est sensible au courage de ces hommes qui meurent les mains jointes en chantant. Ils n'ont aucun regard haineux pour leurs bourreaux. Le préfet n'a pas oublié la voix claire et calme de cette jeune femme qui s'apprêtait à mourir sous le glaive dressé d'un bourreau : « Je ne suis pas à plaindre, c'est toi qui as besoin de mes prières ! » Cette voix, il l'entend toutes les nuits, quand il s'allonge sur sa couche. Il sait que les chrétiens ne veulent pas changer le monde pour le dominer, mais pour que tous les hommes soient heureux, et ça le contrarie de les considérer comme des ennemis.

Il a été le préfet qui a de nouveau autorisé les jeux de l'arène. Pompéi en avait été privée après une rixe qui avait opposé quelques années plus tôt les Pompéiens et les habitants de Nocera. Cela s'était terminé par plusieurs morts et d'importants dégâts. Depuis, Carolus est adulé, tant les Pompéiens aiment les joutes entre gladiateurs.

Le préfet réfléchit. Le grand sacrifice prévu cet après-midi est destiné à rassurer, mais Carolus sait que cela ne changera rien. Il se réjouit pourtant du banquet de Jucondus : cela lui permettra d'échanger avec Aulus, le collectionneur de papyrus, et de passer une soirée agréable avec cet érudit au milieu de convives grossiers et ignorants.

Il fait appeler Vernillous, son homme de confiance. Cela s'est imposé à lui, comme un brutal éclair en pleine nuit.

— Tu vas t'arranger pour que les chrétiens qu'on retient depuis plusieurs jours s'échappent discrètement.

— Tu n'y penses pas ! s'insurge Vernillous. Tu veux une révolte ? Je t'en conjure, ce n'est pas le moment, avec la panique de la population qui redoute un nouveau tremblement de terre important !

— Crois-tu vraiment que le sacrifice de ces gens qui ne gênent personne va empêcher la terre de bouger ?

— Les Pompéiens le croient, cela doit suffire à guider tes choix !

— Les tremblements de terre pourraient avoir endommagé les murs de l'entrepôt où on les retient prisonniers et ils pourraient en avoir profité pour s'échapper, poursuit Carolus, imperturbable. Donc, fais ce que je te dis ! conclut-il fermement, étonné que cette décision spontanée lui fasse tant de bien, alors même qu'il désobéit à l'empereur.

★

Caelus est contrarié. Ptolémée vient de lui annoncer son intention de rendre visite à Polinus Bercerus, son ami d'enfance qui réside à Murecine, à deux lieues de Pompéi.

— Comprends-moi, père, le banquet de ce soir va être d'un ennui mortel. Tu sais comme Salinius est grossier quand il a bu un peu de vin. Sans parler du banquier Jucondus qui, sorti de ses chiffres, est incapable d'aligner deux mots…

— Je sais Ptolémée, et je t'envie, mais je suis obligé de paraître à ce banquet pour ne pas laisser à mes concurrents l'occasion de me passer devant ! Tous sont désormais au courant de ton arrivée. Ton absence va être remarquée…

— Je ne veux pas te nuire, père, mais…

— Va, mon fils ! Je ferai seul bonne figure à ces gens que je déteste… En attendant, je vais retourner au forum, conclut Caelus avec un petit sourire.

Ptolémée s'éloigne. Le ciel est d'une belle pureté. Sur les murs de la basilique, de jeunes garçons sont en train de graver le nom de son père. Amusé, il constate que, comme les graffitis électoraux sont très nombreux, Caelus leur a demandé d'entourer les siens d'un trait de peinture rouge pour qu'ils soient plus visibles.

★

Marcus rend visite à Stephanus. Les esclaves l'ont lavé et vêtu de bons vêtements. L'aspect de son fils en est changé, mais il conserve cette silhouette de vieillard chauve et l'attitude soumise de l'esclave qui baisse le regard quand on lui parle.

— Alors, Stephanus, comment te sens-tu maintenant ?

Le garçon, qui a toujours du mal à se tenir debout, lui lance un regard timide.

— Ça va, maître. Merci de tes bontés !

— Je ne suis pas ton maître, je suis ton père, tu entends, fait Marcus en élevant la voix. Tu es un Pansa, une grande famille de Pompéi.

— Oui, murmure le jeune homme pour qui ces mots ne veulent pas dire grand-chose.

On annonce le docteur Pirus Macena. Camarade de jeunesse de Marcus, ce dernier lui a demandé de venir examiner Stephanus si mal en point. Le petit homme, qui ne porte pas la toge mais une chemise et une sorte de pantalon court laissant voir ses mollets, s'avance vers eux.

— Rectina m'a parlé des raisons de ton retour, dit le médecin pour rappeler son amitié avec la grande dame.

— Je viens de retrouver ce jeune homme qui pourrait être mon fils disparu pendant le grand tremblement de terre, répond Marcus. Stephanus a été réduit en esclavage et a dû piétiner le linge pendant des années. Il est si maigre…

— Je vais l'examiner, Marcus, mais si son corps est trop déformé ce sera bien difficile de le redresser.

Tout en parlant, ils s'approchent de Stephanus. D'un seul regard, le médecin comprend combien la tâche sera difficile.

— Il faut d'abord le nourrir correctement, avec de la viande de sanglier qui confère force et résistance, et du bon vin de nos coteaux du Vesuvius, qui sont réputés pour guérir les maux osseux. Je vais t'écrire un régime que tu lui feras suivre pendant une dizaine de jours. Ensuite, quand il aura retrouvé des forces, que les abcès de ses jambes seront guéris, on fabriquera des attelles pour redresser son dos et ses jambes. Ce ne sera pas très agréable pour lui, mais c'est la seule manière d'y parvenir.

Alors que le médecin s'éloigne sur la promesse de revenir deux jours plus tard, Marcus donne des ordres pour que l'on prépare les repas prescrits par le médecin et que l'on force le jeune garçon à manger, même s'il manque d'appétit.

Marcus traverse le jardin pour gagner les écuries et rejoindre Rectina, quand un sifflement attire son attention. Croyant d'abord au chant d'une mésange, il s'arrête et se dirige vers le bruit.

— As-tu entendu l'oiseau qui chante ? demande-t-il à un esclave.

— En effet, maître ! Serait-ce que les animaux reviennent ? Ce serait une très bonne nouvelle.

Mais au milieu de l'allée, par une fente ouverte entre les dalles, un jet de vapeur d'eau s'échappe en émettant ce sifflement modulé comme le chant d'un passereau.

— Étonnant, constate Marcus sans s'arrêter, pressé de retrouver Rectina.

Il pense à Julius si beau et si fort. « Je dois le laisser participer aux jeux d'automne, ensuite, je reviendrai vers lui. », songe-t-il. Puis l'image chancelante de Stephanus s'impose à son esprit. Est-il son fils ? Ce serait tellement plus facile de le ramener à sa cuve et de chercher quelqu'un de plus présentable. Mais ce serait aussi d'une lâcheté extrême.

5 minutes avant l'éruption

Un homme est venu ouvrir la porte de l'entrepôt où sont enfermés les chrétiens, puis il s'est éloigné sans un mot. Cela veut-il dire que les prisonniers sont libres ? Ils s'approchent à pas prudents de l'ouverture, redoutant un piège, la franchissent et s'engagent avec précaution dans la rue. Personne ne les arrête. Constatant l'absence de gardes, ils s'éparpillent dans la foule, en se demandant pourquoi on les a libérés. Parmi eux, Paoelus comprend que cette opportunité inespérée doit être utilisée pour aller au bout de sa mission. Il marche d'un pas décidé vers le forum.

Une foule épaisse y profite du calme revenu. Sur la terrasse devant le temple, les aides de Salinius préparent le sacrifice. Le plus difficile sera d'amener les taureaux.

Paoelus s'approche du grand prêtre de Jupiter qui surveille les préparatifs.

— Paoelus, quel plaisir de te voir ! s'exclame Salinius.

Paoelus joint les mains à la manière des chrétiens. Ce n'est plus le serviteur ivrogne de Caelus, c'est un homme déterminé qui a retrouvé sa dignité.

— Oui, me voilà, Salinius, répond-il. Je suis là pour te dire à toi et à tous les Pompéiens ici présents que le grand sacrifice à Jupiter ne servira à rien. La terre tremblera si elle doit trembler !

D'autres chrétiens ont suivi Paoelus et l'entourent en joignant les mains sous le regard perçant de Caelus.

— Que veux-tu dire, Paoelus ? l'interroge le prêtre. Que Jupiter ne nous écoutera pas ?

— Il n'y a qu'un Dieu, Salinius, celui des chrétiens. Et ce Dieu aime tous les hommes quels qu'ils soient, toi, moi, Caelus, les Gaulois, les Goths, tous les hommes, même ceux qui ne le vénèrent pas.

— Mais qu'est-ce que tu fais là, Paoelus ? demande Caelus, menaçant.

— La porte qui nous retenait prisonniers, mes frères et moi, s'est ouverte, comme par miracle !

— Vous entendez ? s'écrie Caelus en se tournant vers les curieux rassemblés derrière lui. Croyez-vous que c'est le moment de blasphémer tout près du temple de Jupiter ?

— Je ne blasphème pas, répond fermement Paoelus, je parle au nom de Jésus, le ressuscité.

— Voilà qu'il a perdu la raison ! poursuit Caelus, puis se tournant vers ses gardes, il ordonne : Arrêtez ce fou dangereux !

— Attendez ! dit Salinius en se plaçant devant Paoelus.

Salinius est un homme prudent. Ce n'est pas par hasard s'il est resté à la place fort enviée de grand prêtre de Jupiter avec tous les avantages que la position comporte, tant en offrandes qu'en passe-droits. Sa nature méfiante lui a permis d'échapper aux nombreux pièges que ses ennemis lui ont tendus en quatorze ans de sacerdoce. Et à cet instant, il se demande si Caelus n'est pas en train de ruser pour le mettre en difficulté face au préfet avec la complicité de Paoelus, tout aussi retors, prêt à tous les crimes pour un verre de vin.

— Paoelus, je t'en prie, passe ton chemin ! dit le prêtre. Laisse-nous préparer le grand sacrifice.

Du bout de leur lance, les soldats poussent Paoelus et le groupe de chrétiens hors du forum. Leur présence au moment où l'on parle d'un grand sacrifice aux dieux est indécente.

Caelus est perplexe. La porte qui retenait les chrétiens prisonniers ne s'est pas ouverte par miracle. Quelqu'un l'a fait pour le narguer. La présence de Paoelus n'indique-t-elle pas que Marcus, le sournois, en est à l'origine ? Où sont passés les jumeaux ?

4 minutes avant l'éruption

Un aveugle en retrait sur un banc de pierre darde vers la foule ses yeux blancs. Tout le monde le connaît ici. Il dort dans le recoin d'une porte cochère. Caelus lui offre de succulents plats. À cette heure, le vieil homme sent le soleil chauffer ses membres maigres et remercie les dieux de leurs bienfaits. Comme cela doit être beau, ce soleil d'automne qui brille sur les toitures ocre de Pompéi ! Il a perdu la vue alors qu'il était enfant et, depuis, il rêve de lumière, de ciel bleu, de mer qui ondule mollement. Son imagination a remplacé son regard et il contemple au fond de lui les images inventées de sa ville. Caelus lui demande :

— Qu'est-ce que tu en penses, Finalus ?

— Si le dieu des chrétiens me rend mes yeux, je veux bien prier pour lui et le servir.

Caelus éclate de rire et demande à un de ses serviteurs de lui apporter à manger.

Un patricien tend la main vers une touffe de fleurs d'automne dans un pot tout près du temple de Jupiter.

— Regardez ! fait-il d'une voix retenue, incrédule.

Ils étaient là, à commenter les propos de Paoelus quand l'essentiel leur échappait : un papillon blanc posé sur une fleur, et qui s'envole, puis se pose de nouveau.

— Ça, c'est un signe ! Les animaux reviennent. Tout va bien ! constate Salinius en pressant ses aides.

★

Un esclave vient avertir Marcus qu'un sacrifice a été décidé pour calmer la colère des dieux. Marcus ne cache pas son mécontentement. Il n'a qu'une envie : profiter du calme revenu pour rejoindre Rectina. Cependant, il se doit d'assister au sacrifice : depuis son retour, on ne parle que de lui et son absence serait remarquée et mal interprétée. Il donne l'ordre que l'on tienne prêt son cheval.

Quelques instants plus tard, un esclave lui annonce que l'animal est comme fou, qu'un garçon d'écurie a été gravement blessé par une ruade.

— On ne peut pas l'approcher, il se cabre, frappe avec ses pattes avant, et mord ceux qui tendent les mains vers lui.

Marcus, qui sait combien les esclaves sont peu prévenants envers les animaux, s'exclame :

— Tu ne sais pas t'y prendre. Il n'y a pas plus doux que mes chevaux. Je vais te montrer.

Il se rend à l'écurie et commence à parler à la bête, qui cesse de s'agiter. Il s'approche, lui caresse la croupe, puis le dos et le museau. Le cheval s'apaise malgré les profonds tremblements qui agitent son corps tout entier.

— Tu vas lui donner une bonne ration de foin et d'avoine qui finira de le calmer. Je viendrai le chercher juste après le sacrifice. Pour l'instant, je dois me rendre au forum.

2 minutes avant l’éruption

Poletix se fait annoncer. Il est au service de Rectina depuis cinq années et l’aime d’un amour qui n’est pas ordinaire entre un esclave, si beau soit-il, et une grande patricienne. Certes, elle a eu quelques faiblesses pour lui, mais ce n’était pas de l’amour, simplement un jeu qu’une femme de haut rang peut se permettre avec un esclave sans que personne y trouve rien à redire. Mais Poletix n’est pas de cet avis et ne veut pas la partager. L’arrivée de Marcus le contrarie beaucoup. On le conduit auprès de sa maîtresse dans le chai. Le vin, une fois la fermentation terminée, a été transporté des grandes cuves en bois dans des amphores enterrées dans le sable. C’est la meilleure manière d’éviter qu’elles ne se brisent lors des nombreuses secousses du sol et le vin, ainsi conservé à une température constante et fraîche, se bonifie très vite.

— Comment sont les animaux à Pompéi ? demande Rectina qui pense à Marcus.

— Comme ici, répond Poletix. On voit des ânes et des mulets courir partout dans les rues, se jeter contre les remparts, renverser les gens pour s’échapper. C’est étrange. Un sortilège sûrement voulu par les dieux !

— Et sur le forum ?

— Salinius prépare un grand sacrifice à Jupiter. Caelus a donné trois taureaux.

Rectina réfléchit. Son absence pourrait lui porter préjudice.

— À quelle heure doit-il avoir lieu ?

— À cinq heures, cet après-midi.

— Bon, envoie trois esclaves de confiance apporter ce coffre de pièces d'or. Ils diront que je suis souffrante.

1 minute avant l'éruption

À Pompéi, la vie a repris son train frénétique. Les ouvriers s'affairent à raccorder le château d'eau au réseau urbain. Les peintres travaillent à des fresques nouvelles ou restaurent celles qui ont été endommagées par le précédent tremblement de terre. Dans les rues proches de l'amphithéâtre, on dispose les dalles qui doivent remplacer les anciennes fendues. On parle sur les chantiers, on s'interpelle ; une multitude d'oisifs se rend dans les tavernes pour boire du vin, jouer aux dés, conter fleurette aux serveuses dont certaines ne sont pas farouches. Elles acceptent sous l'œil vigilant du maître des lieux de monter dans une pièce à l'étage avec des hommes pressés. Les quarante-deux bordels ne désemplissent pas. C'est un après-midi de fête qui se prépare, puisque tout le monde arrêtera le travail plus tôt que d'habitude pour se rendre à la cérémonie du sacrifice. Les explosions et la panique du matin semblent n'être que de lointains souvenirs. La terre va mieux. Cela se sent à ce petit vent qui apporte une légère odeur de fleur. Sur la grande palestre, des poètes déclament leurs vers devant une assistance séduite. Des gladiateurs les écoutent avant de retourner à l'entraînement.

Encore quelques instants de cette merveilleuse insouciance propre aux Pompéiens, trois inspirations et trois expirations du bon air des collines à l'odeur de terre chaude et de mousse. Ptolémée marche en direction de la ferme de son ami. La lumière, les courbes du Vesuvius, le vol léger des feuilles sèches lui paraissent d'une beauté infinie, comme s'il les voyait pour la première fois. La colline ondule sous la lumière intense, les vignes jaunissent, les sycomores flambent d'un rouge vif.

3

LA FIN DE POMPÉI

24 OCTOBRE 79, 13 H 21

Pompéi

Au silence succède un cri de stupéfaction poussé en même temps par une multitude de badauds. Tous regardent du côté du Vesuvius, incrédules, se frottent les yeux, retiennent leur respiration. Les boutiquiers sortent dans la rue. Sur le forum, Salinius, le prêtre de Jupiter, ses aides et les dizaines de personnes présentes sont pétrifiés, la main tendue vers l'improbable, et se demandent s'ils ne sont pas en train de rêver.

Une colonne sombre, parfaitement droite, a surgi du Vesuvius, le tronc d'un arbre monstrueux qui s'enfonce dans le ciel si bleu. Tout en haut, la colonne s'étale en un panache semblable aux branches d'un pin parasol. Et cela dans le plus étrange et le plus terrifiant silence.

— Qu'est-ce que c'est ? se demande Marcus qui arrive sur le forum étrangement silencieux.

Les Pompéiens sont immobiles, les bras légèrement écartés, scrutant le phénomène sans oser bouger. Les ouvriers ont posé leurs outils et se redressent à côté des tranchées ou sur les toitures qu'ils réparent. Les joueurs des tavernes sont sortis, oubliant les dés que des mains indélicates déplacent.

Les poseurs de mosaïques se dressent aussi, sans penser au mortier qui sèche dans les petits bacs exposés au soleil. Dans l'arène, ce lieu toujours plein de cris, d'éclats de voix, les gladiateurs se sont figés dans un geste inachevé d'attaque ou de défense. Sur la grande palestre, Peyrhus, le saltimbanque, cesse de haranguer la foule. Les acteurs s'immobilisent au milieu d'une réplique, la bouche ouverte, la respiration suspendue. Le boulanger Claudius et ses serviteurs en oublient le pain prêt à sortir du four. Il n'est pas un Pompéien, esclave ou maître qui, en quelques secondes, ne soit sorti de son atelier, n'ait quitté son bain ou sa table pour contempler ce phénomène incroyable. C'est la même chose dans les villes et villages voisins, à Herculanum, à Oplontis, à Stabies, à Naples, à Pouzzoles, à Terzigno, et jusqu'au mont Saro.

Après ce qui semble une éternité d'un silence lourd, une énorme explosion projette au sol un grand nombre de curieux. Les vitres qui ont échappé aux tremblements de terre volent en éclats, des murs se fissurent, les portes fermées se brisent. Un coup de massue qui assomme hommes et animaux, aussi violent que bref. Et le bruit se répercute, ballotte dans la vallée, de la mer aux collines pendant que la colonne infernale s'élève si haut que le panache noir semble crever l'azur.

Ceux qui le peuvent se précipitent chez eux ou dans un abri, redoutant que cette énorme chose ne s'écrase sur eux. C'est la panique. Des cris de terreur fusent. Des personnes perdues courent au hasard, comme des canards sans tête, se percutent, roulent sur les dalles et souvent finissent leur course dans des tranchées ou sous les échafaudages. D'autres enfin, immobiles, tétanisées, se cachent les yeux avec leurs mains, se concentrant sur le bruit obsédant des battements de leur cœur.

Marcus comprend qu'une catastrophe est imminente. Il pense à Stephanus qu'il ne peut laisser seul, et à Rectina qu'il doit rejoindre au plus vite. Il part en courant. Il va demander qu'on attèle une voiture pour transporter le jeune garçon. Son instinct lui souffle que le temps presse, que dans quelques minutes, ce sera trop tard. Où est Massimus ?

Autour de la monstrueuse colonne, dressée vers le ciel aussi solide que du marbre noir, se forme une sorte de nuage blanc, une auréole qui flotte, légère, avant de s'élargir et de se disperser.

Puis le calme. Étrange, tout aussi angoissant. La colonne continue de croître, mais la terre ne tremble pas. Qu'est-ce que cela signifie ? Les gens reprennent courage et retournent au forum dans l'espoir d'une explication, et surtout, pour ne pas être seuls. Un lourd nuage noir se forme autour du tronc de cet arbre monstrueux, puis dévale les pentes du Vesuvius en direction de Terzigno.

L'espoir le plus fou rend les Pompéiens euphoriques. Voilà cinq minutes que le phénomène le plus invraisemblable s'est produit et il ne se passe rien.

Caelus est assailli par des gens apeurés qui ne quittent pas des yeux la colonne plantée dans le ciel, souhaitant de toutes leurs forces qu'elle disparaisse comme elle est apparue.

Terzigno

Linurus, Luna et Marina, sa mère, n'ont pas vu la colonne noire monter du Vesuvius. Pamella arrive au moment où le bang les surprend. Les vitres et les portes éclatent. Les murs se fendent. Les chevaux rompent leur attache et partent dans un galop désordonné. L'onde de choc a renversé une vieille esclave qui portait un seau d'eau.

— Que se passe-t-il ? demande Pamella en serrant sa sœur et sa mère dans ses bras.

Le silence se fait tout aussi assourdissant. Les oreilles bourdonnantes, ils se regardent sidérés, sans oser se parler, dans l'attente d'une nouvelle explosion. Maîtres et esclaves profitent de ce répit pour se mettre à l'abri, oubliant dans la cour un chien attaché à une chaîne, qui hurle à la mort.

Un lourd nuage de cendres engloutit Terzigno, plongeant la contrée dans une nuit persistante. L'air, irrespirable, brûle la gorge et fait pleurer les yeux.

— Mais que se passe-t-il ? demande de nouveau Pamella, abasourdie et protégeant sa figure avec un linge.

— Je ne sais pas, répond Linurus.

Le vent se lève brusquement, d'une violence inouïe, hurle en se fracassant contre les pignons des maisons, arrache les arbres de la cour dont on entend les troncs se briser sur le sol. Alors, la nuit cède la place à un jour blafard sans relief. Une charrette laissée devant l'écurie est projetée contre un mur, un tas de foin s'envole en un nuage de brindilles. Et dans ce tintamarre, on entend comme une respiration lointaine mais puissante, celle du monstre Vesuvius qui reprend son souffle.

Les minutes passent, mais on ne saurait les compter. C'est l'éternité d'un enfer pire que la mort. Un crépitement se fait entendre sur les tuiles de la villa. On dirait de la grêle, celle qu'on redoute en été parce qu'elle casse les sarments de vigne et détruit les fruits. Et ce bruit s'intensifie, les grêlons sont de plus en plus gros. Enfin, des blocs de roche, dont certains ont la taille d'une charrette, s'écrasent dans la cour avec fracas. Dans la villa, on ne pense plus, les cœurs se sont peut-être aussi arrêtés de battre. Un énorme rocher s'abat sur l'écurie, soulevant un épais nuage de poussière claire et projetant des morceaux de charpente qui endommagent la toiture de la villa.

— Il faut fuir ! ose Luna d'une voix sèche.

— Pour aller où ? répond Linurus. Il ne reste qu'à prier.

Autour de Pompéi

Rectina voit la colonne monter dans le ciel à une vitesse effroyable, puis le panache se former si haut qu'on le croirait au-dessus des étoiles. Le bang la renverse. Poletix se précipite et la relève. Elle ne parvient à quitter du regard l'immense panache semblable à un arbre planté au-dessus du Vesuvius. Elle tremble. Elle se croyait courageuse et découvre que ce n'est pas vrai. Elle ne veut pas mourir. Elle pense à Marcus qui est encore à Pompéi. Que se passe-t-il là-bas ? Elle se blottit dans les bras de son esclave, aussi fragile qu'une petite fille.

Des pierres commencent à tomber du ciel. D'abord petites, mais avec une telle vitesse qu'elles traversent les toitures. Une esclave sortie dans la cour pour récupérer un vêtement oublié près de l'écurie est touchée, sa tête éclate en une gerbe de sang. Elle s'affale, tenant toujours son vêtement contre sa poitrine.

Puis les rochers deviennent plus gros, certains sont énormes et forment des cratères dans les jardins, rebondissent et s'écrasent un peu plus loin. La maison tangue. La toiture est pulvérisée. Les pierres traversent le plafond richement orné et s'écrasent autour de Rectina.

— Il faut fuir, maîtresse ! s'écrie Poletix.

— Pour aller où ?

Son esclave n'a pas de réponse, mais il sait que, dans cette maison, ils risquent d'être écrasés d'un instant à l'autre. L'averse n'est pas régulière. Entre les moments où les rochers pleuvent serrés comme des grêlons, Poletix remarque des accalmies ; alors, il prend Rectina à bras-le-corps et sort dans la cour. Quelques esclaves se hasardent avec lui, l'un d'eux crie :

— Les chevaux se sont apaisés. Venez vite.

Étrange encore, ce comportement des animaux… Il y a à peine une demi-heure, alors que tout était normal, juste avant l'apparition de la colonne noire, on ne pouvait pas les maîtriser et maintenant que les pierres pleuvent sur leur dos, les voici dociles, ou plutôt apathiques, résignés, comme si, dans leur conscience d'animal, ils savaient qu'ils n'avaient plus aucune chance d'échapper à la catastrophe.

— Dépêche-toi de les atteler à la voiture.

C'est fait en moins d'une minute. La pluie de rochers semble se calmer au point que Poletix hésite à s'en aller. Rectina donne toute liberté à ses esclaves : ils peuvent utiliser les animaux qui restent pour fuir s'ils le souhaitent. Des voitures partent des nombreuses villas et se dirigent vers la mer. Les bandes de pillards n'attendaient que cette aubaine, mais les rochers qui recommencent à tomber n'épargnent personne.

Poletix fouette les chevaux qui courent maladroitement, le sol étant jonché de pierrailles fumantes. Ils ne vont pas loin. Un énorme rocher plat tombe sur l'attelage. La voiture se renverse. Rectina roule au milieu des rochers brûlants. Poletix se précipite, relève sa maîtresse, qui n'a que quelques égratignures à l'épaule droite.

— Tu vois que j'avais raison ! s'emporte-t-elle.

Sans un mot, Poletix prend la femme dans ses bras et l'emporte comme il le ferait avec un tout petit enfant. Ils reviennent sur leurs pas, contrairement aux fugitifs qui se dirigent vers la mer, et se fraient un chemin entre les blessés et les mourants. Ils évitent les mains tendues, frappent celles qui s'accrochent à leurs vêtements, sourds aux appels désespérés. Mais que faire ? Marcher vers Pompéi ? Se diriger vers Herculanum ?

Nouvelle accalmie. Poletix change d'avis et décide d'emmener Rectina vers la mer. Elle se rebiffe :

— Il faut aller vers Pompéi, ordonne la femme qui a repris ses esprits. Il faut retrouver Marcus.

— Mais maîtresse..., objecte Poletix.

— Depuis quand est-ce toi qui commandes ? réplique vivement Rectina. Nous allons vers Pompéi, tu as compris ?

Poletix est contrarié. Jamais avant le retour de Marcus Rectina ne lui aurait parlé de la sorte. Il insiste :

— Maîtresse, je t'aime plus que tout au monde. Je veux donner ma vie pour toi !

— Chacun à sa place, Poletix. Ce que tu dis là est inconvenant.

Cette fois, Poletix ne réplique pas. Il serre les dents : il aura sa revanche.

Ils arrivent à une tour de garde. Les Romains en ont disposé ainsi tout autour de Pompéi comme sur le littoral pour protéger la ville des invasions marines. Les gardes les arrêtent à l'entrée. Rectina se fait connaître. Cacicundus, son époux décédé, était commandant de marine et personne n'a oublié ce courageux marin et cet homme généreux.

— Je veux parler à Perrellius, dit-elle sur un ton autoritaire.

Perrellius arrive. C'est un petit homme nerveux au langage cassant, plein d'une rigueur militaire. Il l'invite à se mettre à l'abri dans cette énorme construction qui ne craint pas les colères du ciel.

— La tour résiste aux pierres, mais je ne peux te garantir que cela va durer, annonce-t-il.

— Je t'en supplie, Perrellius, rends-moi un grand service, au nom de mon époux qui t'avait en grande affection. Je suis seule, ma villa est mal en point. Envoie un message à mon ami Plinus. Lui seul peut venir me chercher par la mer.

— Normalement, je n'ai pas le droit, mais je vais faire une exception pour toi. Que veux-tu dire à l'amiral ?

— Qu'il vienne vite me chercher ! Dis-lui que s'il ne vient pas, je vais mourir.

Perellius regarde autour de lui et constate :

— Le temps est sombre, je ne suis pas certain de pouvoir passer ton message, mais je vais essayer.

Il donne l'ordre à ses hommes d'orienter les miroirs dans la bonne direction. Chaque tour est équipée d'un système lumineux qui permet de communiquer de tour en tour sur une bonne partie de la côte du golfe de Naples. Des messages qui mettraient des journées par voie de terre peuvent aller de Misène à Sorrente en moins d'une heure, un avantage considérable pour se défendre en cas d'attaques venues de la mer.

Pompéi

Marcus se précipite chez lui où une bonne surprise l'attend. Massimus arrive, essoufflé, couvert de sang.

— J'ai pensé que tu étais en danger, alors, me voilà ! dit-il comme pour s'excuser de son retour.

— Tu ne peux pas savoir combien je suis heureux de te revoir ! Mais tu es blessé ? Viens, on va nettoyer ton épaule et arrêter le sang.

— Non, nous n'avons pas le temps. Nous devons fuir tout de suite. Dans quelques minutes, ce sera peut-être trop tard.

— Qu'est-ce qui te fait dire ça ? s'étonne Marcus qui connaît la prescience de son affranchi.

— Ce qui me le fait dire ? Ne sens-tu pas comme l'air pique ? N'as-tu pas mal à la poitrine, des brûlures aux yeux ?

— Si, et alors ?

— Alors ? Regarde, la colonne est toujours là, de plus en plus large ! Tu n'entends pas le souffle du monstre qui rassemble ses forces pour repasser à l'attaque ?

Marcus perçoit en effet comme un léger grondement, le bruit d'une expiration continue.

— Mais Cellia ? Julius ?

— Ils se débrouilleront, tu peux leur faire confiance. On va rejoindre Rectina.

La voiture est prête, les chevaux attelés. Le soleil est caché par un épais nuage de cendres étalé sur la ville. Chaque inspiration brûle les poumons. Les yeux larmoient. La moindre toux est si douloureuse qu'ils préfèrent bloquer leur respiration. Marcus se rend dans la pièce où se trouve Stephanus. Le garçon suffoque sur son fauteuil.

— Mets-toi un tissu devant le nez ! lui ordonne Marcus.

Puis il crie aux rares esclaves toujours à leur poste :

— Vous ne devez pas rester ici, bientôt nous allons tous mourir d'étouffement. Vous êtes libres. Que les dieux vous protègent !

Marcus aide Massimus à installer Stephanus sur la banquette, bien calé entre des coussins. Ils partent sous un crachin de sable qui les épargne pour l'instant. La voiture a du mal à avancer dans les rues déjà encombrées. Massimus a joint les mains à la manière des chrétiens et prie son Dieu.

Ils progressent lentement et comprennent très vite que l'attelage ne peut que les retarder.

— On va continuer à pied, décide Marcus. Stephanus n'est pas très lourd, on va le porter. La ferme de Rectina est juste avant Oplontis, ce n'est pas si loin.

Le vent d'altitude souffle, emportant les pluies de pierres vers Herculanum, Stabies, Terzigno, Boscoreale, semant la mort dans les campagnes voisines, épargnant d'autres cités, comme Nocera, Naples, Pouzzoles et Pompéi.

L'espoir revient. Il est tombé un petit crachin de graviers, mais qui n'a pas causé de réels dommages. Pourtant, l'énorme colonne est toujours là, menaçante, et certains s'en inquiètent. Le ciel s'est assombri, comme il pourrait l'être une journée d'hiver avec un épais brouillard permettant de voir suffisamment pour se diriger, alors, dans les ateliers, le travail a repris. Omarus, le savetier, s'en est pris à ses ouvriers qui restaient dans la rue, le nez en l'air. Il utilise ses dernières pièces de cuir pour fabriquer différentes chaussures commandées voilà plusieurs jours. Sa femme reçoit les clients et s'excuse du retard en promettant que le travail sera terminé dès le lendemain. Sur les chantiers en plein air, dans les tranchées des rues, sur les toitures ou les échafaudages près des constructions, les hommes, souvent des esclaves, sont restés à l'abri pendant de longues minutes, puis, considérant que la situation ne s'aggrave pas, que la colonne ne cause aucun dégât, se sont remis au travail. Tout comme dans les maisons riches où l'on restaure des fresques. Le forum est malgré tout rempli de Pompéiens, avides de partager leurs angoisses et d'avoir l'avis des autorités. Entouré par une foule dont les regards anxieux se tournent vers le Vesuvius, Caelus adopte une attitude dégagée et rassurante, soucieux de montrer que le sort de ses compatriotes passe avant sa propre sauvegarde.

— Il faut avancer l'heure du sacrifice, tonne Salinius, le grand prêtre au visage austère, dont tout le monde connaît l'intransigeance. Jupiter nous envoie un avertissement.

Le préfet Holconius a fait arrêter sa chaise près de celle de Caelus pour indiquer à tous que le représentant de Rome a fait son choix pour l'élection prochaine, mais les électeurs ignorent que Caelus avait secrètement payé cette collaboration.

— Ce qui se passe est inconnu, commence l'homme de Rome. Depuis des années, je lis les auteurs, aussi bien grecs que latins, et je n'ai pas trouvé la moindre trace d'un tel phénomène à Pompéi. Aulus est-il là ? Sa grande connaissance des textes anciens pourrait peut-être nous apporter un nouvel éclairage.

Le préfet cherche son ami érudit du regard, en vain. Aulus est en train d'emballer ses chers papyrus.

Soudain, la nuit semble tomber. La colonne a encore grossi et le panache masque le soleil. Un roulement semblable à celui d'une avalanche de rochers s'élève, semant la panique dans la foule. Un épais brouillard envahit les rues, l'air brûle les yeux et les poumons. Toussant, pliés en deux, les Pompéiens fuient, tentent de trouver un refuge. Puis dans un immense bourdonnement de ruche, le vent éparpille l'épais nuage et le soleil se montre de nouveau, sans éclat, comme une boule à peine lumineuse. Ceux qui osent lever la tête voient une multitude de points noirs grossir, de plus en plus. Des cailloux heurtent à grande vitesse la ville. C'est la débandade. On se bouscule pour se mettre à l'abri, sous les porches. Les fugitifs touchés roulent au sol, foudroyés. Beaucoup courent à découvert, au hasard, au milieu des cadavres et des gémissements que personne n'écoute.

*

Voilà une heure que la colonne, toujours aussi droite, soutenant son énorme panache, domine la Campanie tout entière. Le tonnerre gronde désormais, mêlant ses détonations aux roulements sourds.

Une forte pluie s'abat sur le golfe de Naples. En quelques minutes, le Sarno et ses petits affluents deviennent des torrents de boue noire qui emportent tout sur leur passage. La mer est démontée. De gros blocs de pierres tombant dans l'eau génèrent des vagues désordonnées qui se heurtent et forment des creux considérables dans un bouillonnement titanesque. Les bateaux marchands amarrés au bout du bassin sont renversés. Certains coulent en quelques secondes. Les fugitifs qui ont voulu prendre la mer avec leurs petites embarcations sont engloutis. Certains tentent de faire demi-tour, mais ils ne vont pas loin. Quelle que soit la direction prise, la fuite semble impossible.

Il pleut à verse et des ponces très légères se mêlent à la pluie et s'entassent sur le sol comme une neige grise. Des groupes s'organisent pour évacuer les morts et mettre les blessés à l'abri. Les cris de douleur, les appels à l'aide dominent le martèlement de l'averse.

★

Marcus et Massimus, soutenant Stephanus, se dirigent vers la porte Marine sous le déluge. Le ciel très sombre est illuminé par une multitude d'éclairs. Les vents violents gênent leur marche. La compresse de fortune sur l'épaule de Massimus rougit.

Un attroupement les arrête à la porte du Sarno. Les hommes se battent à coups de dague pour la franchir et la foule patauge dans une boue collante et un tapis de ponces qui ne cesse de s'épaissir. Les faibles sont piétinés. Des pères appellent leurs enfants perdus dans la cohue. Un gros homme muni d'une masse métallique frappe sur tous ceux qui se dressent devant lui.

— On ne passera jamais, constate calmement Massimus.

La nouvelle circule qu'un gros rocher a ouvert une très large brèche dans le mur près de la ruelle qui conduit à l'amphithéâtre. Aussitôt tout le monde s'y précipite, les plus éloignés de la porte espérant arriver les premiers. La voie est soudainement libre et Marcus s'y engouffre, suivi par Massimus qui porte Stephanus. Ils s'éloignent aussi vite qu'ils le peuvent.

— Où sont Cellia et Julius ? demande Marcus, conscient de laisser derrière lui ses deux enfants valides.

— Nous n'en savons rien, répond Massimus avec pragmatisme. Nous exposer en les cherchant n'augmentera pas leurs chances de survie.

Marcus ne peut que lui donner raison. Envisager l'avenir devient un non-sens quand il faut assurer le présent. Alors il se concentre sur ses pas, marchant en direction du pont, suivant une route à peine visible dans le torrent de boue qui roule des ponces en grande quantité. Autour d'eux la campagne est méconnaissable, noire et fumante. Parmi les ponces se mêlent soudain des cailloux durs, suffisamment lourds pour tuer ceux qu'ils touchent. Les fugitifs se mettent à courir comme sur un champ de bataille pour échapper aux flèches de l'ennemi, certains s'écroulent sans un mot, foudroyés.

— On va se faire tuer ! s'écrie Marcus en regardant autour de lui à la recherche d'un abri.

La chance leur sourit : devant eux se profile une sorte de grotte entre les roches d'un éboulis. Ils s'y précipitent, traînant Stephanus qui gémit. Il n'est pas blessé, mais ses jambes et ses épaules le font terriblement souffrir. Ils se serrent dans le petit réduit, le cœur battant, le souffle court. Autour d'eux, c'est la débandade. Des appels douloureux éclatent, perçant le grondement assourdissant.

L'air reste irrespirable malgré la pluie incessante qui devrait le nettoyer. Les fugitifs toussent, grimacent. Chaque inspiration déchire les poumons, et pourtant il faut courir à perdre haleine, chercher l'abri salvateur dans une zone plate où les champs, ce matin encore riches et verdoyants, ont disparu dans une mouvance de boue et de ponces qui monte jusqu'aux genoux. Les Pompéiens s'échappent en désordre d'une ville qui les retenait prisonniers, les plus forts bousculant les faibles, les vieillards, les femmes enceintes. Des artisans, reconnaissables à leur tunique, ont eu le temps de rassembler quelques effets dans un ballot, leurs modestes économies, quelques sesterces précieusement rangés dans une bourse attachée à l'intérieur de leur chemise.

⋆

Paoelus aussi cède à la panique. Plusieurs boulets le frôlent dans sa fuite. Alors qu'il pensait avoir apprivoisé la mort, la peur le fait courir au hasard jusqu'à ce que, épuisé, il tombe sur les dalles de la rue encombrée de pierrailles dont certaines sont brûlantes et fument. Il se cache la tête dans les mains, geste dérisoire de protection. Une silhouette s'arrête près de lui, une jeune femme qui dissimule son visage sous un linge humide. Cela lui donne la force de se dresser.

— Cellia ? Viens, dit-il à la jeune femme en tendant la main, tu vas te faire écraser !

Paoelus se souvient d'un endroit où ils seront à l'abri. Entre le temple des Lares et celui de Vespasien, un réduit conduit à un souterrain creusé par les ouvriers pour consolider les fondations des deux édifices après le grand tremblement de terre. Se tenant par la main, ils entament une nouvelle course folle. Devant eux, un projectile plus gros que les autres écrase un homme en pleine fuite. Sang et chair les éclaboussent. Ses jambes et son bassin dépassent du rocher fumant.

Paoelus et Cellia entrent précipitamment dans la tranchée. Le fond s'est éboulé et il reste peu de place. Ils se serrent dans cette petite cavité, la jeune fille se presse contre l'ivrogne.

— J'ai peur ! murmure-t-elle, toute tremblante.

Des cris, des hurlements ne cessent de percer le vacarme des pierres, du vent et du tonnerre.

— Dieu des chrétiens, murmure Paoelus, viens à notre secours.

— Mais arrête donc ! s'emporte Cellia. Tu ne comprends pas que les dieux romains en veulent aux chrétiens. C'est ça le sens de ce qui se passe !

— Qu'est-ce que tu racontes ? N'es-tu pas toi-même chrétienne ? Tu as failli mourir pour cette raison !

— Chrétienne ? Oui, c'est la seule manière de dresser les esclaves contre les maîtres ! De les anéantir et de prendre leur place !

Un énorme rocher se brise contre le temple des Lares et roule entre les deux murs. Une sourde secousse fait se disloquer les parois du souterrain. La jeune fille pousse un cri. Paoelus ressent une vive douleur à l'épaule et s'affaisse.

— Qu'est-ce qui t'arrive ?

— Je suis blessé, dit-il en voyant le sang couler à gros flots de son épaule.

— Il faut quitter cet endroit qui n'est pas sûr ! s'écrie Cellia, paniquée.

— Mais où veux-tu aller ?

— Sortir de ce trou de taupe où nous allons être écrasés d'un instant à l'autre.

Cellia s'approche de l'ouverture. La pluie de rochers semble se calmer. C'est le moment d'en profiter. Elle s'éloigne en courant, les mains sur la tête, sans un regard pour Paoelus.

⋆

Pas très loin de là, sur la route de Stabies, Ptolémée a eu de la chance. Les chutes de rochers l'ont épargné. N'est-ce pas normal, puisqu'il est officier romain ? S'il a su éviter les lances de redoutables ennemis, ce n'est pas pour mourir ici écrasé par une pierre comme un insecte. Pourtant il s'arrête, se retourne vers Pompéi dont il ne discerne que vaguement les murs. Son père est resté là-bas ! Son handicap empêche Caelus de se mouvoir avec agilité et il ne faut pas compter sur les esclaves pour le protéger. Son père ! Ptolémée se souvient du temps de son enfance, lorsque Caelus était encore un homme robuste aux larges épaules animé d'une volonté de fer pour s'imposer. C'était avant son accident. Et ces soirées, quand Caelus ne recevait personne dans sa villa pour rester avec son fils, pour qui il avait un amour sans bornes… Bouleversé par ses souvenirs, Ptolémée fait demi-tour pour protéger son père.

Il s'élance vers la ville, remontant le flot des fugitifs, les bousculant, enjambant les blessés et les morts, comme il l'a fait maintes fois sur les champs de bataille. Ptolémée est habitué à ne pas se poser de questions, à mettre tout son savoir au service de son armée, de la volonté de l'empereur ; mais dans cette débandade, où est l'adversaire ? Et comment lui faire face ?

Il entre dans Pompéi au milieu des cris, des lamentations, des appels au secours, poursuit sa course vers la villa de son père, soulagé de l'apercevoir intacte. Il fait irruption dans l'atrium où se tient Caelus, complètement éberlué, perdu chez lui. Quand il voit son fils, son visage s'éclaire.

— Mais que fais-tu là ? Tu ne devais pas te rendre chez ton ami ?

— Si père, mais j'ai fait demi-tour pour ne pas t'abandonner !

— Mon fils, il fallait d'abord penser à toi ! s'écrie Caelus, ému. N'aie aucune crainte pour moi. La villa est solide et résistera. D'ailleurs, il me semble que ça va mieux !

— Oui, les rochers ne tombent plus.

— Occupe-toi de faire amener les trois taureaux au temple de Jupiter ! On va hâter le sacrifice.

*

Holconius, le préfet, est précipitamment rentré du forum. Il ordonne à ses serviteurs de lui apporter un coffret qu'il garde dans sa chambre et de préparer une voiture.

— Vous écarterez les importuns ! lance-t-il affolé à ses gardes. Nous sommes pressés.

— Où allons-nous ?

— On verra. Quittons d'abord cette maudite ville !

Il renonce à aller chercher Ornella, sa maîtresse, qui habite à l'autre bout de Pompéi. Et puis, pourquoi s'embarrasser d'une coquette à belle apparence, mais sans cervelle ?

Les chevaux, ayant retrouvé un semblant de calme, se laissent atteler. Holconius, tremblant de tous ses membres, s'engouffre dans la voiture et s'y enferme seul avec son coffre.

La voiture s'engage dans la rue de l'Abondance. Devant, ses esclaves libèrent la voie en déplaçant sans précaution les corps mutilés des morts et des blessés qui implorent du secours. Tout à coup, les roues se bloquent entre de grosses pierres. Holconius hurle des ordres pour qu'on se dépêche. Alors que les gardes s'affairent pour dégager la voiture, des Pompéiens s'attroupent autour du convoi. L'officier des gardes fait siffler son fouet.

— Laissez passer le préfet Holconius !

— Et pourquoi le laisserait-on passer ? gronde le forgeron Malicus en brandissant son marteau. Il encombre la rue avec sa grosse voiture !

— Je suis le préfet ! crie Holconius. Je suis l'ami de l'empereur !

— On s'en moque ! réplique le forgeron.

Enfin, les roues sont dégagées et les chevaux reprennent leur marche hésitante, dans un tumulte de protestations. Ils ne vont pas loin. À moins d'une trentaine de pieds de la porte de Nocera prise d'assaut, un étrange sifflement se fait entendre et s'amplifie à percer les tympans. En levant les yeux, la foule voit une énorme pierre s'approcher à grande vitesse et tomber sur eux. Sa chute provoque un gigantesque cratère tout près des fortifications, pulvérisant plusieurs villas et ensevelissant des dizaines de personnes qui cherchaient à fuir. Holconius ne prendra pas sa retraite dans la belle villa qu'il s'était fait construire près d'Herculanum.

Herculanum

Julius courait depuis Herculanum, conscient que cet exercice est bon pour son entraînement. Il approchait de Pompéi, songeant à Marcus, dont il doute de plus en plus être le fils – la vieille Margota ne lui avait-elle pas juré qu'il était né du ventre de Surrha, une esclave comme elle ? – quand il avait vu l'énorme colonne monter dans l'azur, et s'étaler en un panache de branches noires. Puis l'explosion l'avait terrassé. Les tympans meurtris, il avait erré un moment jusqu'à ce que les premières pierres tombent du ciel. Alors, il avait compris le danger et fait demi-tour dans le vacarme et les cris terrorisés, les yeux fixés sur cette apparence d'arbre gigantesque.

Il court de son pas puissant avec une seule pensée : rejoindre Alexia et la protéger. Les grosses pierres tombées du ciel frappent les fugitifs dont les corps éclatent en gerbes de sang et de chair écrasée. Il hésite, puis considérant qu'il est protégé par les dieux, il se dit que les projectiles l'épargneront. Il traverse la campagne envahie par des groupes hagards qui fuient sans savoir où ils vont. On se bat près d'Oplontis sur la route qui conduit au littoral. Le ciel s'assombrit, l'air devient irrespirable. Il s'essouffle, ouvre la bouche pour retrouver un peu de force, ses pieds de géant butent sur les cailloux. Et puis, tout à coup, un rocher l'effleure. Le vent du boulet le fait trébucher. Mais il ne perd pas confiance dans les dieux et il continue parmi les fuyards hébétés, les cadavres broyés, les blessés. Tout près de lui, une mère hurle à côté du corps couvert de boue de son enfant à la tête broyée. Julius reprend sa course aussi vite que son souffle trop court le lui permet, insensible aux appels des fugitifs qui l'ont reconnu et lui demandent sa protection, comme ils le feraient à un dieu.

⋆

On se calfeutre dans les maisons dont on bouche les ouvertures pour empêcher la poussière de pénétrer, on se protège le visage avec un tissu humide. La pluie de pierres martèle les toitures ou ce qu'il en reste, le brouillard persiste, s'accroche, plus corrosif que partout ailleurs. On prie les Lares, et Jupiter pour qu'il arrête ce cataclysme, mais Jupiter reste sourd. Le tonnerre gronde, des éclairs lardent le ciel de zébrures aveuglantes. Beaucoup pensent à gagner le port pour s'enfuir par la mer.

Réfugiée dans sa chambre, Alexia entend les coups de boutoir des pierres tombant sur les tuiles de sa villa située en bordure de la cité et surplombant la baie. Ses esclaves toussent, larmoient et s'étouffent. Un lourd nuage flotte à la hauteur des maisons, laissant apparaître par endroits un ciel bleu criblé de petits points noirs comme des flocons de suie qui sont autant de rochers dont la taille grossit à mesure qu'ils se rapprochent du sol.

La ville est transformée en champ de bataille. Un peu en hauteur, la grande rue Decumanus Maximus, parallèle au rivage, est encore protégée en partie. C'est une rue à l'entrée de laquelle plusieurs gros blocs de pierre interdisent l'accès aux charrettes. Un grand nombre de boutiques s'y succèdent, des auberges, des salles de jeu alternent avec les résidences secondaires des riches Pompéiens qui y reçoivent habituellement des femmes légères ou des maîtresses du meilleur monde, loin des regards médisants.

D'énormes rochers tombent de plus en plus nombreux dans un fracas épouvantable, éventrent les toitures encore intactes, broient les murs les plus solides, défoncent les parages. En chutant en mer, ils forment des vagues monstrueuses et désordonnées qui déferlent sur le rivage, coulent les bateaux des pêcheurs, saccagent les villas proches. Alexia ordonne à ses serviteurs de se tenir à l'abri, mais où aller pour échapper aux boulets ?

Elle envisage de se réfugier dans les caves profondes et couvertes de solides voûtes, puis renonce, pensant que c'est la meilleure manière pour se laisser emprisonner. Où est Julius, le demi-dieu dont la force peut faire reculer la malédiction ? Écrasé par un rocher ? Blessé à mort tout près d'ici ? Elle regrette soudain de l'avoir éconduit et prie les Lares de le lui ramener. C'est juré, plus jamais elle ne sera méprisante pour ce merveilleux combattant qui, sur bien des aspects, est encore un enfant. Une pierre s'écrase sur une aile de sa villa. Les esclaves s'enfuient en hurlant. Il n'y a plus de différence entre eux et leur maîtresse : les pierres ne choisissent pas leurs victimes en fonction de leur rang. « C'est injuste ! » pense Alexia.

★

Il fait si sombre que Julius ne voit plus où poser ses pieds. Du côté de Pompéi, des lueurs imprécises d'un bleu rouge éclatent avec le roulement du tonnerre. L'orage le rattrape. La foudre claque, frappe un groupe devant lui dans une gerbe d'étincelles, laissant des corps carbonisés avec, au milieu, un enfant indemne qui pleure sans bruit. Une pluie drue s'abat sur la campagne, transforme les chemins en torrents de boue ; les rafales de vent renversent les arbres épargnés par les rochers. Les fugitifs continuent leur course au hasard, vagues silhouettes semblables à des animaux aquatiques brusquement sortis de l'eau et maladroits sur la terre ferme.

Les rochers mêlés à la pluie tombent autour du gladiateur qui met machinalement ses mains sur la tête. Il avance, insensible à ce qui l'entoure, animé par une seule volonté : atteindre Herculanum...

Pompéi

En milieu d'après-midi, la ville est relativement intacte. Peu de gros rochers se sont abattus sur les maisons et dans les rues, mais des ponces légères tombent régulièrement, s'entassant au sol comme une neige noire qui veut durer.

La colonne sombre est toujours là ; elle s'est même élargie. Le vent a dissipé le brouillard de suie. Le soleil éclaire de nouveau la ville. Finalement, l'enfer n'a pas duré longtemps ! On remercie les dieux d'être vivant.

Alors, on éprouve le besoin de se rassembler, de se réconforter et d'évoquer cette mystérieuse colonne qui s'élève toujours au-dessus du Vesuvius. Au forum, les rumeurs vont bon train. L'effroi pousse à imaginer le pire chez les voisins. Ainsi, raconte-t-on qu'à Herculanum, c'est la désolation, que des rochers aussi gros que des montagnes écrasent les villas et les temples, que la mer en furie noie les rues et emporte les gens par centaines. À l'inverse, le ciel plus clair du côté de Nocera fait dire que cette ville est épargnée ; qu'il n'y a eu aucune pluie de rochers ni de ponces, pas d'orage. Qu'en savent-ils, ces rapporteurs de boniments ? Rien, mais cela leur suffit à garder un peu d'espoir. Beaucoup attellent leurs mules redevenues dociles et se mettent en route.

L'heure du sacrifice ayant été avancée, Ptolémée et une dizaine d'esclaves arrivent, tirant par la bride un jeune taureau affolé. Les deux autres ont réussi à s'échapper et courent dans la ville, semant un peu plus la terreur. Les serviteurs du grand prêtre les aident à maîtriser l'animal. Salinius a décidé de ne pas faire de cérémonie ni de prière, car le temps presse. Il empoigne le long couteau qu'un serviteur lui tend et, d'un geste rapide, tranche la gorge de la bête. Le sang gicle, éclabousse les nombreuses personnes rassemblées. Dans un ultime effort, le taureau réussit à se libérer et tente de s'enfuir, renversant les gens dans une rue surpeuplée. Il ne va pas loin : vidé de son sang, il tombe près de la basilique, agitant les pattes comme s'il courait sur les pentes vertes du Vesuvius. Personne ne pense à le ramener près du temple de Jupiter. Salinius lui-même n'est pas sûr de l'efficacité de son acte.

Dans les rues, la couche de ponces atteint désormais près de trois pieds d'épaisseur, recouvrant les morts oubliés et gênant la fuite. Le sacrifice raté ne rend pas optimiste, d'autant que la mystérieuse colonne continue de grossir au-dessus du Vesuvius.

La terre tremble de nouveau. Ces secousses, qu'on aurait à peine remarquées en d'autres temps, suffisent à semer l'effroi. Des hurlements s'élèvent et le forum se vide une fois de plus. Personne ne prend garde au cadavre du jeune taureau qui se recouvre de ponces. Dans une pénombre grise, on entend des cris de terreur, des hurlements. Des mulets attelés à leurs charrettes trépignent. Certains se cabrent, renversant leur chargement.

★

Caelus est anxieux. Un esclave lui a rapporté que deux de ses taureaux ont semé la terreur dans la ville, bousculant les attroupements à la porte de Nocera avant de s'évanouir dans la campagne. C'est un signe. Ne devraient-ils pas s'enfuir ? Il s'en ouvre à Ptolémée de retour du forum.

— Cela ne servira à rien ! Et puis, un officier de Rome ne tourne jamais le dos à l'ennemi.

La pluie d'orage qui s'était arrêtée reprend de plus belle.

— Tu as raison, Ptolémée, on reste ici, à l'abri, décide Caelus. C'est d'ailleurs ce que Partilos, mon architecte, spécialiste des tremblements de terre, m'avait conseillé. Il pensait que le pire était à venir. Apparemment, il ne se trompait pas.

Caelus hurle des ordres, mais personne ne répond. Ses serviteurs ont fui. L'affranchi a tout à coup la certitude d'être seul dans son immense palais qui résonne comme un tambour vide.

— Nous sommes tous les deux, murmure Ptolémée. C'est bien l'essentiel.

Caelus admire le courage de son fils qui fait honneur à son bel uniforme de centurion. De cet officier qui a survécu aux pires batailles ne peuvent venir que des paroles de sagesse.

— Ne t'en fais pas, répond Caelus sur un ton résigné, la maison est solide.

Ptolémée se demande pourtant pourquoi il est venu se fourrer dans cet enfer. Un astrologue réputé lui avait prédit qu'il allait rencontrer à Pompéi une femme d'une grande beauté et il l'avait cru. Le soldat qui a passé tant d'années sur les champs de bataille rêve désormais de prendre sa retraite, de poursuivre les affaires familiales et de se marier. Il pense alors à la belle Pamella et se demande si les dieux ne sont pas en train de le pousser dans un piège. Heureusement qu'elle est partie chez sa sœur, mais lui, quelle était son intention quand il a dit qu'il désirait le soir même se rendre chez son ami ? N'était-ce pas pour la rejoindre ?

⋆

Quand le tonnerre se calme, quand la pluie battante cesse, qu'une éclaircie montre un peu de ciel clair derrière la colonne toujours droite, compacte comme du bois, si haute dans le ciel qu'on n'en voit plus le panache, on entend comme une respiration, le souffle puissant d'une poitrine monstrueuse. Le dragon est toujours à l'étroit dans sa prison souterraine. Il bouge, fait le dos rond, rassemble ses forces…

★

Aulus et ses esclaves chargés des caisses de manuscrits ont réussi à sortir de Pompéi et se dirigent vers Herculanum et la belle villa de Clopurnius Riso. La poitrine en feu, Aulus souffle et n'arrive pas à suivre ses serviteurs. Il aurait pu se faire porter, mais c'était au prix du sacrifice de quelques coffres de manuscrits délicatement posés sur une chaise. Écrasé par son gros sac, il trébuche sur les pierres roulantes, mais ne renonce pas. S'il doit mourir, c'est en serrant son ami dans ses bras. Maintenant, il regrette de ne pas avoir accepté de partager sa vie…

Il fait claquer son fouet sur les épaules de ses serviteurs terrorisés qui hésitent à avancer au milieu de cette pluie de grosses pierres. Plus vite ils seront arrivés, plus tôt les manuscrits seront à l'abri. Chacun s'étonne de l'énergie que déploie ce petit homme rondouillard peu habitué à l'exercice. Les rochers tombent autour d'eux, les épargnent comme si les dieux tenaient à protéger le précieux contenu des caisses, vivant témoignage d'un passé à jamais enfoui dans la nuit des siècles.

Mais le miracle est de courte durée. Un premier rocher, dont on entend le sifflement aigu, écrase trois esclaves. Les planches des coffres qu'ils portaient volent en brindilles. Terrorisé, Aulus voit disparaître dans la fumée et la poussière une partie de son trésor. Alors, il s'acharne, soufflant, haletant – le gros homme trouve en lui des forces insoupçonnées. Un second rocher assez plat s'abat sur le restant de la troupe, juste devant Aulus, qui s'immobilise, éclaboussé par le sang de ses serviteurs, son sac de manuscrits sur l'épaule. Il a mal partout, il attend la pierre qui va l'écraser à son tour et arrêter son calvaire. Mais les projectiles l'épargnent. Lui qui voit toujours une signification divine à tous les événements pense alors qu'Apollon a décidé de le garder en vie pour avoir consacré sa fortune à sauver la mémoire humaine. Mais il est à bout de forces ; ses jambes refusent de le porter. Alors, il s'assied sur une pierre plate encore fumante et attend. Son cœur bat si fort qu'il n'entend que le tumulte de sa poitrine. Des rochers tombent autour de lui dans un sifflement intense, mais pas un ne l'atteint.

L'image de Clopurnius s'impose. Il le voit nettement, l'implorant de le rejoindre. Comment a-t-il pu l'oublier en un instant aussi grave, penser à ses manuscrits avant l'homme qu'il croyait aimer plus que tout ? Alors il se lève et reprend sa marche sous une pluie intense. Épuisé, il trébuche, se relève difficilement, tombe de nouveau et poursuit sa marche au milieu de silhouettes hagardes qui, comme lui, se dirigent vers Herculanum dont ils devinent les murs de défense. Le cœur bondissant d'espoir, Aulus aperçoit la villa de Clopurnius, intacte ou presque. Un rocher a écrasé une partie de la toiture, mais l'édifice reste debout, toujours aussi magnifique, en dehors des murs de la ville. Il passe la porte, se fait annoncer par un esclave paniqué. Tremblant, Clopurnius se précipite vers lui pour l'étreindre. Dans les bras l'un de l'autre, la mort ne leur fait plus peur.

— J'ai pu sauver ces quelques manuscrits ! annonce Aulus en ouvrant son sac. Les plus précieux.

— Nous allons les ranger avec les autres, propose Clopurnius, un homme de petite taille, mais solide sur ses jambes trop courtes pour son torse puissant.
— Si nous devons mourir, ajoute-t-il, ce sera tous les deux et avec notre trésor.

Misène

Vers midi, Pline l'Ancien avait pris une petite collation comme il le fait tous les jours, puis il s'était couché pour travailler. Ce vieil homme de cinquante-six ans est célèbre dans tout l'Empire pour ses travaux sur les plantes, les animaux et les phénomènes naturels. Il est massif, car il prend peu d'exercice. « L'amiral », comme on l'appelle, dirige une importante garnison marine. C'est un homme au caractère trempé et doté d'une curiosité insatiable.

Il vit en compagnie de sa sœur, veuve, et de son neveu de dix-sept ans.

C'est lui qui remarque en premier la colonne noire dressée à l'horizon du côté de Terzigno. Il n'en croit pas ses yeux. Il connaît les tremblements de terre, les éruptions de l'Etna dont son oncle lui a souvent parlé, mais pas un tel phénomène. Il se précipite auprès du savant, qui écrit, allongé sur son lit.

— Mon oncle, viens voir quelque chose d'extraordinaire !

Pline l'Ancien fronce les sourcils. Il n'aime pas être dérangé quand il travaille à sa grande œuvre sur les sciences naturelles. Pourtant son neveu est tellement insistant qu'il ne fait aucune remarque et se lève. Il marche lentement jusqu'à la porte et découvre, sur un fond de ciel très clair, cette énorme colonne apparemment immobile. Il reste un long moment silencieux, incrédule, puis gratte son crâne chauve.

— Voilà qui est étrange, dit-il d'une voix retenue.

Puis il s'anime, fait appeler ses serviteurs et leur demande :

— Dites-moi, que voyez-vous ?

— Quelque chose de dressé vers le ciel, qui monte très haut, dit une esclave. On dirait un arbre, un pin géant comme il y en a beaucoup ici. C'est quoi, maître ?

— Je ne sais pas, avoue le naturaliste qui aussitôt ordonne à son neveu : Fais préparer un bateau. Il faut que j'aille voir ça de plus près.

Il contemple encore cette immense colonne pour voir son évolution. Mais elle semble immobile alors qu'une sorte de brouillard gris flotte au-dessus du Vesuvius et de Pompéi toute proche. Un officier de la garnison se présente.

— La mer est très forte, annonce l'homme. Et le vent reste contraire. Même avec une trentaine de rameurs, ce sera difficile d'approcher.

— Bien, décide Pline. Faites préparer cinq quadrirèmes[1] et que les rameurs soient prêts à partir dès que le vent mollira un peu.

Un autre officier lui apporte le message de Rectina, la veuve de son ami, une femme riche et de grande culture avec qui il a gardé des relations très chaleureuses.

— Nous partons tout de suite.

1. Les quadrirèmes sont de puissants bateaux de guerre, propulsés par quarante rameurs et capables d'affronter les mers les plus fortes.

Pompéi

Si l'orage menace encore, la terre s'est enfin calmée. À peine quelques petites secousses comme il y en a beaucoup en Campanie. Et certains veulent croire que la vie va reprendre même si les ponces continuent de pleuvoir et que la couche approche trois pieds par endroits. Le vent violent les pousse jusqu'aux obstacles, formant comme des congères très profondes.

Quand d'autres relèvent que le souffle rauque du dragon se fait toujours entendre, que son haleine noire enveloppe la base de la colonne toujours aussi droite, que des nuages de cendres s'étalent sur les pentes du Vesuvius, leurs voisins leur rétorquent que c'est peu de choses, qu'on finit par s'habituer au brouillard. Les Pompéiens ont mal à la poitrine, leurs yeux brûlent, mais cela reste supportable avec un linge humide devant la figure. Pourtant, des nouvelles tragiques arrivent. Le préfet a été retrouvé agonisant dans sa voiture, le corps broyé par une grosse pierre. On ne compte plus les morts sous les décombres de villas éclatées, noyés dans des coulées d'eaux boueuses qui submergent les fermes et les champs. Le Sarno en crue envahit une partie de la vallée.

Et Paoelus pense à Cellia. Où est-elle partie ? Un esprit en friches, sûrement généreux, mais tellement malmené ! Le vin lui manque. L'immense creux de son estomac lui cause une douleur intense. Il regrette de ne pas avoir cédé à son envie. Pourquoi souffrir quand cela ne servira à rien ? N'est-il pas condamné à mourir dans cet abri ?

Le tonnerre gronde toujours ; Paoelus se recroqueville. Tout à coup, la lumière bleue de la foudre éclaire devant lui la silhouette d'une femme, très maigre, sûrement une esclave. Une poutre de la toiture a roulé sur sa jambe droite. Paoelus s'extrait de son abri pour l'aider, se penche, s'arc-boute, mais la poutre est trop lourde pour qu'il puisse la déplacer. Il veut arrêter un homme qui marche rapidement, mais l'homme le renverse d'un coup d'épaule et s'éloigne en proférant des injures. Alors il insiste, ferme les yeux, tout à la traction de ses bras. Et la poutre cède, comme si le Dieu chrétien l'avait aidé.

— Viens ! dit-il à la femme en la tirant par la main.

— Où m'emmènes-tu ? Je veux rentrer chez mon maître.

— Viens, je te dis.

Elle s'appuie contre lui, mais il trébuche sur le tapis de ponces. Ils tombent tous les deux sur les genoux, se redressent et tentent d'avancer dans cette rue que personne ne reconnaît plus, deux insectes maladroits qui essaient de se libérer d'un tas de poussière.

— Je connais un endroit où nous serons à l'abri ! s'écrie-t-elle d'une voix rauque.

Ils font péniblement quelques pas et la femme indique une porte cochère. C'est l'entrée d'une boutique. Un marchand de vin. L'odeur surprend Paoelus. Des amphores ont été brisées par des éclats de pierre et le liquide a coulé sur le plancher.

— C'est ici que je sers, explique la femme. Mon maître a disparu. Je pense qu'il a fui.

Tout au fond de l'entrepôt, d'autres personnes se tassent, apeurées, priant les dieux. Ils ont trouvé des bougies qu'ils ont allumées et les tiennent à la main en guise d'hommage aux Lares. Pour Paoelus, la tentation du vin est si vive, si forte qu'il dit à la femme :

— Reste là avec les autres. Moi, je dois m'en aller.

— Où vas-tu ?

— Tais-toi, femme. Je pars, c'est tout ! répond-il sur un ton sec.

Il pense à Martha, sa sœur en religion. Où est-elle ? Agonisante quelque part dans les décombres ? Il pleut des trombes d'eau glacée. Les éclairs lardent l'épaisse obscurité qui pèse comme une cloche sur la campagne mutilée. Des torrents de boue dévalent les pentes jusqu'au Sarno et ses petits affluents. Le fleuve roule une eau rugissante qui emporte tout sur son passage, des troncs d'arbres arrachés par la pluie de rochers, des cadavres d'animaux et d'hommes pris au piège dans leur fuite.

À la pluie se mêlent de grosses pierres ponces brûlantes. Terrés dans leurs abris, les habitants se demandent ce qu'ils doivent faire. La sensation d'être emprisonné chez soi pousse à chercher le moyen de sortir, mais les portes sont bloquées. La seule solution reste de casser les murs avec ce qu'ils ont sous la main, statues de bronze devenues gourdins, poutres du plafond, morceaux de meubles démantelés.

Mais tout le monde ne cède pas à la panique. Les voleurs profitent du désordre pour s'introduire dans les riches demeures, tuer les occupants et s'emparer de leurs trésors. Ils sortent dans la rue sans se cacher, emportant des coffres volés, des sacs de pièces d'or, des colliers de pierres précieuses.

Paoelus voit tout cela, mais n'y prête pas attention. Où aller dans cette ville qu'il n'a jamais quittée et qu'il ne reconnaît plus ? Il fuit la tentation du vin tout en le regrettant. Un cri tout près de lui, une petite voix appelle au secours. Il s'approche d'un bâtiment écroulé et il distingue un garçonnet accroupi à côté de deux cadavres qui baignent dans leur sang. Un homme à la poitrine écrasée par l'écroulement d'une toiture et une femme au crâne défoncé qui ouvre de grands yeux figés. Sans réfléchir, Paoelus prend la main du gamin qui porte la bulle[1] et constate que sa jambe droite est cassée.

— Tu ne peux pas rester ici, souffle Paoelus au jeune blessé dont il sent le corps contracté par les sanglots. Comment tu t'appelles ?

— Romulus.

L'enfant serre ses petits bras autour du cou de Paoelus qui ressent un sentiment étrange. L'orage s'éloigne, mais un autre se prépare déjà sur le Vesuvius. Paoelus peine à progresser dans l'épaisse couche mouvante. L'air est toujours piquant de poussière. Les toitures les plus fragiles, alourdies par le poids des ponces, s'écroulent dans un bruit qui se mélange à celui d'un nouvel orage au loin. Des éclairs zèbrent le ciel, la foudre claque. Il fait froid. Le petit garçon, grelottant contre Paoelus, a enfoui sa tête au creux de son épaule et se laisse aller comme un ballot.

Que peut-il faire, lui l'ivrogne boiteux et sans forces ? Se diriger vers le port avec ceux qui espèrent pouvoir s'enfuir par la mer ? Emporté par la pente, il trébuche à chaque pas. La mer est démontée. D'énormes vagues déferlent, arrachent les bateaux de leurs amarres et les engloutissent. La porte Marine est encombrée par une grande quantité de personnes chargées de lourds bagages, des mères avec leurs enfants accrochés à leur robe, des pères qui tentent d'atteler un âne récalcitrant, des gens hagards qui marchent droit devant eux sans but, perdus dans ce qui était leur ville. Paoelus n'a pas la force de jouer des coudes. Il croise une jeune femme montée sur une charrette remplie de ballots, de caisses et qui fouette un cheval nerveux. D'une voix éraillée, elle crie des injures à l'animal qui n'avance pas

1. Amulette en forme de bulle, portée autour du cou par les jeunes enfants jusqu'à l'âge de sept ans.

assez vite. Paoelus la reconnaît et lui fait signe. C'est le ciel qui la lui envoie !

— Cellia, prends cet enfant avec toi, je t'en conjure ! Je ne peux pas le porter, il est trop lourd pour moi et il est blessé…

Mais la jeune femme détourne la tête.

— Comment peux-tu te comporter ainsi, toi la fille de Marcus Flavius Pansa, héritier d'une des plus anciennes familles de Pompéi ?

Elle éclate d'un rire grossier sous le regard stupéfait de Paoelus.

— La fille de Pansa ? C'est encore une de tes inventions. Sache que je n'y ai jamais cru !

La charrette s'éloigne sous le regard suppliant de Paoelus bousculé par des groupes pressés.

⋆

Cellia n'a pas envie de mourir et elle a découvert qu'elle peut profiter du chaos pour se remplir les poches. L'esclave qui a poussé la poutre de la meule chez le boulanger Claudius a une revanche à prendre sur la vie.

Après s'être échappée du réduit où elle s'était abritée avec Paoelus, elle s'était dirigée vers la rue de l'Abondance où se trouvent les plus riches maisons de Pompéi. La panique les avait vidées en partie de leurs occupants et elle s'était introduite dans l'une d'elles par une trouée dans la toiture. Un jeune esclave surpris en train de vider un coffre l'avait menacée avec sa dague.

— J'ai une charrette dans la rue ! avait-elle crânement annoncé en faisant front.

Priscus, l'esclave, avait rangé son couteau. Il n'avait pas voulu laisser passer l'aubaine d'une fortune facile et avait compris qu'avec cette fille décidée, il avait des chances de s'en sortir. Ensemble, ils avaient vidé les coffres de bijoux dans un sac. Un homme avait alors surgi pour les empêcher de prendre les sesterces qu'ils comptaient sur son bureau. Priscus eut vite fait de s'en débarrasser d'un coup de dague et l'avait abandonné dans son sang répandu sur les magnifiques mosaïques du sol. Cellia lui avait écrasé la face à coups de pied pour arrêter ses gémissements et avait rejoint son complice.

— C'est bien, avait-elle conclu. Les maîtres doivent être punis. C'est l'heure de la revanche !

Ils n'eurent pas besoin d'échanger plus de paroles pour comprendre qu'ils étaient du même bord. Ils avaient volé tout ce qui pouvait s'emporter, des bijoux en or, des bracelets en pierreries, des parfums et des tas de petites choses qui se vendraient une fortune quand le calme serait revenu et que vivre serait de nouveau possible. Après cette première villa, ils s'étaient attaqués à une seconde sans trouver de véritable résistance de la part des occupants terrorisés. En moins d'une heure, ils avaient amassé un énorme trésor qu'ils avaient entassé sur la charrette que personne n'avait pensé à voler dans la rue.

Ils dépassent Paoelus et l'enfant et s'éloignent dans la campagne méconnaissable en direction du pont sur le Sarno. Ils ont entendu dire que de l'autre côté, à Nocera, les maisons ont été épargnées. Mais ils sont nombreux à vouloir franchir le fleuve au seul endroit où c'est possible. Des groupes pataugent dans la boue jusqu'aux cuisses et progressent sous une pluie battante. Soucieux de ne pas se faire remarquer tant le trésor qu'ils transportent pourrait intéresser d'autres voleurs, ils prennent leur place dans le cortège et avancent lentement vers le pont qui dépasse à peine d'une eau furieuse.

★

Paoelus est à bout de forces. Doit-il risquer sa vie pour ce petit garçon qui s'accroche à lui ? Seul, il a une chance de sortir de la ville et d'arriver jusqu'au Sarno. La douleur de ses épaules est si vive qu'il pose Romulus au sol. Le gamin s'agrippe à ses mollets et pousse des cris de terreur. Une envie meurtrière fait lever les poings à Paoelus. Il pourrait le frapper pour le faire lâcher prise et s'éloigner en restant sourd à ses appels désespérés. Personne ne le lui reprocherait.

— Débrouille-toi. Je ne peux plus te porter. Tu comprends que je suis boiteux ?

— J'ai mal, ma jambe est cassée. Je t'en supplie, ne m'abandonne pas !

Les poings de Paoelus s'abattent sur la tête du bambin qui s'écroule. Alors il s'éloigne aussi vite qu'il le peut, fuyant sa victime et sa honte. Le voilà grimaçant près d'une villa à la charpente défoncée. La couche de ponces lui permet d'atteindre les poutres cassées. Il hésite un instant, regarde autour de lui et s'y faufile. C'est un cellier, l'endroit où le maître range ses réserves de nourriture. Il a de la chance, personne n'est passé avant lui. Et là, tout devant, bien en évidence, une jarre remplie de vin. Le cœur battant à se rompre, il s'approche, hésite encore. Il se mord la lèvre inférieure. Les cris de terreur du jeune Romulus résonnent en lui, et lui font très mal.

La jarre est pleine à ras bord. Par un diabolique miracle, aucune tuile ou brique ne l'a brisée. L'envie l'étreint, bloque sa respiration. Que lui reste-t-il à lui, Paoelus, après ce qu'il vient de faire ? La honte et la détestation de lui-même… Et puis, il n'a aucune chance de sortir vivant de ce champ de ruines. Il se penche sur la jarre et sent la bonne odeur du vin. Pourquoi se priver quand il va bientôt mourir ? Autant prendre un dernier plaisir, le seul qu'il a eu dans sa vie. Autour de lui règne un grand désordre, plats de céramique en morceaux, coffres défoncés, jarres d'huile renversées. Sur une étagère bancale, des ustensiles s'accumulent en vrac avec, posé sur le côté bien en évidence, un gobelet en terre cuite. Sans réfléchir, il le trempe dans le vin, et boit à grandes goulées. Puis un second. La fraîcheur du liquide le remplit de bonheur.

Le voilà ivre, titubant, mais il ne souffre plus. Un bonheur chaud le fait sourire sans raison. Il a perdu la notion du danger et sort pour se diriger vers la porte de Nocera quand une silhouette se dresse devant lui.

— Martha ?

Elle jette sur lui un regard sévère.

— Qu'as-tu fait Paoelus ? Tu sens la vinasse ! Tu n'as donc pas pu résister à la tentation !

Il joint les mains, conscient d'être misérable. Il est responsable de sa vie ratée. Certes, sa famille le rejetait parce qu'il n'était ni beau ni fort, mais Dieu lui avait donné assez d'intelligence pour surmonter son handicap. Le banquier Jucondus n'est-il pas lui aussi mal fait avec son énorme tête chauve et ses jambes tordues ? Paoelus a cédé à la facilité, à la tentation, au repli sur lui-même.

— Je suis un misérable, Martha. Viens…

— Où m'emmènes-tu ?

— Viens, je te dis.

Les cris du petit Romulus leur parviennent. Ils trouvent l'enfant à la jambe cassée toujours assis parmi les ponces. Personne n'a eu pitié de lui. Martha se précipite, Paoelus la rejoint. Un léger soleil apparaît entre des nuages de cendres.

— C'est moi qui l'ai abandonné, avoue Paoelus. Je mérite une damnation éternelle.

— Non, Dieu t'a entendu.

Paoelus prend de nouveau l'enfant dans ses bras, puis tombe. Aidé par Martha, il se relève, et ils marchent lentement jusqu'à une tour de garde que Paoelus connaît bien. Elle donne sur un renfoncement d'ordinaire fermé à clef où les gardes entreposent leurs armes et leurs boucliers. La porte est cassée. Ils entrent dans une sorte de cave voûtée qui a résisté aux tremblements de terre.

— On va attendre ici que ça se calme, dit-il à Martha.

Pressé contre l'ivrogne qui sent le vin, le gamin gémit. Paoelus allonge la jambe cassée de Romulus entre des ponces plates qui la calent et lui, conscient de sa faute, pris tout à coup par une force qui le dépasse, joint les mains, à la manière des chrétiens.

— Reste avec lui ! dit Martha, moi, je dois aller secourir nos frères.

Il n'a pas la force de protester. Il pose la tête de Romulus sur sa cuisse et lui dit :

— Ne crains rien ! Je vais te raconter l'histoire de Jésus, celui qui a donné sa vie par amour pour ses semblables !

L'enfant ne gémit plus. Il écoute la voix rauque de l'ivrogne lui parler de Jésus qui parcourait la campagne de Palestine pour dire aux hommes que Dieu les accueillerait en son paradis où ils n'auraient plus jamais mal. Il ferme les yeux et s'endort. Paoelus se met à réciter les prières qu'il a apprises des chrétiens arrêtés par ses gardes.

Herculanum

Julius comprend que le temps presse et court à longues enjambées, faisant voler des gerbes de ponces autour de lui. Son entraînement de sportif de haut niveau lui permet de franchir la distance qui le sépare encore d'Herculanum en un temps record. À mesure qu'il se rapproche, il constate que le ciel est plus clair, le brouillard moins épais. Devant lui, dans une lumière ocre, la ville se profile avec ses murs d'enceinte et ses nombreuses villas ouvertes sur la mer. Il devine la large anse du port battue par de hautes vagues. Le ciel reste très chargé du côté de Pompéi, mais ce n'est pas son affaire.

La terre continue de bouger. Le sol vibre, se déplace si vivement qu'on en perd l'équilibre, et on entend nettement la respiration du monstre prisonnier. Ce n'est pas un grondement, mais un bruit d'air aspiré et expulsé avec une force démesurée.

Julius longe la mer. D'énormes vagues sombres s'écrasent contre la digue, arrachent les bateaux des amarres. Des gens sont là, enfants accrochés à leurs parents, résignés, rassemblés à l'abri des bourrasques, en retrait près des hangars à bateaux.

Julius entre dans Herculanum qui n'est plus que ruines. Les habitants errent parmi les amoncellements de gravats, ou restent prostrés devant les ruines de leur maison, insensibles aux ponces légères qui ont remplacé les grosses pierres. Une épaisse couche en recouvre le sol dans laquelle les pieds s'enfoncent comme dans un tapis de feuilles mortes avec un bruit semblable à un grésillement sec.

L'éclaircie est de courte durée. Déjà, un brouillard gris s'étale le long de la côte, et monte vers la ville, gênant la respiration. Julius, le grand sportif, y résiste. Les larmes brouillent sa vue ; il remonte un pan de sa chemise sur son visage et poursuit sa marche jusqu'à la villa d'Alexia. Il entre par la porte restée ouverte, traverse le jardin et la trouve dans sa chambre. Elle a fait colmater les ouvertures pour se protéger de la poussière. L'entrée de son gladiateur la tire d'une torpeur terrorisée. Elle se dresse vivement et se jette dans ses bras puissants. Là, la tête enfouie dans le creux de son épaule, la riche aristocrate ne redoute plus la colère des dieux.

— Qu'est-ce qu'on fait ? demande-t-elle d'une voix retenue.

Julius, très à l'aise dans l'arène où son habitude du combat lui indique toujours quelle décision prendre, est perdu. Le voilà indécis. Le port est dévasté par des vagues plus hautes que des maisons. Les gens se tassent partout où il est possible de leur échapper.

La pluie de ponces s'intensifie. Ils les entendent crépiter sur les tuiles, rebondir contre les murs et les portes.

— On ne peut rien faire qu'attendre.

— Et prier les dieux de nous porter secours !

Les dieux ! Julius ne les a pas souvent priés ; ces créatures invisibles se sont toujours défilées quand il en a eu besoin. La prière ne changera rien. N'est-il pas lui-même immortel ? Seules son agilité et sa force lui ont permis d'échapper à l'épée pointée sur sa poitrine et maniée par un homme décidé.

— Il n'y a qu'à attendre, répète-t-il. On décidera de fuir si c'est nécessaire, mais dans cet instant, c'est ici que nous sommes le plus en sécurité.

— J'ai envoyé mes esclaves préparer mon bateau. Dès qu'il y aura une éclaircie, nous partirons.

Alexia n'a pas fini de parler qu'un pan de la toiture s'effondre sous le poids des pierres tombées du ciel. Elle sursaute, se dirige vers la porte donnant sur l'atrium. Dans une fumée grise, elle voit les poutres cassées, les colonnes renversées, et les jambes de deux esclaves qui dépassent de la charpente effondrée. Les ponces pleuvent, toujours plus grosses ; dans le bassin, l'eau s'est mise à bouillir à gros bouillons. Alexia reste un long moment pétrifiée. Si la toiture avait cédé au-dessus de sa chambre, elle serait morte ! Comment y croire ? La mort des riches n'arrive que rarement par accident. Seuls les esclaves meurent dans l'exercice de leurs tâches.

Julius comprend le danger. La toiture va céder au-dessus d'eux. Ils ne peuvent pas rester là.

— Nous risquons d'être écrasés sous les décombres. Viens.

Le reste du toit de l'atrium tombe dans un grand fracas.

— Tu as raison, réagit enfin Alexia. Mais où serons-nous à l'abri ?

— Au port, on pourra attendre dans le hangard de ton bateau. Regarde, le ciel semble plus clair au-dessus de la mer. On va partir vers Misène.

— Je vais rassembler mes bijoux et ce que je dois emporter.

Elle demande aux esclaves qui se tassent dans les parties communes et n'osent plus bouger de la suivre. Elle ouvre son coffre à bijoux, vérifie qu'il ne manque rien, passe dans sa chambre, vide un second coffre rempli de pièces d'or et de sesterces, puis ordonne qu'on prépare ses vêtements, ses poudres de maquillage et tout ce qui est indispensable à une femme importante. Julius s'emporte :

— Mais tu ne vas pas emmener tout ça ? On n'a pas de mulets !

— Tu voudrais peut-être que je parte toute nue ? Mes esclaves remplaceront les mulets.

Julius n'insiste pas. Malgré leur peur, les esclaves chargent les malles sur leurs épaules, car il est impossible de faire rouler une charrette. Mais les portes sont coincées par la couche de ponces et les serviteurs doivent escalader un mur éventré pour sortir et dégager l'entrée.

Enfin, ils partent. Julius marche devant, foulant de ses puissants mollets l'épais tapis de cendres et de cailloux. Ils avancent dans un champ de ruines, noires comme après un gigantesque incendie. On se bouscule sur la voie Marine, mais tout le monde s'écarte devant Julius. Sa présence rassure. S'il va vers la mer, c'est qu'ils ont pris la bonne décision.

En quelques minutes, le temps change encore. Les orages qui s'étaient éloignés reviennent par le large. D'énormes vagues se dressent comme des murs d'écume blanche et déferlent sur la côte avec un roulement intense. Les bateaux qui flottaient encore sont projetés au milieu des villas. Des creux se forment, si profonds qu'ils laissent apparaître les rochers du fond couverts d'algues.

Impossible de prendre la mer dans ces conditions. Il faut attendre une nouvelle accalmie qui viendra sûrement, tôt ou tard. On se tasse sous les entrepôts en silence car il est impossible de communiquer dans le fracas des vagues, du tonnerre et de la pluie battante mêlée aux ponces et à la poussière. On tremble, on claque des dents de froid et de peur.

Une légère lueur traverse l'air épais, éclairant des visages contractés et livides. La pluie martèle les hautes arcades. Le bruit des toitures qui s'écroulent s'ajoute au roulement du tonnerre. Pelotonnés sur eux-mêmes, hommes, femmes et enfants n'ont même plus la force de pleurer. Ils pensent à leurs biens laissés derrière eux, dans la ville et la campagne, à leurs maisons si durement acquises, à leurs terres recouvertes de près de trois pieds de cendre noire. Dans un coin, un peu à l'écart, quatre personnes, deux hommes et deux femmes, sont à genoux. Les mains jointes, ils prient à haute voix. Puis ils se mettent à chanter un psaume qui parle d'amour, du Dieu unique et de l'apocalypse attendue. Un solide patricien, portant la toge blanche, s'approche et les menace.

— Vous allez vous taire ? Tout ce qui arrive est de votre faute !

Un des hommes à genoux, assez vieux et portant une barbe blanche, se dresse devant lui.

— Confiez votre vie à Dieu, il saura vous accueillir !

Le patricien excédé se tourne vers l'assistance.

— Qu'on chasse ces révolutionnaires ! N'ont-ils pas provoqué la colère des dieux avec leurs détestables idées ?

La peur se transforme en folie meurtrière. Il faut bien punir quelqu'un. Si on avait exterminé les chrétiens plus tôt, on n'en serait pas là !

Plusieurs hommes les saisissent brutalement et les poussent hors des entrepôts.

— Dieu vous pardonnera ! dit l'un d'eux, en plein cœur de la tourmente.

Le vent s'est levé, rugit, emporte des planches ; des pans entiers de cloisons flottent dans l'air avant de s'abattre avec bruit. Alexia, qui n'a pas l'habitude de la promiscuité, se sent très mal à l'aise. Près d'elle, Julius surveille ses caisses protégées par les esclaves terrifiés.

— On ne peut pas rester là, décide soudain Alexia. Il y a trop de monde. En supposant que mon bateau soit encore en état, la bousculade sera générale et dangereuse.

— Ne t'en fais pas ! répond Julius en se dressant et montrant son imposante stature, je suis là.

— J'ai froid, ajoute-t-elle en frissonnant. J'ai mal à la poitrine, je n'arrive plus à respirer, et puis cette odeur…

Julius réfléchit un instant. Alexia a raison : les chances de pouvoir s'échapper par la mer sont minimes. Alors, où aller ? Les chemins sont défoncés et disparaissent sous une épaisse couche de boue. Il est impossible de se repérer dans cette campagne vide d'arbres, de maisons et d'horizon. Les nouvelles les plus contradictoires circulent. On dit, tout près du gladiateur, que mieux vaudrait se diriger vers Naples. Dans une éclaircie, n'a-t-on pas vu le panache de cendres s'incliner vers l'est ?

— Tu as raison, dit le gladiateur. On y va.

Les esclaves chargent de nouveau les caisses sur leurs épaules et suivent leur maîtresse. Ils progressent en retrait du rivage, mais la marche est de plus en plus difficile. Le puissant Julius a beau ouvrir la voie, les esclaves peinent avec leur chargement. Ils arrivent à une villa au toit effondré, qui n'est plus qu'un amoncellement de cendres et de pierrailles. Impossible de s'arrêter là.

Et tout à coup, du ciel, tombent de nouveau de véritables pierres, minuscules, mais dures et meurtrières. Un esclave en reçoit une sur la tête et s'écroule.

— C'est trop dangereux ! s'écrie Alexia. Retournons au port.

Ils font demi-tour ; la trouée dans les ponces s'est refermée derrière eux. De nouveau, Julius ouvre la voie. Ils arrivent péniblement à l'entrepôt encore plus surpeuplé. Ils se tassent dans un coin et attendent. Alexia, trempée, serrée contre Julius et protégée par les esclaves qui chassent les voleurs avides d'explorer le contenu des malles, a toujours aussi froid.

Que faire ? Attendre le bon vouloir des dieux ?

Près du Sarno

Cellia et Priscus se dirigent vers le pont. Le cheval marche péniblement, mais tire la charrette lourde des trésors amassés. La poitrine en feu, ils hésitent à suivre un groupe de personnes car ils redoutent de se faire piller leur butin. Les cadavres mutilés tout autour d'eux se recouvrent lentement de suie et de pierrailles. Le morbide a toujours fasciné la jeune femme, qui prend le temps de se pencher sur un visage couvert de sang coagulé et dont les yeux ouverts expriment la terreur de la mort. Dans un instant, ce sera peut-être elle qui regardera ainsi le néant ! Elle doit s'abriter, trouver l'endroit le plus sûr. Ceux qui survivront pourront profiter du désastre. Tout sera à reconstruire, même les fortunes. Face à la désolation, aux cadavres, aux cris des blessés, elle sait que le monde n'est pas fait pour la bonté comme le disent les chrétiens, mais pour les plus dégourdis, les plus forts, ceux qui ne pensent qu'à eux.

Elle a mal aux jambes et peine de plus en plus à avancer dans la couche de boue qui lui monte jusqu'aux cuisses. À l'entrée du pont, les plus costauds bousculent leurs voisins, jouent des poings, et fracassent des crânes à coups de pierre.

— Pourvu que le cheval tienne jusqu'à Nocera, espère Priscus.

Il prend le temps de la regarder et remarque qu'elle est belle. Il voit ses yeux clairs et pleins d'une lumière précieuse, ses joues, son front, ses lèvres…

Le tonnerre gronde toujours. De violentes pluies s'abattent sur les fugitifs, qui rentrent la tête dans leurs épaules, et inondent la vallée. Il fait de nouveau nuit. Dans la cohue, des enfants hurlent, des hommes appellent leur femme. Les éclairs allument des scènes qui s'effacent aussitôt dans un néant lourd de menaces, femme penchée sur un blessé englué dans la boue, esclaves qui tentent de remettre sur pied un âne beaucoup trop chargé de coffres, vieillards piétinés qui tendent leurs mains noueuses pour demander du secours et que personne ne regarde.

Des pierres très dures tombent sur les fugitifs, qui s'écroulent. Que faire sinon courir dans l'espoir d'échapper à la mort qui frappe à l'aveugle ? Ceux que touchent les projectiles tombent sans un cri. D'autres, grièvement blessés, essaient de s'extirper de l'épaisse couche sombre qui les aspire. Une femme aux jambes broyées avance par à-coups en s'aidant de ses bras. Un homme tout à côté implore qu'on l'aide, ses viscères fumants répandus sur la pierraille.

Cellia se protège la tête avec une planche arrachée à la charrette. Elle redoute que, si près du but, un projectile vienne anéantir son rêve de vie heureuse. Touché au front, le cheval s'écroule. Priscus se précipite sur un sac gonflé de pièces d'or et de colliers roulés dans la boue ; Cellia s'arc-boute sur un coffre de bois, trop lourd pour elle.

— On ne peut pas tout emporter !

Sans un mot, Priscus charge la caisse sur ses épaules. Cellia prend le sac et ils continuent à pied, se frayant un passage jusqu'au pont où une foule bruyante bloque l'entrée. Les coups fusent ; des familles entières sont précipitées dans le torrent furieux.

Une pierre, pas plus grosse qu'une pomme, touche Priscus à la nuque, déchire son épaule droite, et ouvre une plaie béante en haut du dos. Le sang gicle, éclabousse Cellia qui ne perd pas son sang-froid. Dans sa vie d'esclave, elle a vu tant de drames, tant de sang, qu'elle est devenue insensible à la souffrance des autres. La caisse qu'il portait s'est ouverte en tombant et des bijoux scintillent sur la boue. Elle en ramasse plusieurs, les enfouit dans son sac. Priscus l'implore de l'aider. Un violent coup de pied en plein visage le fait taire. Elle s'enfuit, laissant là le restant du trésor qui attire deux hommes à la tête couverte d'un capuchon.

Un rocher un peu plus gros que les autres les écrase tous les deux.

Cellia joue des coudes en s'approchant du pont. Mêlée à l'odeur de la cendre, elle sent une autre odeur, celle du sang chaud qui coule. Une trouée dans les nuages montre le champ de bataille. Elle passe à côté d'un âne renversé sur le dos et dont les pattes battent l'air.

Dans un grondement infernal, les eaux noires charrient des cadavres d'animaux et d'hommes qui ont essayé de passer plus en amont à un gué facile à franchir en été.

Le pont construit sur des piliers de pierre est pris d'assaut. On s'y bouscule, on y échange des coups. L'intense piétinement sur le tablier fait bouger les montants de bois. Des troncs d'arbre, des rochers emportés par l'eau en furie heurtent les piles avec des bruits sourds. L'édifice vibre, plie sous le poids des nombreux passants. Cellia bouscule, frappe, se faufile, et arrive à l'entrée quand le pont tout entier vacille, s'affaisse par le milieu projetant à l'eau un grand nombre de personnes. Le flot les engloutit dans un roulement puissant et les cris de terreur.

Le pont reste pourtant encore en place, malgré une de ses piles qui s'est effondrée. Il est incliné sur un côté, et légèrement cassé en son milieu. Il y a un instant d'hésitation. Plusieurs hommes s'engagent sur les planches glissantes. On entend des craquements. Ils courent sur l'autre rive, celle de la vie. Cellia tarde avant de s'aventurer sur le tablier glissant qui penche dangereusement vers les flots en furie. Une dizaine d'hommes chargés de bagages, de sacs, de coffres portés sur l'épaule, tirant d'une main leur famille, s'y précipitent, courent aussi vite que possible, le regard fixé sur l'autre rive. Le pont martelé vibre. Le tablier vacille de nouveau et s'effondre dans un énorme fracas, au moment même où Cellia avance vers les planches. Elle recule précipitamment avec la foule éclaboussée par une vague d'eau noire et glacée.

Hagards, les fugitifs voient disparaître dans les eaux rugissantes le seul espoir d'échapper à l'enfer.

— C'est de la faute des riches, hurle une voix criarde de femme. Ils ont voulu sauver leur fortune et ont trop chargé leurs mules.

Que faire ? Comment atteindre l'autre côté du fleuve en furie alors qu'il n'est pas possible de s'y aventurer en barque ? Il leur faut un bouc-émissaire, une victime expiatoire. Un premier coup frappe un homme qui tente de protéger sa mule écrasée par plusieurs caisses en bois, puis un coup de bâton l'assomme. C'est la curée. Ils sont plus d'une dizaine à marteler ce pauvre corps couvert de boue et déjà sans vie. Et comme une seule victime ne suffit pas, une bagarre générale éclate jusqu'à ce que quelqu'un crie qu'on peut passer plus haut, et c'est la débandade.

Cellia ne se mêle pas à la foule. Elle serre contre elle son sac de bijoux et d'or. Elle est riche ! Personne ne doit le savoir, mais cela lui donne une furieuse envie de vivre. Elle s'éloigne des rives du Sarno. Un jeune homme arrive à son devant et la dévisage. Elle soutient son regard, esquisse un sourire. L'instant d'un éclair, ils cessent de penser à leur sauvegarde, au danger qui les menace.

— Viens, dit le garçon à la tête couverte d'une large capuche noire. Il ne faut pas aller dans ce sens.

— Qu'est-ce que tu en sais ?

Il s'approche, repousse sa capuche. Cellia découvre un jeune homme d'une vingtaine d'années, très beau avec le visage fin et les cheveux frisés parfaitement coiffés d'un aristocrate. Cellia a la certitude de l'avoir déjà vu à Pompéi. Est-ce un patricien ? Ce n'est pas un esclave, l'esclavage se lit dans le regard fuyant, dans l'attitude, la façon de baisser la tête comme un animal de trait… Elle s'approche, ses yeux plantés dans les siens. Une intense frénésie s'empare d'elle.

— Viens ! répète le garçon.

Lui aussi est sensible à cette ivresse, à ce vertige qui occulte les pensées les plus immédiates. La peur se transforme en désir. Leur jeunesse prend le dessus, elle, l'esclave qui n'a pu manger qu'à force de tricheries, de mensonges, lui qui, malgré les apparences, n'est qu'un modeste porteur d'eau et rêve de devenir un grand commerçant, d'armer des bateaux pour aller chercher des parfums en Orient, de s'enrichir comme Caelus, son maître. Depuis le début de la catastrophe, il erre d'un endroit à l'autre. Il voit, indifférent, ces cadavres joncher les rues, le sang se mêler à la cendre, la chair écrasée sous les pierres tombées du ciel. Il marche, il court vers un destin immédiat, une folie par laquelle il deviendra semblable à ce patricien gisant au sol, la toge rougie et qui implore du secours, les mains tendues vers les passants, tenant un superbe collier pour celui qui l'aidera. Un homme le lui arrache et lui assène un violent coup de pied sur le crâne.

Cellia et le jeune homme traversent une zone dégagée. Plusieurs arbres renversés dressent leurs branches nues comme après un incendie. La pluie est moins intense, mais toujours aussi froide et surtout tellement sale qu'elle se colle à la peau, formant une croûte gelée.

— On dirait que ça s'arrange un peu.

Il n'y a plus de pierres meurtrières parmi les ponces, peut-être s'enfuient-elles vers Stabies plongée dans une nuit intense. Peut-être…

Ils croisent d'autres groupes qui progressent en silence, la tête penchée pour éviter la grenaille de ponces. La panique a cédé la place à une sorte de résignation. Beaucoup errent sur la berge du Sarno pour trouver un autre passage, mais il n'y en a pas. Pris dans la nasse, il ne leur reste plus qu'à prier. Le soleil sort, éclairant la désolation de cette campagne vouée à la culture de la vigne, de l'olivier, des légumes, du blé, désormais étendue de boue noire et gluante, laissant dépasser des squelettes d'arbres, des ruines de maisons. Les cadavres en sont recouverts. On les bouscule du pied, en les maudissant car ils freinent la marche.

— Retournons à Pompéi, dit Cellia en serrant son sac de pièces d'or contre elle.

— Non, répond le jeune homme. Je veux fuir le plus loin possible. Essayons de trouver un bateau.

— Mais tu n'y penses pas ! Personne ne voudra prendre la mer par ce temps !

— Mais si, rétorque-t-il en désignant le sac. Peu de gens résistent à ça !

N'en faisant qu'à sa tête, Cellia entraîne son compagnon vers une villa fantôme qui domine le bord de mer. Il ne reste que des ruines à moitié englouties au milieu d'une pente noire et sans vie. Les jardins hier encore si bien fleuris, les temples, tout a disparu. La pluie a cessé, le brouillard s'est dissipé ; on pourrait croire que le Vesuvius s'est enfin calmé, mais la colonne est toujours là, droite, pleine de tourbillons, plus large qu'au début et se perdant dans des nuages sombres.

Ils se faufilent par un escalier ouvert sur le vide et longent un couloir en direction d'une vaste pièce décorée de fresques colorées. Les coffres, les sièges, tout est resté intact sous une fine couche de cendres grises. L'absence des propriétaires, des nombreux esclaves qui s'activaient là avant la catastrophe est palpable. Les personnages des fresques, les statues toujours debout la menacent, ordonnent de leurs bouches ouvertes et silencieuses de déguerpir. Cellia frissonne.

— Viens, fait-elle en prenant la main du jeune homme un peu perdu.

L'atrium s'est écroulé. Les habitants ont eu le temps de s'enfuir et Cellia pense aux trésors probablement oubliés dans des coffres. Mais elle n'en dit rien.

— Tu sens ? demande-t-elle en s'arrêtant devant le sordide spectacle de poutres, de tuiles et de colonnes renversées.

— Quoi ?

— L'odeur de la mort.

Un bruit venu de partout à la fois les arrête. Un pan de mur s'écroule. Ils l'évitent ; une pierre touche le jeune homme à l'épaule. Il grimace.

— C'est rien, souffle-t-il en portant la main à sa chemise déchirée qui rougit.

Ils marchent entre les gravats. Tout à coup, Cellia s'arrête.

— Regarde !

Devant eux, une femme au visage intact et magnifiquement fardé semble les regarder en ricanant. Ses dents sont très blanches, des dents d'une riche patricienne, car à trente ans cela fait longtemps que les esclaves et les gens du peuple n'ont plus que des chicots noirs et douloureux. Une pierre lui a écrasé la poitrine. Dans sa chute, elle a laissé échapper un coffret de bois noir. Sa main toujours tendue semble vouloir récupérer ce trésor dont les bijoux sont répandus autour du couvercle ouvert. Cellia se penche, ramasse plusieurs colliers en or, finement ouvragés, des bracelets, des bagues, des boucles d'oreilles. Son regard émerveillé contemple ce trésor tellement inutile à cet instant. Elle prend pourtant le temps d'attacher les colliers à son cou, d'enfiler les bagues à ses doigts, et enfouit les restes dans son sac.

— On est riches ! s'extasie-t-elle en adressant un sourire à son compagnon.

— Il faut partir d'ici ! s'écrie le jeune homme en entendant un nouveau grondement monter du sol.

La terre tremble encore, des gravats tombent de l'enchevêtrement de poutres et de tuiles de la toiture éventrée.

— Pour aller où ? On ne peut pas fuir par la mer !

Elle le pousse dans un recoin.

— Là on ne risque rien. Les colonnes tiennent la toiture. Il suffit d'attendre que tout s'arrête.

Son cœur bat très fort. Elle sent le corps du jeune homme contre le sien. Un désir violent gêne sa respiration, mais elle ne cède pas à sa pulsion. Elle doit trouver l'endroit protégé où elle pourra attendre la fin du cataclysme, et mettre à l'abri sa richesse. Elle va acheter une magnifique villa, des esclaves, elle mènera grand train comme ces matrones qui n'ont rien d'autre à faire que se promener dans les rues et recevoir leurs amies. Elle ne mourra point : la fortune enfermée dans son sac, attachée à son cou, à ses poignets et à ses doigts, la rend invulnérable. La voilà immensément heureuse, mais elle doit rester sur ses gardes et ne pas risquer de tout perdre pour un moment d'égarement. L'esclave a appris à se méfier d'elle-même. La manière dont le jeune homme la serre contre lui ne cache pas son désir. Et si c'était la dernière chance, la dernière possibilité d'extase avant le grand anéantissement ? Après un instant de flottement où un geste infime, un regard, une caresse auraient pu la faire basculer, elle le repousse :

— Non, dit-elle d'une voix qui se veut ferme.

Lui aussi se reprend et pense à sa sauvegarde.

— On risque d'être écrasés par ce qui reste de toiture. Il faut sortir.

— Non, je reste, décide Cellia. Pars.

Il s'éloigne, pataugeant dans la boue. Rassurée, Cellia caresse ses bijoux, certaine d'avoir fait le bon choix. Elle s'en ira quand elle l'aura décidé. Sa vie lui appartient et son plaisir ne peut être que solitaire. Le poids de son sac lui fait chaud à la poitrine. Elle va prendre sa revanche, la fille qui poussait la poutre jusqu'à épuisement complet va dominer, donner des ordres, punir, se venger, récupérer ce qu'on lui a pris. Là, tassée dans son coin tandis que tout vibre et tremble autour d'elle, la pensée de Claudius qui la violait dans la salle où étaient entreposés les sacs de grains lui arrache un grognement révolté. À la fin, c'était presque tous les jours, jusqu'au moment où son ventre s'était arrondi. Elle était enceinte. Claudius l'avait alors enfermée dans une pièce sombre où d'horribles femmes l'avaient attachée pour enfoncer des pointes de fer dans son ventre sous le regard satisfait du maître. Le sang coulait de ses cuisses dans une bassine. Les marâtres échangeaient des grossièretés. Après avoir farfouillé dans son ventre, elles l'avaient abandonnée sur une couche posée au sol, couverte de punaises et de cafards qui montaient sur ses jambes nues, passaient sous sa chemise et griffaient la peau de ses seins.

Pendant plusieurs jours, elle avait supporté la brûlure de ses entrailles, la douleur de sa poitrine à chaque inspiration. Elle avait voulu mourir au plus vite, mais ce n'était pas son heure. Elle s'était rétablie et dès qu'elle avait pu se tenir debout, le maître l'avait fait retourner à sa poutre. Mais Cellia avait perdu toutes ses illusions. La mort qu'elle avait frôlée ne lui faisait plus peur. Les prêches des chrétiens l'attiraient parce qu'elle y voyait une volonté de vengeance. Être chrétien, pour elle, c'était se battre contre les maîtres.

Finalement son sac de bijoux et de pièces d'or n'est pas très lourd. Elle pourrait en porter deux fois plus. Et avec deux fois plus d'or, elle pourra acheter deux fois plus de biens, vivre deux fois mieux ! Elle qui n'a jamais rien possédé que ses misérables vêtements mesure que rien n'est plus agréable que de sentir le poids de l'or au bout de ses mains ! Tant de beaux projets naissent spontanément dans son esprit. Elle n'a jamais cru qu'elle était la fille de Marcus Flavius Pansa. D'ailleurs, où est-il à cet instant ? Avec le jeune Stephanus ? Cela n'a pas d'importance. Cellia n'a pas besoin de lui et ne veut appartenir à aucun groupe, aucune famille. D'elle naîtra une nouvelle lignée, d'elle viendront les futurs maîtres de Pompéi. La tête lui tourne en pensant à sa place dans la société de Pompéi quand tout sera reconstruit. Mais pour cela, il ne faut pas laisser l'or s'enfouir sous les cendres et les ponces où il ne servira à rien, elle doit se l'approprier, tant qu'il est encore temps. Un soupir de bonheur gonfle sa poitrine. Elle sera respectée, reçue à Rome par l'empereur. Son avis sera essentiel dans toutes les décisions, personne n'osera la contrarier. Alors, elle se lève, sort par une brèche du mur. Il pleut, une petite pluie d'automne bien ordinaire. Les tremblements de terre ont cessé. Elle marche en direction de Pompéi dont les murs disparaissent dans un brouillard gris. Les rues sont désertes, hormis quelques personnes qui pataugent dans l'épaisse couche de ponces dépassant par endroits six pieds de haut. Cellia connaît les meilleures villas et se dirige vers la rue de l'Abondance. Elle va s'introduire dans les habitations par les fenêtres cassées, par les ouvertures de la toiture. Elle se hâte sans se préoccuper de l'air qui pique la gorge et brûle les poumons.

Elle arrive à la luxueuse villa de Lucius Jucondus, le banquier, et s'y faufile par une ouverture sur le toit. Elle y découvre les grandes tables pour le banquet prévu après le sacrifice. Des cuisines s'échappent des parfums de viandes grillées. Dans une pièce voisine, des pains dorés, des pâtisseries sont posées sur des étagères. Cellia a faim et mord dans une tarte aux fruits, puis boit à la régalade à une carafe de vin, intriguée par le silence de cette maison où règne une odeur de fête.

Le bureau du grand banquier est intact. Le plafond a supporté le poids des ponces et elle trouve plusieurs coffres remplis de parchemins, mais pas d'or. Où est-il ? Cellia parcourt les longs couloirs, inspecte les pièces dont elle peut ouvrir les portes. Il n'y a personne, pas le moindre esclave oublié là parce que trop vieux pour avoir une quelconque valeur…

Elle pense à la cave où les riches cachent souvent leurs trésors, mais l'escalier est obstrué par l'éboulement d'un mur. Elle doit se rendre à l'évidence : il n'y a rien d'intéressant dans cette grande coquille vide.

L'or de Lucius Jucondus est pourtant tout proche. Cet homme au physique ingrat, que l'on disait fort et courageux, a cédé à la panique et s'est enfui discrètement avec son trésor, abandonnant ses serviteurs occupés à préparer le banquet. Le corps couvert d'un grand manteau à capuche noire pour qu'on ne le reconnaisse pas, il a contourné la basilique en direction d'un endroit qu'il connaît bien : une ancienne mine dont l'ouverture se trouve près du temple de Vénus. Mais il n'a pas pu aller plus loin : une grosse pierre l'a écrasé, son corps a éclaté pareil à un fruit trop mûr, sa tête arrachée, curieusement épargnée, a virevolté dans l'air puis s'est posée sur un rebord de porte, les yeux ouverts sous les épais sourcils, un léger sourire aux lèvres. Son sac d'or ouvert a laissé couler des pièces brillantes que personne n'a encore remarquées. Le grand banquier qui escroquait ceux qui lui confiaient leurs affaires et qui refusait toujours de travailler avec les petites gens n'est plus qu'un tas de boue rouge mélangé aux graviers.

Ferme de Rectina

Rectina est retournée dans sa ferme pour attendre l'arrivée de Pline. Après un semblant d'accalmie, les pierres tombent de nouveau du panache dressé au-dessus du Vesuvius. Elle a libéré tous ses esclaves, même ceux qui avaient pour tâche de surveiller le vin dans ses chais. Sa villa a subi d'importants dommages, il suffirait d'une secousse pour renverser les murs fissurés. La fuite s'impose, mais où aller ? Sous le regard attentif de Poletix, elle se réfugie dans le jardin où les ponces forment un tapis de près de trois pieds d'épaisseur à cause duquel il est bien difficile de se déplacer.

Après une marche pénible, Marcus, Massimus et le jeune Stephanus arrivent enfin dans une campagne dévastée. Ils ont échappé aux pierres tombées du ciel. Ils sont couverts de boue, mais vivants.

En les apercevant, Rectina tombe dans les bras de Marcus et éclate en sanglots.

— Comme je suis heureuse de te retrouver !

Le regard que jette Poletix à Marcus montre que c'est loin d'être le cas du bel esclave. Il espérait qu'il gisait quelque part, écrasé sous une grosse pierre. Des pensées violentes germent dans son esprit.

— J'ai envoyé un message à l'amiral Pline. Il va venir nous chercher.

— De Misène, il faut plus de trois heures…

— Il ne va pas tarder ! précise Rectina. Il est temps de se rendre au port d'Herculanum.

Rectina ordonne qu'on apporte ses malles. Comme Stephanus tousse à cause des cendres et qu'il n'a plus la force de se tenir sur ses jambes, Marcus demande que deux esclaves le portent jusqu'au rivage où vont aborder les gros bateaux.

— Je m'inquiète pour sa sœur, Cellia, dit Marcus après avoir rapidement expliqué la situation à Rectina. Je ne peux pas partir avec toi, Rectina. Je te confie mon Stephanus. Il faut que je retrouve ma fille et que je la sauve. Je ne me tracasse pas pour Julius. Il est fort et protégé par les dieux, en revanche je dois sauver ma petite esclave qui poussait la poutre de la meule. Tu comprends ?

— Oui, je comprends, mais…

Massimus s'interpose :

— Non, maître, tu ne vas pas y aller. Stephanus a besoin de toi. Et puis… et puis…

— Quoi donc ?

— J'ai surmonté ma peur de la mort. Pour nous, chrétiens, ce n'est qu'un passage. Je peux mourir, cela ne m'inquiète pas. Je vais m'occuper de Cellia.

Marcus prend l'affranchi dans ses bras et l'étreint longuement.

— Tu es un véritable ami…

Il ne finit pas sa phrase car il a un sombre pressentiment.

— Où nous retrouverons-nous ? demande Massimus.

Marcus hésite un court instant, puis Rectina précise :

— Pline a un très grand ami à Stabies. Il ne va pas venir ici sans lui porter secours. Tu nous retrouveras chez lui.

Une secousse du sol fait tomber des plaques de stuc du plafond.

Les chevaux sont prêts. Entre deux accès de terreur, les animaux retrouvent un semblant de calme et se laissent faire. En revanche, ils ont respiré tellement de poussière qu'ils peinent à marcher. Tout cela, les esclaves le savent, mais comment faire autrement que d'atteler ces pauvres bêtes à bout de forces ?

Les malles sont chargées. Rectina s'installe dans la voiture à côté de Stephanus. Marcus a décidé de rester près des chevaux avec Poletix. Les animaux pataugent dans la boue. Ils croisent des groupes de gens hagards qui ne savent où trouver refuge. Ils avancent, cependant. C'est bien peu, mais suffisant pour rassurer ceux qui veulent encore espérer. Par endroits, la couche noire est moins épaisse, mais les chevaux n'en peuvent plus. Marcus se dit que ce n'était pas une bonne idée d'emporter tous ces coffres remplis de vêtements et de choses totalement inutiles quand on veut sauver sa vie.

En mer

Pline, sur le pont du navire amiral, donne des ordres. Pour ne pas s'égarer dans l'obscurité du nuage de cendres, et surtout ne pas avoir à affronter la haute mer, il suit la côte à quelques milles. Les feux allumés sur les tours de garde lui permettent de se diriger.

À mesure qu'il s'approche d'Herculanum, il remarque d'autres feux sur les hauteurs près de la plage. Les cris des gens en détresse lui arrivent.

Enfin, lors d'une légère éclaircie, il peut voir la côte avec netteté. Une foule immense se tasse sur le littoral, espérant le salut par le large et attendant, un coussin sur la tête pour échapper aux ponces et aux petites pierres. Lorsqu'ils aperçoivent les gros navires de guerre s'approcher, les fugitifs s'agitent, se pressent vers les fortes vagues qui emportent les plus téméraires. Où se trouve Rectina ? Sûrement quelque part dans cette cohue. Il saura la faire monter en priorité.

Pline fait appeler son second et lui dit :

— Je ne veux pas de désordre. Il est certain que les gens vont se bousculer pour monter à bord. D'abord les patriciens, il y en a sûrement, puis les citoyens ordinaires et les esclaves s'il reste de la place.

La flotte met le cap vers le rivage. Mais le vent contraire et les courants gênent la progression. Parfait connaisseur de la côte, Pline décide qu'on jettera l'ancre à un demi-mille et ordonne qu'on prépare les chaloupes. Les rameurs s'éreintent jusqu'à ce qu'un choc brutal fasse pencher sur bâbord le bateau amiral. La quille vient de racler le fond… Pline s'étonne, ne comprenant pas comment le niveau de la mer a pu baisser de plusieurs pieds à cet endroit quand il est toujours à la même hauteur sur le littoral[1]. Impossible dans ces conditions d'approcher les lourds navires.

Les gens hurlent en voyant les bateaux arrêtés. Le ciel s'est éclairci sur un soleil couchant, tout à coup lumineux et pur. Pline réfléchit. Comment sauver Rectina et tous ces pauvres gens ? Naviguer de nuit sur une mer aussi grosse est très dangereux, mais l'amiral ne peut se résoudre à faire demi-tour sans tenter l'impossible. Il décide de poursuivre vers Pompéi et Murecine.

— Le danger semble moindre en direction de Stabies. On dirait que la mer est plus calme, annonce-t-il pour rassurer les marins qui lui font constater que les navires dérivent et que les nuages de cendres vont hâter la nuit. Cap à l'est !

La foule se presse sur le rivage. Les patriciens font valoir leur priorité. Les autres embarqueront s'il reste de la place. Cela, tout le monde le sait, mais l'espoir demeure. N'ont-ils pas compté cinq gros navires, de quoi secourir plusieurs centaines de fugitifs ?

Au bout de ce qui leur semble une éternité, ceux qui ont la vue perçante remarquent que les rames s'activent de nouveau, mais pas dans le sens attendu. Les bateaux s'éloignent vers le large. Les gens crient leur haine à ces marins qui ne veulent pas les sauver. Alors, fous de désespoir, des groupes sautent sur les barques qui n'ont pas encore coulé et rament face aux vagues aussi hautes que des maisons. D'autres se jettent au sol et pleurent, attendant la mort assurée.

Des éclairs lardent les nuages sombres qui s'étalent lentement. La pluie de ponces reprend. Une chaleur intense et moite gêne les marins qui les poussent à la mer, mais il

1. Poussé par la pression du magma, le sol marin a été soulevé de plusieurs mètres.

en tombe toujours plus. Ces pierres, plus légères que l'eau, forment par endroits des amas, semblables à de petites îles surgies spontanément. À mesure qu'ils avancent, la mer est un peu plus calme, mais le vent apporte des nuages de poussière dont l'odeur tenace de soufre soulève l'estomac. Les matelots n'arrivent plus à respirer et toussent ; les esclaves n'ont plus la force d'actionner les lourdes rames de bois. Par chance, le vent se lève, dispersant les vapeurs toxiques.

Ils arrivent en face de ce qui pourrait être le port de Pompéi, mais tout est tellement dévasté, transformé par l'épaisse couche de cendres, qu'ils n'ont aucun point de repère. Ils aperçoivent des centaines de personnes tassées sur les jetées, criant au secours et faisant de grands gestes des bras. Leur cauchemar va-t-il enfin s'arrêter ?

Près du littoral

Rectina a vu les bateaux faire demi-tour. Que se passe-t-il ? Elle ne peut pas rester là, au milieu de cette foule hurlante et des voleurs qui n'hésitent pas à tuer pour s'emparer des coffres à bijoux alors que la nuit tombe lentement.

— Nous partons, ordonne-t-elle.

— Mais les chevaux n'ont pas bu ! proteste Marcus. Ils ne peuvent tirer aucune charge !

— Nous n'allons pas loin. Sur la route de Murecine, à la *villa rustica* de mon ami Pollux Barrolus. Il nous accueillera pour la nuit. Demain nous aviserons.

Après un coup d'œil vers Stephanus qui, les yeux larmoyants, respire difficilement au point de ne plus avoir la force de parler, Marcus pense que c'est finalement une bonne chose d'aller chez cet ami, où le jeune homme pourra se restaurer et dormir.

Ils repartent. Comme les chevaux toussent, les esclaves doivent pousser la charrette. Ils cheminent ainsi dans une campagne méconnaissable, jusqu'à une ferme en partie épargnée.

Barrolus, un petit homme maigre et énergique, les accueille en s'excusant de ne pouvoir leur offrir un peu de confort. Une partie de la villa est effondrée, mais des bâtiments en bordure du vaste jardin sont restés debout. Des esclaves ont pour ordre de balayer les ponces qui s'amoncellent sur la toiture.

— Vous ne serez pas très à l'aise, dit-il, mais nous serons en meilleure sécurité que partout ailleurs.

Barrolus demande à ce qu'on s'occupe de Stephanus, puis propose à Marcus de l'accompagner au bout de sa propriété.

Il y a peu encore, cela devait être un vaste espace qui descendait mollement vers la mer. Désormais, il ne reste qu'une étendue morte d'où dépassent des squelettes d'arbres cassés et où se devine le tracé des allées. Barrolus conduit son invité vers un bâtiment ayant conservé sa toiture malgré l'épaisse couche de ponces qui l'écrase. La pluie de roches s'est apaisée et il ne tombe plus que du sable qui crépite sur les vêtements. Le ciel du crépuscule s'est éclairci, mais personne ne se fait d'illusions, la colonne noire s'est élargie sur le Vesuvius et, au sommet, son panache est encore traversé par des éclairs bleus. La terre tremble et le souffle du monstre reste toujours aussi menaçant.

À cet endroit, Barrolus a fait aménager un petit port privé pour y garder ses trois bateaux toujours prêts à partir vers Capri, où il possède une grande propriété.

— J'ai fait préparer ce bateau, explique-t-il. J'espère qu'à Capri il y a moins de tremblements de terre et que le soleil a brillé toute la journée, mais la mer est trop forte pour tenter la traversée.

Ils remarquent à quelques milles les lueurs de gros bateaux qui poursuivent leur route vers Murecine.

— L'amiral Pline, l'ami de Rectina, n'a pas pu accoster, en déduit Marcus. Je pense qu'il a mis le cap sur Murecine ou Stabies car la mer y est plus profonde et qu'il y a des ports naturels bien protégés des vents. Il a mené ses bateaux là où il pourra sauver un maximum de personnes.

Tout en parlant, il contemple la colonne au-dessus du Vesuvius. Elle s'est élargie et tourbillonne dans le rougeoiement du soleil qui se couche. Qu'est-ce que cela signifie ?

— Si l'amiral est là avec sa flotte, poursuit-il, c'est parce que Rectina lui a envoyé un message. Il nous prendra à son bord. Tu pourrais faire préparer tes rameurs, je connais un peu la navigation. Il est possible d'atteindre Murecine, qui est assez proche, en suivant la côte de très près.

Ils retournent à la villa. Rectina les attend à côté de ses malles. Elle aussi a vu passer les gros navires de son ami et sait où ils vont. Assis sur un fauteuil rembourré, Stephanus jette autour de lui des coups d'œil terrifiés. C'est la première fois qu'il approche une femme aussi élégante et qui sent aussi bon que Rectina, et il évite soigneusement ce regard supérieur, plein d'autorité. Même si on vient de le vêtir richement, il n'est qu'un esclave. La toge pend autour de lui, il ne sait pas la porter, et ce qui est un ornement pour les patriciens reste pour lui un gênant morceau d'étoffe.

— Nous retrouverons l'amiral à Stabies, lance-t-elle.

— Plutôt à Murecine, non ?

— Non, ses bateaux sont trop lourds pour ce petit port.

Un sourd grondement fait vibrer les cloisons. Des morceaux de plâtre tombent à leurs pieds, la terre est animée de secousses convulsives, mais le bâtiment reste debout.

— C'est Partilos, l'architecte de Caelus, qui a construit cette villa, précise Pollux Barrolus pour les rassurer. Il a un secret pour contrer les tremblements de terre. Il dispose des pièces de bois dans la maçonnerie pour amortir les secousses.

Perplexe, Marcus réfléchit. Dans une maison ainsi équipée, ne sont-ils pas plus en sécurité que sur la mer, voguant au hasard avec un bateau trop frêle pour affronter la tempête ?

— Il pleut toujours des pierres, annonce un esclave. À certains endroits, la couche dépasse quatre pieds de haut.

Marcus ne quitte pas des yeux Stephanus, qui halète. Malgré le linge mouillé posé sur son visage, sa poitrine oppressée est animée de mouvements convulsifs.

Une nouvelle secousse projette les deux hommes à terre. Cette fois, le système de Partilos n'a pas résisté. Un pan de mur s'écroule, des pierres tombent du plafond et frôlent Stephanus.

— Nous ne pouvons pas rester ici. L'endroit est trop dangereux, tranche finalement Marcus.

La nuit est tombée plus tôt que d'habitude. Le ciel est couvert d'un énorme nuage sombre d'où pleuvent toujours des ponces et de la cendre qui recouvre tout, étouffe tout. Marcus redoute de prendre la mer, car il sait que les tremblements de terre provoquent des vagues meurtrières contre lesquelles même les bateaux de Pline sont en difficulté.

— Par la mer, c'est trop périlleux, dit-il en poursuivant sa pensée. Mais les routes n'existent plus et la couche de pierres risque d'empêcher les chevaux d'avancer. Et ils sont exténués.

— On pourrait leur fixer une muselière sur les naseaux avec des linges mouillés pour filtrer l'air, comme nous le faisons pour nous-mêmes.

— L'endroit est infesté de voleurs qui n'hésitent pas à tuer pour profiter du désordre. C'est tout aussi risqué que par la mer.

— Alors, que faire ? rétorque Rectina.

Épuisée, elle se retire dans la chambre mise à sa disposition. La peur paralyse ses pensées. Elle a envie de s'allonger sur le lit et d'attendre, de confier sa vie aux dieux. Alors, elle pense à Massimus, l'affranchi de Marcus qui est parti au-devant du danger parce qu'il n'a pas peur de la mort. Ces chrétiens que l'on accuse de tous les maux ont en eux une force qui lui serait bien utile. Quelque temps plus tard, Marcus la rejoint. Il est sombre, les plis de son front sont creusés.

— Ne rien faire, c'est accepter de mourir, de ne pas se défendre, dit-il d'une voix qui se veut posée. Bouger, aller de l'avant, c'est refuser le destin, c'est se hisser au niveau que les dieux ont voulu pour les hommes.

— Les dieux ? Je me dis qu'ils sont bien faibles. Je pense au Dieu de Massimus, précise Rectina. N'est-ce pas l'apocalypse annoncée, la fin du monde ancien pour mettre à sa place un monde nouveau ?

— Je ne comprends pas qu'on puisse installer le règne de l'amour par une destruction et autant de souffrance, objecte Marcus. Viens, notre hôte nous attend pour dîner.

Ils s'installent autour d'une table dressée à la hâte, avec un repas modeste de pain, de poissons séchés et de légumes défraîchis. Le silence est seulement interrompu par les secousses. Marcus se retrouve sur le sol. Une plaque du plafond tombe au milieu de la pièce avec fracas, écrasant une servante dont le sang se met à ruisseler sur le carrelage et les mosaïques. Ce n'est plus tenable. Barrolus lance un regard désespéré à Rectina. Il voudrait s'excuser d'offrir un tel abri à des hôtes de qualité, mais il ne trouve pas les mots. Rester là risque de leur coûter la vie exactement comme à la jeune esclave.

— Il faut sortir de cette maison !

Il n'a pas terminé sa phrase qu'une nouvelle secousse, tout aussi soudaine et brutale que la précédente, renverse un pan de mur avec ses magnifiques fresques.

— Nous partons, décide Barrolus. Faites préparer les chevaux. Et prenez des muselières avec des tissus mouillés pour les animaux. Demandez qu'on apporte des falots pour nous éclairer. Tous les esclaves doivent venir.

Zalina, la seconde épouse de Barrolus, fait irruption dans la pièce, visiblement très en colère.

— Crois-tu que c'est le moment d'aller courir les chemins et la boue, avec le risque de ramasser un rocher sur la tête ?

Rectina jette un regard glacial à cette enfant gâtée de vingt ans qui ne pense qu'à ses parures et aux somptueuses fêtes qu'elle donne dans la villa voisine que son vieil époux lui a fait construire. Barrolus ne lui refuse rien et pourtant, ce soir-là, il tient bon :

— Nous partons, je te dis. C'est trop dangereux de rester ici.

— Fais ce que tu veux ! Moi, je ne pars pas !

— Non, tu ne restes pas, tu viens.

Zalina trépigne, se met à pleurer, accuse son mari d'être un horrible tortionnaire. Rien n'y fait. Son époux ne lui prête aucune attention et demande aux esclaves d'accélérer les préparatifs.

Ils partent. Des esclaves ouvrent la route avec des torches et dégagent le passage souvent encombré de rochers. Zalina, montée sur un cheval, se plaint du froid et se bouche le nez avec une écharpe humide, mais elle ne proteste plus, consciente du courage de son mari qui marche à côté du cheval malgré les douleurs de ses jambes. Tout près, Marcus patauge dans la boue pour aider Stephanus à ne pas être désarçonné par les écarts de sa mule. Près de Rectina, Poletix domine les autres esclaves par sa haute et belle stature. De l'ombre tout autour s'élèvent des plaintes, des appels, des menaces aussi quand les esclaves éloignent ceux qui s'approchent un peu trop du convoi. Des éclairs éclatent dans la nuit, d'un bleu virant au rouge. Les roulements du ciel se mêlent à ceux de la terre. Barrolus prie les Lares de maintenir le calme jusqu'à ce qu'ils arrivent à sa villa de Murecine où il passe ses étés. Mais à mesure qu'ils avancent, le chemin est de plus en plus difficile. La couche de ponce est si épaisse que les animaux ont de la boue jusqu'au ventre et trébuchent sur les rochers glissants.

— C'est une grave erreur de s'être ainsi aventurés dans la nuit, assène une nouvelle fois Zalina à bout de nerfs. Pourquoi ne pas avoir attendu le jour ?

— Parce qu'attendre ne sert à rien ! tranche son époux excédé par les jérémiades de la jeune femme.

Il faut pourtant se reposer. Les animaux halètent et ne parviennent plus à avancer, malgré les coups de fouet. Mais où s'arrêter ? Tout autour d'eux, des groupes errants attendent la moindre faiblesse pour les exterminer et les piller. La peur, la mort dont l'odeur imprègne l'air transforme les hommes en monstres prêts à tout pour une bague, une bourse, bref, ce qui pourra faire d'eux des hommes riches. La respiration du Vesuvius remplit l'air. En regardant dans sa direction, ils aperçoivent des lueurs rougeâtres parsemées d'étincelles aussi brillantes que des pépites d'or.

Le groupe s'abrite sous l'auvent d'une vaste construction qui devait être un entrepôt à grains et à fourrage. Ils y découvrent une cuve pleine d'eau noire, mais les chevaux refusent de la boire. Un esclave en prend dans le creux de sa main, la porte à la bouche et crache vivement.

— C'est de la pourriture ! s'écrie-t-il.

Stabies

Les lourds bateaux poursuivent leur route. Pline ne veut pas tenter d'accoster à Murecine dont le port manque de profondeur. Il décide d'aller jusqu'à Stabies. La chance le sert : un courant soutenu pousse les bateaux dans la bonne direction.

Comme à son habitude, Pline est très calme. Dans sa longue carrière, il a dû affronter des situations très graves et il s'en est toujours sorti grâce à sa réflexion et à son sens de la mer.

— Nous partirons demain aux premières lueurs de l'aube, affirme-t-il. Ici, nous sommes un peu abrités. Donnez l'ordre de mouiller l'ancre !

Il confie le commandement de la flotte à son second et fait mettre une chaloupe à la mer. Il y prend place. En accostant sur la jetée de Stabies, il tente de rassurer la foule, promettant que dès que le vent aura faibli tout le monde pourra embarquer. Comme il l'espérait, son ami Pomponianus est là. Pline l'embrasse et Pomponianus l'invite à se reposer chez lui.

Une fois chez son ami, le savant demande à prendre un bain pour se débarrasser des cendres qui le recouvrent. Il a toujours eu des difficultés de respiration et, ce soir, il ne cesse de tousser, de tenter de reprendre son souffle, au bord de l'asphyxie. Pendant ce temps, Pomponianus se rend aux cuisines, ordonnant aux serviteurs de préparer le dîner avec le peu qui reste dans les réserves.

Pomponianus tente de cacher son anxiété devant Pline qui semble complètement remis de sa fatigue après son bain. Ce commerçant, enrichi dans la vente d'amphores spéciales pour conserver le vin et de flacons de verre qu'il fait fabriquer grâce à un procédé importé d'Orient, n'est pas très courageux. Né ici, il n'a pratiquement jamais quitté son village. Il a passé sa vie entre son bureau où il fait ses comptes et ses entrepôts. Veuf après la naissance de son premier enfant, il vit seul, se contentant de fréquenter les bordels de la ville où il a ses habitudes. Son amitié avec Pline est sa grande fierté. Mais ce soir, sa peur l'empêche de se donner entièrement à la joie d'accueillir un aussi illustre savant.

25 OCTOBRE 79

Près de Stabies

Le jour se lève, livide. Marcus n'a pas réussi à s'assoupir, allongé sur un tapis de paille, tout près de Stephanus. Des esclaves postés à l'entrée et autour du bâtiment ont refoulé les voleurs et les malheureux errants qui cherchent à s'abriter. Le ciel est clair, le vent s'est calmé, ce qui redonne un peu d'espoir aux fugitifs. Ils reprennent aussitôt leur marche vers le port de Stabies de peur que l'amiral ne soit déjà reparti. Alors que Barrolus donne l'ordre de harnacher les chevaux, Zalina, à bout de forces, proteste une nouvelle fois. Mais Barrolus ne l'écoute pas : le temps presse, il ne pourrait dire pourquoi, mais c'est ainsi.

En face d'eux, vers le nord-ouest, la colonne s'est épaissie et tournoie sur elle-même, sa base tangue dans une sorte de danse gigantesque et monstrueuse. Un énorme nuage se forme, plein de lueurs étranges. Puis elle s'effondre sur elle-même dans un grondement colossal, soulevant une épaisse fumée opaque.

— Qu'est-ce que c'est ? demande Marcus d'une voix blanche.

— Je ne sais pas, mais il faut fuir au plus vite ! réplique Barrolus en pressant ses esclaves.

Le convoi se met en marche. Personne ne quitte le Vesuvius du regard. Les volutes de fumée se tassent sur le flanc ouest du plateau, formant comme un énorme rempart dans un bruit incessant de tonnerre. Il semblerait que cette nuée avance, qu'elle s'approche, alors les esclaves fouettent les animaux avec encore plus de vigueur.

Herculanum

On a vu la colonne se disloquer. Ceux qui ont passé la nuit dans les entrepôts du port et sur le rivage aperçoivent alors un mur incandescent rouler vers eux à une vitesse terrifiante.

Tout ce qui se trouve sur son passage est aussitôt englouti dans un bruit monstrueux. La terre vibre, comme sous le martèlement d'un immense troupeau de chevaux. Les habitants qui sont restés dans la ville se précipitent vers la mer, certains que dans l'eau ils seront à l'abri. Dans la villa de Clopurnius Riso, un peu en retrait, Aulus a le temps de serrer son ami dans ses bras, une dernière étreinte pour l'éternité.

Au port, les réfugiés voient le mur rougeoyant passer par-dessus les maisons, les engloutir, submerger la plage, avaler les hangars à bateaux, les entrepôts des commerçants. Quand la nuée atteint la mer, de gigantesques explosions projettent les ponces qui tapissent la surface avec une gerbe d'écume. Le feu se mélange à l'eau dans un bouillonnement intense et un bruit indescriptible, mais il n'y a plus personne pour l'entendre. D'épaisses colonnes de fumée grise, mélange de vapeur d'eau et de cendre, montent à l'assaut du ciel bleu, forment des nuages sombres où crépite la foudre.

Puis le silence retombe sur Herculanum, un silence étrange, profond, celui de la mort.

Stabies

Au même moment, l'amiral Pline, qui s'est reposé quelques heures sans réussir à dormir, se lève. Ce grand marin se sent très mal. Accaparé par ses recherches scientifiques, il fait de moins en moins d'exercice, se contentant de diriger sa flotte depuis sa maison. À presque soixante ans, le savant n'est plus l'amiral qui a conduit sa flotte dans les mers lointaines, plus au nord, trente ans plus tôt. Obèse, il marche péniblement et ses difficultés à respirer ne cessent d'empirer.

Pline scrute longuement l'horizon et constate que le vent marin souffle dans le bon sens. Si le soleil commence son ascension au-dessus de la mer, des nuées sombres se répandent pourtant, recouvrant Stabies d'une fausse nuit.

Alors, Pline rejoint son ami et donne l'ordre de repartir au plus vite.

Le maître désigne plusieurs esclaves qui devront rester sur place afin de repousser les nombreux voleurs disséminés dans la campagne voisine pour qui le désordre est une opportunité. Il rassemble les serviteurs dont il ne peut pas se passer, en tout une vingtaine de personnes.

— J'ai pris l'essentiel, dit-il à Pline qui s'étonne des coffres entassés près de la porte.

— Le but, rétorque Pline, c'est d'embarquer le plus de gens possible ; donc pas de coffres !

Le nuage de cendres stagne sur la campagne. Pline, de plus en plus gêné pour respirer, ordonne d'une voix rauque :

— Que chacun se mette un linge mouillé devant le nez et prenne quelque chose pour se protéger la tête des ponces et des pierres plus dures.

Ainsi accoutrés, ils se dirigent vers le port. Pline trébuche à chaque pas. Deux esclaves le soutiennent. La douleur de sa poitrine lui arrache des grimaces, mais il n'en dit rien pour n'affoler personne.

La progression est difficile dans une pénombre que les torches des serviteurs ne réussissent pas à chasser. Pline tombe une première fois, se blessant légèrement au visage. Ses serviteurs le relèvent et nettoient le sang qui coule sur sa joue. Malgré le linge mouillé devant la figure, sa sensation d'étouffement est de plus en plus intense. Il s'efforce de ne pas penser à sa douleur à la poitrine toujours plus vive, car il va avoir à prendre des décisions importantes pour ne pas laisser s'installer le désordre parmi les fugitifs et éviter de surcharger les barques. La mer est plutôt calme dans cet abri naturel, mais l'amiral sait qu'il en sera tout autrement au large.

Au port, la foule se tasse sur la jetée, espérant embarquer sur un des énormes bateaux amarrés au large. Des barques ont été trouvées ; on se dispute pour y prendre place au risque de les faire chavirer. Pline fait aligner les chaloupes en appelant d'abord les patriciens et leurs familles. Comme tout amiral, il montera à bord le dernier. La tête lui tourne et il doit s'asseoir, laissant à ses officiers le soin de maintenir la discipline.

Les flammes qui s'échappent du Vesuvius traversent la pénombre et montent dans le ciel à une hauteur étonnante. La colonne toujours plus large, plus solide et impressionnante est désormais entourée d'anneaux clairs. Le panache est dissimulé par les nuages de cendres et les ponces recommencent à tomber, d'abord clairsemées et de petite taille, puis de plus en plus lourdes et noires.

Alors se présentent plusieurs personnes dont l'une guide par la bride une mule efflanquée sur laquelle se tient difficilement un jeune garçon bien étrange. Pline demande qu'on l'éloigne car la présence des animaux qui peuvent prendre peur est dangereuse. Les arrivants, couverts de boues noires, marchent en titubant. Visiblement, ils viennent de loin et sont épuisés.

Une femme se dirige vers Pline. Lorsqu'il la reconnaît, son visage s'épanouit, il se met sur ses jambes et tend les bras à Rectina, celle qu'il a toujours considérée comme un membre de sa famille. Quand Rectina a perdu son mari, Pline a su veiller de loin sur elle, en solitaire toujours occupé par ses travaux scientifiques.

— Rectina, murmure-t-il. Ma grande amie. Pardonne-moi, mais nous n'avons pas pu accoster à Herculanum. Heureusement tu as eu l'idée de suivre la côte. C'est ce qu'il fallait faire, maintenant, tu es sauvée.

Il redresse la tête et se tourne vers Marcus.

— Marcus… Je t'en ai souvent parlé. Le grand amour de ma jeunesse. Nous nous sommes retrouvés, ce serait dommage que cela s'arrête si vite.

— Vous allez monter à bord du bateau amiral ! dit Pline en portant la main à sa poitrine avec une petite grimace. Je vous rejoindrai quand nous aurons terminé le sauvetage de ces malheureux.

Rectina n'insiste pas. Des esclaves aident Stephanus à descendre de sa mule et à monter sur la barque. Les bagages de Rectina sont chargés sous les protestations des fugitifs dont la plupart sont partis avec seulement quelques pièces de bronze dans leur poche.

Marcus cherche Massimus du regard, espérant qu'il ait malgré tout réussi à atteindre Stabies, lorsqu'il voit l'amiral chanceler et tomber au sol. Il se précipite. Plusieurs personnes relèvent le savant qui ne respire plus. Rectina saute de la barque, court vers son sauveteur en poussant un cri.

La foule a compris qu'il se passait quelque chose de grave et retient son souffle.

L'amiral est mort.

Avec beaucoup de précautions, on le monte à bord. Puis le second, qui a pris le commandement de la flotte, donne l'ordre de partir au plus vite, car les grondements du Vesuvius s'intensifient.

La dernière chaloupe lourdement chargée prend la mer, laissant sur le quai une foule déjà condamnée. Marcus et Poletix sont sur cette coquille de noix brinquebalée par les vagues de plus en plus fortes. Les rameurs se battent contre un courant contraire. Des paquets de mer s'écrasent sur les occupants impassibles. Poletix s'est rapproché de Marcus. La barque plonge dans un creux entre deux murs d'eau. C'est alors que la puissante épaule de l'esclave pousse Marcus, qui tombe dans une eau bouillonnante d'écume. Le froid le saisit, mais il a le réflexe de pousser sur ses bras et peut reprendre son souffle. La barque emportée par un vent furieux est désormais trop loin. Marcus nage en direction du bateau dont il voit un falot chanceler dans la brume. Tout à coup, une déferlante aussi haute qu'une maison fait chavirer la chaloupe, jetant à la mer ses occupants dont la plupart ne savent pas nager. Marcus frappe sur les mains qui s'agrippent à lui et il réussit à s'échapper de la masse mouvante des naufragés en train de se noyer.

Une voix traverse le tumulte :

— Marcus, au secours !

C'est Poletix qu'il aperçoit à quelques brasses de lui.

Tenter de le sauver, c'est se condamner lui-même. Et puis l'esclave n'a-t-il pas eu un geste criminel envers lui ? Marcus s'éloigne vers le bateau qui hisse l'ancre, considérant que c'est trop dangereux d'attendre les naufragés. Une vague le pousse tout près de la lourde coque en bois noir. Des marins l'aperçoivent et lui lancent un cordage. Rectina se jette dans ses bras. Il grelotte, claque des dents, mais il est sauvé.

— Et Poletix ? demande-t-elle.

— Je ne sais pas. Je n'ai pensé qu'à nous.

— Tu as eu raison. Ce n'était qu'un esclave, après tout.

Dans la grisaille, des barques qui tentent de s'approcher sont englouties par les flots de plus en plus tumultueux.

Pompéi

Les ponces continuent de pleuvoir et Pompéi s'enlise dans une couche qui monte jusqu'au premier étage des villas. Un grand nombre de toitures surchargées se sont effondrées, mais la ville a moins souffert que les bourgades voisines.

Les habitants restés à l'intérieur de leurs villas sont prisonniers. Ouvrir une porte, c'est risquer d'être écrasé par les pierres qui forment des masses compactes. La lumière des lampes à huile peine à percer l'épaisseur de l'air. Que faire ? Rester ? S'échapper par les toitures effondrées, ouvrir un passage dans un mur ? Abasourdis, ils hésitent, tenaillés par la peur.

Un nuage de cendres stagne sur la cité orgueilleuse. Il est impossible de respirer sans se protéger le nez et la bouche avec un linge humide. Omerus le cordonnier se dit que décidément, il aurait dû partir chercher son cuir à Misène. Sa boutique n'a pas subi de gros dommages. Il a eu l'intelligence de demander à ses serviteurs de déblayer les ponces devant sa porte à mesure qu'elles tombaient et surtout de balayer sa toiture, qui est restée intacte.

Alors il garde espoir. Ce cauchemar va forcément s'arrêter et il pourra sortir. En attendant, il travaille à son établi. Et il s'est mis à chanter. Les dieux comme les hommes apprécient sa belle voix claire et lui en seront reconnaissants.

Certains font le choix de sortir. Il leur semble que marcher, s'éloigner, découragera la mort de les poursuivre. Ils se hissent par des trouées infimes, se faufilent, rampent jusqu'à l'air libre qui brûle la poitrine. Ils tentent de marcher sur l'épaisse couche de ponces, portant un coussin, parfois une planchette sur la tête, mais comme ils ne peuvent pas se tenir debout sur ce sol mouvant, ils avancent à quatre pattes. Ils rejoignent d'autres égarés dans leur propre ville dont ils ne reconnaissent rien. Ils rampent jusqu'à quitter la cité, puisque la couche de ponces dépasse les fortifications. Une fois hors des murs, la marche s'avère plus aisée, alors ils errent sans repère, insensibles aux ponces qui martèlent leurs épaules. Ils se mettent en ligne, pour se rassurer, les premiers ouvrant le chemin aux autres, des condamnés qui vont vers l'échafaud. Ils ne parlent pas, seul le crissement de leurs pas qui bousculent les ponces occupe leur esprit. Ces riches Pompéiens qui ne redoutaient rien ni personne ont laissé derrière eux leurs palais, leurs trésors, leur arrogance. Ils n'ont plus de nom, ils sont des ombres dans la nuit de cendres, ils pourraient ainsi marcher pour l'éternité, rien n'en serait changé.

Mais la plupart restent prisonniers de leurs palais. Impossible pour eux de sortir malgré l'acharnement de quelques esclaves qui tentent de percer un mur, d'abattre une cloison. Ces palais que le moindre tremblement de terre suffit à mettre en gravats résistent aux coups de boutoir des patriciens qui unissent leurs efforts à ceux qu'ils ne regardaient pas deux jours plus tôt, qu'ils considéraient comme des animaux, allant jusqu'à faire se reproduire les meilleurs d'entre eux pour sélectionner une descendance de bonne qualité.

⋆

Claudius, le boulanger, se persuade que tout cela va s'arrêter, mais pour chasser son angoisse, il ordonne qu'on fasse du pain, même s'il sait que personne ne viendra le lui acheter. Il surveille les quelques esclaves qui lui restent en train d'enfourner les tourtes. Une violente secousse le fait tomber à côté de la longue table où d'autres esclaves partagent la pâte en boules de même volume. Il se relève, sort sous la pluie de ponces. Surchargées, certaines toitures s'effondrent dans un grand fracas.

— On ne peut pas rester ici, décide-t-il finalement.

— Où veux-tu aller ? lui demande Paula, sa femme, qui l'a rejoint.

— Je ne sais pas, mais il faut quitter la ville en attendant que ça se calme.

L'odeur du pain en train de cuire ne lui parle pas comme d'habitude. Il passe dans l'arrière-boutique, ouvre un coffre et transfère les pièces d'or qu'il contient dans un sac de farine.

— Viens, dit-il à sa femme en lui prenant la main.

Puis se tournant vers les esclaves, il ordonne :

— Continuez comme d'habitude ! On revient dans un moment.

Ils n'écoutent pas leur maître. Dès que Claudius et sa femme sont sortis, ils quittent la boulangerie sans s'occuper de la fournée en train de cuire[1].

Claudius et Paula progressent difficilement le long de la rue de l'Abondance qu'ils ne reconnaissent pas. Ils pataugent dans la couche de ponces boueuses, et sortent de la ville par la porte de Capoue au milieu d'un groupe hagard et silencieux. Ils s'éloignent dans une campagne méconnaissable, espérant rejoindre Nocera que l'on dit épargnée. Ils ne pensent plus dans le vacarme du tonnerre et de la pluie. Des pierres tombent du ciel, frappent au hasard. Des fugitifs tués sur le coup s'effondrent près d'eux. Une pierre touche Claudius dans le dos, déchirant sa chemise. Le sang rougit le tissu.

1. Ces petits pains ont été retrouvés dix-huit siècles plus tard, un peu brûlés…

— Il faut se mettre à l'abri ! s'écrie-t-il. Mais où ?

— On va passer par là ! propose Paula en contournant un amoncellement d'arbres déracinés

Ils longent un petit monticule, arrivent sur une hauteur où les ponces sont moins épaisses. Soudain, un bruit infernal leur fait lever la tête. Ils voient un mur sombre plein d'étincelles dévaler les pentes du Vesuvius vers eux. Des cris terrorisés, des hurlements fusent de partout. Dans un réflexe insensé, le couple se tasse au sol, serrant le sac d'or. Ils attendent, l'air brûle leur visage, bloque leur respiration. Ils rentrent la tête dans les épaules, et puis le silence revient. La butte où ils se trouvent a coupé en deux le flot incandescent qui s'étale mollement dans la vallée. Ils sont vivants.

★

Cellia n'a pas perdu son temps. Elle est allée d'une villa à l'autre, cherchant dans les coffres et les recoins l'or et les bijoux. Elle a rempli un deuxième sac durant la nuit, faisant taire à coups de gourdin ceux qui ont tenté de l'en empêcher. L'esprit fébrile, l'ancienne esclave veut amasser toujours plus d'or sans se préoccuper du reste.

En tout début d'après-midi, alors qu'un soleil blafard allume bizarrement la ville, elle sort d'une villa, progresse un instant dans la rue et s'arrête, croise des groupes qui pataugent, démunis de tout, et aperçoit la villa de Nozerus, le propriétaire de la blanchisserie où Stephanus piétinait le linge dans un bain d'urine. Elle entre par une ouverture sur un coin de la toiture. Il fait sombre, mais elle a des yeux de chat. Elle traverse la vaste salle contenant les cuves, où règne une odeur pestilentielle, puis passe dans une pièce voisine. Personne. C'est là que se trouve la réserve du maître. Elle enfouit dans son sac déjà lourd plusieurs poignées de sesterces, un peu déçue car elle pensait que le propriétaire était plus riche.

⋆

Massimus est retourné à la villa de Marcus. Les bâtiments ont bien résisté aux secousses. Les esclaves se sont enfuis. Comment retrouver Cellia ? S'aventurer dans les rues devient très difficile. Que faire ? Son épaule blessée le fait souffrir, la soif lui brûle l'estomac. Il cherche en vain de l'eau ou du vin, mais tout a été pillé tant il est vrai que les denrées les plus ordinaires ont plus de valeur immédiate que des pièces d'or.

Son devoir de chrétien l'appelle à l'extérieur. Tant qu'il lui reste quelques forces, il doit se consacrer aux blessés et aux mourants, leur apporter un peu de réconfort. Il cherche un tissu pour se cacher le visage et sort. La pluie a cessé, mais la terre bouge encore sous ses pieds. Au milieu de la rue, un patricien qui saigne abondamment tend les mains vers lui. Massimus s'accroupit près de l'homme qui grimace.

— Je n'ai pas pu aller plus loin…, murmure-t-il.

Que faire pour soulager ce malheureux blessé qui se vide de son sang ?

— J'ai trop mal, ajoute le moribond. Je t'en supplie, prends une grosse pierre et écrase-moi la tête. Ce n'est pas la peine de souffrir plus longtemps pour rien !

— Je n'en ai pas le droit ! réplique Massimus, à genoux et faisant le signe de croix. Ta vie n'appartient qu'à Dieu et Lui seul peut te la reprendre.

— Tu es un de ces chiens par qui vient tout le malheur ! Si j'avais la force, je te broierais comme un animal malfaisant.

— Tu t'égares, dit Massimus d'une voix calme et bienveillante. Les chrétiens ne sont pour rien dans ce qui arrive.

L'autre ouvre la bouche, cherche son souffle. Sa tête roule sur le côté, il est mort dans un accès de haine. Massimus demande à son Dieu de lui pardonner et de l'accueillir près de lui.

Il n'a plus la force d'avancer et s'assied contre un restant de mur qui dépasse des cendres. Il entend autour de lui des plaintes, des appels au secours, mais que peut-il pour ces malheureux, à part prier ? Où est Cellia ? Comment la repérer dans cet enfer ? N'a-t-elle pas quitté la ville ?

★

Caelus est calme. Il a beaucoup réfléchi pendant la nuit. Malgré sa richesse colossale, il en est au même point que les autres, que ses esclaves. Il mesure que sa vie ne dépend pas de l'or, mais du bon vouloir des dieux, toujours sourds aux prières des hommes. À quoi va lui servir son or ?

Le retour de son fils la veille l'avait rassuré. Il avait eu tellement peur que le bel officier ne se fasse écraser par une grosse pierre ! Aujourd'hui, malgré le nuage de cendres persistant au-dessus de la ville, il lui semble que ça va mieux.

— Le plus dur est passé, dit-il à Ptolémée. Regarde, la colonne au-dessus du Vesuvius semble toute chancelante.

Ptolémée ne regrette pas d'avoir fait demi-tour et d'être retourné auprès de son père. Sa place est ici, près de lui, mais il ne partage pas son optimisme :

— Sur les champs de bataille, on apprend vite qu'il faut toujours se méfier de l'ennemi quand il semble flancher !

Caelus sourit, lançant un regard admiratif à ce fils guerrier.

— On va se préparer et on va aller sur le forum !

— Mais… tu n'y penses pas ! rétorque Ptolémée, stupéfait. La couche de ces pierres aussi légères que des plumes monte maintenant jusqu'aux toitures. Je t'en prie, père, il faut attendre. Ici, on est plus en sécurité que partout ailleurs.

— Tu as raison, admet Caelus. Pourtant, j'aimerais avoir des nouvelles. Ce qui me tracasse, c'est Pamella. J'espère qu'il ne lui est rien arrivé. J'ai envoyé deux esclaves, mais ils ne sont toujours pas revenus.

— Maître, intervient un des esclaves restés près de lui. Le temple de Jupiter est en partie écroulé.

— Et les gens, comment réagissent-ils ?

— Ils sont hébétés, perdus. La plupart ont quitté la ville. La pluie a formé avec la cendre plus de trois pieds de boue, et par endroits des zones mouvantes où il est facile de se noyer. Et puis, il y a des coulées de cendres descendues du Vesuvius. Mais si tu veux, on peut essayer de fuir.

Caelus échange un regard rapide avec son fils.

— Non, on ne fuit pas. Un officier de l'Empire ne fuit pas devant l'ennemi, n'est-ce pas, Ptolémée !

Chez Caelus, le calcul politique n'est jamais très loin. Ne pas fuir deviendra un argument majeur contre ses adversaires pour les prochaines élections. Il demande qu'on apporte une petite collation, des fruits secs et du vin. Caelus réfléchit à la manière de reconstruire Pompéi. Il va falloir dégager les rues, cela va de soi, mais ensuite, laissera-t-il les habitants parer au plus pressé, réparer les toitures jusqu'à une nouvelle catastrophe ? L'idéal serait de tout raser et de reconstruire entièrement la ville selon un plan auquel il pense depuis le début de ce cauchemar. L'ennui, c'est que la plupart des pièces du rez-de-chaussée avec leurs magnifiques décorations ont été épargnées et qu'il ne pourra pas les détruire. Il verra ça avec Partilos qui aura sûrement une solution.

La collation demandée arrive. Caelus s'allonge en face de Ptolémée, et goûte le vin. L'étrange senteur qu'il avait remarquée la veille est plus forte. Le miel que l'on ajoute en abondance ne suffit pas à masquer ce goût de moisi. Ptolémée semble ne pas y prêter attention et commence à parler de ses dernières campagnes aux confins de l'Empire.

— Le temps est venu que tu arrêtes la légion, mon fils. Nous allons avoir beaucoup à faire à Pompéi avec ce qui vient de se passer.

Soudain, la luminosité faiblit encore. Un nouveau nuage de cendres s'abat sur la ville. Caelus reste un instant interloqué puis suffoque. L'esclave fidèle, habitué aux nuées opaques, apporte une lampe à huile et des linges mouillés. Caelus va mieux, il respire de nouveau, mais les battements de son cœur l'inquiètent. Combien de temps cela va-t-il encore durer ?

Un esclave qui s'était enfui avant de faire demi-tour surgit et annonce entre deux quintes de toux :

— Maître, j'ai entendu des nouvelles. La poussière n'est pas si épaisse du côté de Stabies. On dit que ce matin, des bateaux ont emmené des gens et que d'autres vont arriver.

Caelus réfléchit un instant, puis se tourne vers son fils. Ils pourraient faire un détour par la ferme où se trouve sa femme… Mais il a toujours eu la certitude d'avoir été choisi pour sauver Pompéi. Son parcours en est bien la preuve. Le petit esclave de la ferme des Pansa qui gardait les oies et enlevait le fumier des écuries a su bâtir une immense fortune grâce à son sens des affaires, mais aussi avec l'aide des dieux, qui lui ont montré son chemin. A-t-il le droit d'en douter en cet ultime instant ?

La deuxième partie de sa vie commence, celle où il doit rendre à Pompéi tout ce qu'elle lui a donné. Depuis longtemps il y pense. N'est-ce pas finalement un signe, cette destruction générale ? N'est-ce pas pour qu'il rebâtisse une nouvelle ville encore plus belle, plus flamboyante, plus prospère ?

Alors il se ravise et décide :

— Ptolémée, tu appartiens à l'armée de Rome, tu dois te sauver ! Moi, j'appartiens à Pompéi, alors je reste. Quelqu'un qui veut diriger la ville ne peut pas fuir comme un quelconque habitant. Il doit être devant les autres et demeurer sur place.

Ptolémée se dresse devant son père :

— Je reste avec toi, père. Et je ne changerai pas d'avis !

— Merci ! murmure Caelus d'une voix pleine d'émotion.

Il fait appeler les esclaves qui n'ont pas fui, deux femmes et trois hommes.

— Vous êtes tous libres, dit-il. Vous êtes affranchis.

Il demande à l'un d'eux d'aller chercher un coffre dans la pièce voisine. Il l'ouvre sous le regard étonné de son fils et prend une poignée de pièces d'or.

— Pour toi, dit-il à l'esclave le plus proche, puis il continue la distribution.

— Avec cette poignée d'or, chacun d'entre vous peut bâtir une fortune. Pensez-y.

Les nouveaux affranchis se prosternent et remercient. Caelus a l'impression que le nuage s'est un peu dissipé. Le gros homme écarte le linge de sa figure et constate qu'en effet il respire mieux.

— Ça s'arrange, dit-il. On va pouvoir sortir dans quelques instants.

— J'aimerais être aussi optimiste que toi, père, répond Ptolémée.

★

Massimus pense à Marcus et Rectina. Où sont-ils ? Terrés quelque part à attendre la mort ou ont-ils réussi à s'échapper par la mer ? Pour lui, plus aucun espoir ne subsiste, mais il sait que sa mission ne s'arrête pas là. Mourir n'est qu'un passage pour un chrétien, ce qui compte, c'est l'avenir. Une deuxième naissance, la plus importante, doit occuper toute son attention. Et il est venu chercher Cellia pour la sauver, non dans sa vie terrestre, mais dans l'autre, l'éternelle. Alors, se protégeant la figure avec un linge, il avance tant bien que mal dans la rue couverte de ponces, il nage dans cette épaisseur mouvante. Le voilà méconnaissable, couvert de boue, rampant comme un immonde animal sorti de la vase d'un marais. Il croise d'autres formes humaines qui tentent d'avancer sans but précis, mais pour fuir l'instant.

Et tout à coup, au croisement de la rue des Thermes et de la rue de Mercurio, il voit, dans la pénombre glauque, une silhouette portant un énorme sac apparemment très lourd sortir d'une maison par la toiture éventrée. C'est elle, à ne pas en douter ! Il l'appelle.

— Cellia !

La silhouette vient vers lui. La jeune femme ne redoute plus les mauvaises rencontres, car c'est elle qui frappe la première et rien ne peut l'arrêter.

— Cellia, tu ne me reconnais pas ? Je suis Massimus, l'ami de ton père Marcus Flavius Pansa. Je suis venu te sauver.

— Où veux-tu aller ? La fuite est impossible. Il faut attendre, tout va se calmer !

— Viens, je te dis. Abandonne tes sacs, ce qu'ils contiennent ne servira à rien !

Cellia se dresse, son regard brille d'une lumière qui montre sa détermination.

— Jamais je n'abandonnerai ces sacs. Ils sont tout mon avenir de dame respectée à Pompéi et partout ailleurs !

— N'y crois pas !

Un roulement les fait se tourner tous les deux vers le Vesuvius et ils voient un épais nuage se former. Quand il se dissipe, la colonne s'est reconstituée au-dessus du volcan, plus large et d'apparence moins solide.

— Tu vois, fait Cellia, il n'y a aucun risque ici.

Elle endosse ses énormes sacs et s'écarte, mais Massimus la retient.

— Tu as volé cet or, tu as peut-être tué pour cela. Pense au Dieu des chrétiens dont tu te disais l'adepte !

Elle éclate d'un rire moqueur, étrange dans cette désolation où tout ce qui peut exprimer de la joie ou du plaisir n'a pas sa place.

— Le Dieu des chrétiens n'est pas meilleur que les autres. Je sais qu'il n'y a pas de justice sur cette terre et je sais aussi ce qui me reste à faire.

— La justice est ailleurs, insiste Massimus. Il est temps de te repentir.

— Jamais ! Je ne sais pas ce qui me retient de te fracasser la tête avec ce gros caillou !

Elle veut s'éloigner, mais très vite, elle peine à avancer dans cette fange avec son fardeau. Massimus en profite :

— Tu vois que ton or t'empêche d'avancer. C'est ainsi, les richesses maintiennent les hommes dans l'ignorance, les rendent aveugles au monde. Sache que toi, comme moi, nous allons mourir !

— Mais tu vas arrêter ! hurle Cellia. Je ne vais pas mourir !

— La vie ne s'achète pas ! Tu es prisonnière de ces ruines. Tu es en enfer et en enfer, l'or n'a aucune valeur !

Elle prend une pierre, s'approche de Massimus, qui ne bronche pas, et le frappe à la tête.

— Voilà pour toi, oiseau de malheur !

Avec force, elle cogne plusieurs fois son crâne presque chauve. Massimus chancelle. Cellia éclate d'un rire nerveux. Elle va retourner dans la maison qu'elle vient de piller. Là, elle pourra attendre que le monstre se calme. Il n'y a rien à manger, mais elle se sent la force de tenir des jours l'estomac vide. Sa fortune lui donne toutes les volontés.

Il pleut de nouveau des pierres éparses, pas très grosses, mais qui sifflent dans l'air en arrivant au sol. Elles sont englouties par les ponces. Cellia se précipite vers un abri, elle trébuche, ce qui lui sauve momentanément la vie. Un premier projectile déchire un sac, répandant autour d'elle son trésor de colliers, de pierreries, de pièces d'or. Elle se précipite pour les ramasser, mais son destin l'attend là, implacable. Un second bloc, plus lourd que le premier, la frappe au bassin. Elle pousse un cri, s'affale au sol. Son sang ruisselle et s'infiltre entre les ponces. Massimus se relève lentement, une horrible douleur lui martelant le crâne. Cellia n'est qu'à quelques pas de lui.

— J'ai mal, bredouille Cellia.

Il la serre contre lui et sent le jeune corps parcouru de puissants spasmes. Puis les forces l'abandonnent, les contractions se font plus faibles, ses bras tombent mollement.

— C'était perdu d'avance, murmure-t-elle à l'oreille de Massimus. Les esclaves resteront toujours des esclaves…

Sa poitrine se vide d'un dernier soupir, sa tête roule sur l'épaule de Massimus qui demande à son Dieu de l'accueillir dans son paradis.

— Elle a péché par cette folie que la misère réveille chez les humbles.

Il se redresse. Devant lui, une femme rampe en poussant sur ses bras au milieu des ponces qui submergent une partie de son corps. Il reconnaît le visage en sang.

— Martha !

Il se précipite vers la femme qui grimace et constate qu'elle n'a plus de jambes.

— La souffrance que j'endure n'est rien à côté de celle de Jésus le Nazaréen, murmure-t-elle.

Le Vesuvius commence à s'épuiser. Après une journée de colère, la montagne s'est vidée. On entend encore par intermittence son souffle d'animal agonisant. Alors, dans ce matin blafard, l'orgueilleuse colonne s'affaisse une nouvelle fois, et la troisième nuée qui se forme sur ses pentes est beaucoup plus grosse que les deux précédentes. Elle s'étale, énorme, monstrueuse, parsemée d'éclairs et accompagnée par un grondement sourd où se mêlent le bruit de la foudre et la fureur du volcan, brûle tout sur son passage. Rien ne lui résiste. Elle suit la route préparée par les deux précédentes, mais cette fois, elle ne s'arrête pas aux murs de Pompéi, elle a suffisamment d'énergie pour passer par-dessus les fortifications, arrachant ce qui reste des toitures, et coulant sur l'épaisseur des ponces. Dans les maisons, elle ne laisse pas un espace vide, pas une trouée qui pourrait favoriser des éboulements et endommager les trésors qu'elle va conserver.

Pompéi est engloutie avec ceux qui s'y trouvent encore.

ET APRÈS ?

Grâce aux bateaux de Pline l'Ancien, Rectina, Marcus et Stephanus ont échappé à la catastrophe. Les deux amants se sont établis à Naples, comme beaucoup de Pompéiens. Les noms retrouvés de nos jours sur les documents et les pierres tombales indiquent l'origine pompéienne d'un grand nombre de familles napolitaines.

Stephanus est devenu un jeune homme presque normal. Ses cheveux ont repoussé mais sa démarche hésitante rappellera à tous son passé d'esclave. Était-il le fils rescapé de Marcus Flavius Pansa ? Marcus qui l'a fait instruire a découvert au fil des années son intelligence et son bon sens, cela a suffi pour le convaincre et faire de lui l'héritier de sa fortune et de celle de Rectina.

Pamella n'a pas survécu, tout comme sa sœur, son beau-frère et sa mère. La ferme a été entièrement engloutie par la deuxième coulée pyroclastique. Pamella est morte sans le savoir, debout dans la cour en accompagnant sa mère qui avait décidé de détacher le chien prisonnier de sa laisse près du tronc d'un énorme tilleul arraché par le vent.

Le boulanger Claudius et sa femme Paula ont survécu. Le visage et le corps couverts de brûlures, ils étaient méconnaissables. L'un et l'autre ont perdu la raison et sont allés, jusqu'à leur mort deux ans plus tard, de porte en porte pour mendier leur pain. Ils n'ont gardé aucun souvenir de leur passé, de la boulangerie, et du sac d'or emporté dans leur fuite… Ils ont oublié jusqu'à leur nom.

Les acrobates Julius, Antonus et Pelina n'ont pu réaliser leur projet de se débarrasser des « autres enfants » de Marcus pour prendre leur place.

Que sont devenus Paoelus et le petit Romulus ? Ont-ils été écrasés par un effondrement ou figés par une coulée pyroclastique ? On n'en sait rien. L'endroit où se trouvent Paoelus et Romulus n'a pas encore été fouillé et il y a fort à parier que leurs squelettes sont toujours là, celui de Romulus, la bulle autour du cou, son tibia droit cassé coincé entre des ponces plates, son crâne d'enfant posé sur le fémur de Paoelus. Peut-être les mains de l'ivrogne sont-elles encore jointes, dans une prière qui dure depuis presque deux mille ans…

Caelus et Ptolémée sont morts sans souffrance, sans la pensée horrible du néant, l'un plein d'avenir, jeune et bel officier de l'Empire, l'autre énorme, repoussant tant il était gras et mou. Ils ont disparu comme on s'endort, sans le savoir, au moment précis où le sommeil prend le dessus sur la conscience. Leurs corps moulés en creux dans la cendre durcie attendent probablement encore qu'on en fasse une forme en plâtre pour leur redonner l'apparence figée de leur ultime instant de vie. L'immense villa de Caelus, l'affranchi, n'a toujours pas été dégagée. Elle se trouve dans la partie entre la porte du Sarno et la porte de Nole encore enfouie sous les cendres. Elle attend avec ses trésors, ses merveilleuses statues, ses fresques, sa richesse préservée pour l'émerveillement des foules de visiteurs.

Si la plupart des personnages de ce roman ont existé, on ne sait pas grand-chose d'eux. Ce ne sont que des noms gravés sur des écrits ou dans les ruines des villas.

C'est le cas de Rectina. On sait qu'elle était une grande patricienne, et l'Histoire a gardé sa mémoire grâce aux écrits de Pline le Jeune, le seul témoin oculaire qui a raconté l'éruption du Vésuve. C'est lui qui nous apprend que Rectina a envoyé un message à Pline l'Ancien pour lui demander de venir à son secours avec ses bateaux militaires. Par contre, je lui ai inventé une vie, car on ne sait pratiquement rien d'elle.

La villa de Clopurnius Riso a été retrouvée près d'Herculanum. Les rouleaux de papyrus y étaient transformés en charbon. Pourtant, les scientifiques ont pu, grâce à des procédés modernes, les dérouler et les lire. Ainsi, j'aime à penser que le plus grand désir d'Aulus a été exaucé.

« Peyrhus » le montreur d'animaux savants a été retrouvé sur la grande palestre, tendant les mains comme pour inviter la foule des curieux à assister à son spectacle, sa femme à côté. On a pu mouler leurs corps ; lui debout, elle accroupie. Ils n'ont probablement pas vu venir la nuée ardente qui les a surpris. Les animaux savants ont disparu. Peut-être ont-ils pu s'enfuir à l'approche de la coulée pyroclastique.

Les squelettes de « Cellia » au bassin écrasé, de « Martha » amputée de ses jambes et de « Massimus », tellement plus grand que la moyenne, ont été déterrés avec ces centaines d'autres squelettes et ont rejoint la masse anonyme d'ossements entreposés dans le musée de Naples.

De la foule massée au port d'Herculanum, il n'est resté que des squelettes souvent démantelés. Les archéologues ont retrouvé des crânes disloqués et se sont demandé pourquoi. Il semblerait que la température était telle que les cerveaux se sont mis à bouillir et que les os ont éclaté sous la pression. Parmi ces inconnus frappés d'une mort instantanée et qui nous laissent leurs os en témoignage de leur calvaire, on a trouvé un couple enlacé, ceux que j'ai imaginés comme la riche patricienne et l'esclave devenu dieu. La puissante musculature de celui que j'ai nommé « Julius » a disparu, mais ses os aux grosses articulations montrent sa stature imposante de grand sportif. Le squelette d'« Alexia » semble si minuscule enchevêtré au sien. Plusieurs bijoux ont été retrouvés tout près, notamment le contenu d'un coffre, des colliers, des bracelets, des boucles d'oreilles et une importante quantité de sesterces. Le supposé fils de Marcus ne fut jamais un patricien et ne porta pas la toge à la bande pourpre des aristocrates. Les archéologues ont respecté cependant l'ultime geste d'amour d'« Alexia », la femme libre, et de « Julius », le gladiateur rebelle, et les ont placés enlacés pour toujours dans une salle consacrée aux victimes du Vésuve, au musée de Naples.

POMPÉI

LA VILLE

Elle était extraordinairement moderne. Un grand nombre de règlements ordonnaient la vie de la cité. Il était interdit d'utiliser l'espace commun à des fins privées (à part le séchage du linge à certains endroits). Les voitures tractées par des animaux étaient interdites dans la ville du lever au coucher du soleil. Les livraisons des marchés, des commerçants se faisaient de nuit. Par mesure de sécurité, une loi impliquait que les portes des villas devaient s'ouvrir vers l'extérieur, ce qui a piégé pas mal d'habitants durant l'éruption, l'épaisse couche de ponce bloquant toutes les ouvertures.

La ville était maintenue propre par des équipes municipales. Les fameux urinoirs disposés aux coins des rues permettaient de récolter le précieux liquide pour les foulons. Il était interdit de jeter ses eaux usées et ses détritus dans la rue. Les ordures étaient collectées chaque matin. Les eaux usées s'écoulaient dans un réseau de collecte semblable aux nôtres. Les nécropoles se situaient en dehors des murs, car il était interdit d'enterrer les morts sur des terrains privés, quel que soit le statut du défunt.

Les villas des riches disposaient de l'eau stockée dans un château d'eau, distribuée par un réseau urbain. Les canalisations étaient en plomb, ce qui a semblé étonnant aux chercheurs car ils n'ont trouvé, dans les restes des habitants, aucune trace de maladies dues à ce métal. Cela s'explique par le fait que les tuyaux de plomb étaient rapidement recouverts d'une pellicule de calcaire qui conservait l'eau potable.

LA SOCIÉTÉ

Le grand tremblement de terre de février 62 avait en partie détruit la ville et les grandes familles patriciennes n'étaient pas suffisamment riches pour reconstruire leur domaine. Beaucoup s'étaient expatriées à Naples ou à Rome. Certains esclaves affranchis devenus commerçants ou entrepreneurs réalisaient en peu de temps des fortunes colossales. Ce sont les oligarques de l'époque. Ils construisirent de somptueux palais et régnaient en partie sur la société pompéienne.

Pompéi doit sa prospérité à l'esclavage, main-d'œuvre abondante, quasi gratuite et docile. Il y avait deux sortes d'esclaves. Les premiers, citadins, au service d'une famille, avaient une vie plutôt convenable et étaient très souvent affranchis par leurs maîtres. Ils formaient ensuite « la classe moyenne » d'artisans, de commerçants dont certains s'enrichissaient très rapidement. Les seconds, les esclaves ruraux, qui travaillaient dans les fermes, avaient des conditions de vie très difficiles. Ils étaient traités comme des animaux, ainsi cet esclave dont on a retrouvé le squelette enchaîné par une cheville et qui n'a pu s'enfuir pendant la catastrophe.

LA DATE DE L'ÉRUPTION

Le seul témoin oculaire ayant laissé un récit de la catastrophe est Pline le Jeune. Dans deux lettres adressées à son ami Tacite,

Pline raconte la mort de son oncle et mentionne la date de l'éruption : le 24 août 79 (neuf jours avant les calendes de septembre). Or un grand nombre de chercheurs la remettent en cause.

Seules des copies de la lettre de Pline le Jeune nous sont parvenues. Ces copies ne mentionnent pas toutes les mêmes dates, il faut donc les considérer avec prudence.

Pour certains spécialistes, dont Alberto Angela qui a beaucoup écrit sur Pompéi, l'éruption aurait eu lieu deux mois plus tard, soit le 24 octobre 79. Plusieurs raisons à cela :

— on avait allumé des feux dans les maisons, les gens étaient vêtus assez chaudement, donc il faisait frais à l'extérieur, ce qui n'est pas le cas en août ;

— les vendanges étaient terminées, puisque le vin était déjà entreposé dans les jarres enterrées jusqu'au col dans le sable. Cela signifie que la fermentation en cuve était terminée, le mou pressé, ce qui prend facilement un mois. Une éruption le 24 août reporterait les vendanges à la mi-juillet, ce qui semble peu probable à une époque où le climat local n'était pas particulièrement chaud ;

— l'abondance de fruits d'automne, comme les noix qui ne sont jamais mûres le 24 août, les baies de mûrier, les châtaignes… ;

— enfin, une pièce d'argent a été retrouvée dans la villa dite « du bracelet d'or ». Parmi les inscriptions sur cette pièce, on lit : « IMP XV ». Selon Grete Stefani, cela signifie que Titus a été acclamé empereur pour la quinzième fois. Or, il a reçu la *salutatio imperatoria* le 7 septembre 79. La pièce a donc été frappée après le 7 septembre, ce qui signifie que l'éruption n'a pas pu avoir lieu en août.

Malgré cela, la thèse du 24 août conserve encore ses partisans.

À quelle heure a eu lieu l'éruption ? On sait, par Pline le Jeune, que c'était en début d'après-midi.

LA FUITE DES ANIMAUX

C'est un fait constaté, les animaux « sentent » l'arrivée d'une catastrophe naturelle et s'enfuient. On a pu le vérifier récemment avec les tsunamis où pratiquement aucun animal ne s'est laissé piéger.

Et ce ne sont pas seulement les animaux supérieurs qui sentent l'arrivée d'un cataclysme. Les vers de terre sortent du sol en grande quantité, les insectes quittent leur habitat naturel.

L'ÉRUPTION DU VOLCAN

Elle a été d'une violence inouïe. L'énergie dégagée est équivalente à plusieurs dizaines de milliers de bombes d'Hiroshima.

Lors de l'explosion, le bouchon a été projeté jusqu'à quarante kilomètres d'altitude. Certains blocs de rocher étaient plus gros que des maisons et pesaient des dizaines de tonnes. Cette énorme masse de matière et de vapeur d'eau a dépassé le mur du son. Les Pompéiens ont été assommés par le bang supersonique dont ils ne connaissaient évidemment pas la cause. Le volcan a craché pendant près d'une journée entière des milliards de tonnes de magma, de vapeur d'eau et d'autres gaz.

La première coulée ardente formée de gaz chauffés à plus de trois cents degrés a déferlé à une vitesse supérieure à cent kilomètres à l'heure. Elle a épargné Pompéi.

Herculanum a été engloutie en quelques secondes. Tous les bâtiments qui avaient échappé aux tremblements de terre se sont consumés dans un bruit d'explosion que les victimes n'ont pas eu le temps d'entendre. Elles ont été instantanément brûlées, sans même se rendre compte de ce qui leur arrivait, disparaissant comme le font les objets lorsqu'on éteint la lumière. Les os qui n'ont pas été entièrement carbonisés ont été enfouis sous plus de dix mètres de cendre.

LE DÉROULEMENT DE L'ÉRUPTION

Les archéologues, les vulcanologues et les nombreux experts peuvent désormais faire une description précise des différentes phases de l'éruption.

On sait que le Vésuve était resté dans une période de sommeil très longue. Les fouilles ont permis de retrouver la trace d'une précédente explosion survenue un peu moins de deux mille ans avant celle qui a détruit Pompéi. À la place de la ville se trouvait un village néolithique. Les chercheurs ont déterré des traces de huttes, des outils, des débris de récipients en terre, mais aucun reste humain. Il semble que les hommes préhistoriques, contrairement aux Romains, avaient perçu le danger à temps et s'étaient enfuis.

QUI S'EST FAIT PIÉGER ?

L'explosion du volcan était prévisible. Les nombreux tremblements de terre, le tarissement des sources, la fuite des animaux, autant de détails auraient dû avertir les hommes du danger imminent. Il y a fort à parier que de nos jours, avec la faible population du bassin de Naples au temps de Pompéi, l'explosion aurait fait très peu de victimes.

En 79, la chance a voulu que le vent d'altitude soit orienté vers le sud-est, ce qui a protégé la ville de Naples située à une trentaine de kilomètres du volcan.

À Pompéi, un grand nombre de personnes, surtout les patriciens, excédées par les multiples tremblements de terre, s'étaient enfuies. Les affranchis enrichis ne voulaient surtout pas abandonner leurs magnifiques villas, les artisans, le peuple avaient leurs habitudes et ne pouvaient pas imaginer que le Vesuvius allait exploser. La terre tremblait à Pompéi depuis toujours et généralement sans grandes conséquences.

LE VÉSUVE APRÈS POMPÉI

Une vingtaine d'années plus tard, l'empereur Trajan a décidé de recoloniser la région. Après son éruption, le Vésuve avait pris à peu près l'apparence que nous lui connaissons. Les pentes du volcan étaient tellement riches que de nombreuses familles d'agriculteurs s'y installèrent. Comme il était impossible de retrouver les propriétaires, Rome a décidé d'octroyer des terres aux nouveaux venus. Et la vie a repris son cours sur les ruines de l'ancien monde, gardées bien à l'abri sous des mètres de cendres. On oublia même jusqu'à l'emplacement de Pompéi. Ce n'est qu'à la fin du XVIe siècle que le site a été découvert. Les premières fouilles commencèrent en 1748 et ne sont toujours pas achevées… Depuis le drame de Pompéi jusqu'à nos jours, pendant près de deux millénaires, le volcan a été très actif par rapport au calme du millénaire précédent.

Les éruptions se classent en deux types :

— les éruptions explosives semblables à celle qui a détruit Pompéi, mais beaucoup moins importantes (en 203, 472, une dizaine jusqu'en 1689) ;

— les éruptions effusives, caractérisées par d'importantes coulées de lave (une trentaine jusqu'en 1929).

Certaines éruptions ont été à la fois explosives et effusives.

La dernière éruption, explosive, s'est produite en 1944 et a modifié le déroulement de la guerre en Italie.

Les éruptions explosives sont d'autant plus violentes qu'elles surviennent après une longue période d'inactivité pouvant dépasser un millénaire, comme ce fut le cas à Pompéi.

Depuis 1944, le volcan est en sommeil. Il semblerait qu'il soit entré dans une de ces longues périodes d'inactivité précédant une nouvelle explosion. Mais rien ne permet d'en prévoir la date…

TABLE

DU MÊME AUTEUR

Beauchabrol, Lattès, 1981.
Barbe d'or, Lattès, 1983.
*L'Angélus de minuit *,* Robert Laffont, 1989.
*Le Roi en son moulin *,* Robert Laffont, 1990.
*La Nuit des hulottes *,*Robert Laffont, (prix RTL Grand public).
*Le Porteur de destins *,* Seghers, 1992 (prix des Maisons de la presse ; prix du Printemps du livre de Montaigu ; Grand Prix littéraire de la Corne d'or limousine).
*Les Chasseurs de papillons *,* Robert Laffont, 1993 (prix Charles-Exbrayat).
*Le Chat derrière la vitre *,* Archipel, 1994.
*Un cheval sous la lune *,* Robert Laffont, 1994.
*Ce soir, il fera jour *,* Robert Laffont, 1995.
*L'Année des coquelicots *,* Robert Laffont, 1996.
*L'Heure du braconnier *,* Robert Laffont, 1997.
Rentrées des classes, Robert Laffont, 1997.
*La neige fond toujours au printemps *,* Robert Laffont, 1998.
L'Or du temps, Robert Laffont, 1998.
*Les Frères du diable *,* Robert Laffont, 1999.
*Un jour de bonheur *,* Robert Laffont, 1999.
*Lydia de Malemort *,* Robert Laffont, 2000.
*Le Silence de la Mule *,* Robert Laffont, 2001.
Des maisons au cœur, Robert Laffont, 2001.
Dernières nouvelles de la terre, Anne Carrière, 2001.
*Le Voleur de bonbons *,* Robert Laffont, 2002.
*Lumière à Cornemule *,* Robert Laffont, 2002.
Une vie d'eau et de vent, Anne Carrière, 2003.
Des enfants tombés du ciel,* Robert Laffont, 2003.
*La Couleur du bon pain *,* Robert Laffont, 2004.
Les Colères du ciel et de la terre,* Robert Laffont, 2005.
- *La Montagne brisée**
- *Le Dernier Orage**

Les Âmes volées, Fayard, 2006.
Juste un coin de ciel bleu,* Robert Laffont, 2006.
La Peste noire,* XO Éditions.
- *La Conjuration des lys*,* 2006.

• *Le Roi chiffonnier**, 2007.
• Réédition en un seul volume, coll. Cléa, 2022.

*Nous irons cueillir les étoiles**, Robert Laffont, 2007.
*Et l'été reviendra**, Robert Laffont, 2008.
*La Malédiction des louves**, Robert Laffont, 2008.
*Les Enfants de l'hiver**, XO Éditions, 2009.
*Les Secrets de la forêt**, Robert Laffont, 2010.
*La Maison des Houches**, Belfond, 2010.
Le Cri du goéland, Belfond, 2011.
Le Chant du papillon, Belfond, 2011.
La Tour de Malvent, Belfond, 2012.
Le Rebelle des sentiers de Lune, Belfond, 2013.
Un violon sur la mer, XO Éditions, 2013.
La Mémoire au cœur, Belfond, 2014.
Les Vents de la liberté, XO Éditions, 2015.
*L'Enfant de la Loire**, Belfond, 2016.
La Tour de Malvent, Presses de la Cité, 2016.
Chante rossignol, Presses de la Cité, 2017.
L'Année de la pluie, Belfond, 2017.
La Belle Main, Presses de la Cité, 2018.
Elle voulait voir la mer, XO Éditions, 2018.
*La Garçonne**, Presses de la Cité, 2019.
Naufrage, Belfond, 2019.
*Le Testament d'Adrien**, Presses de la Cité, 2020.
La Prisonnière du roi, Presses de la Cité, 2021.
Tête de lune, Presses de la Cité, 2021.
Jésus, trois jours avant sa mort, XO Éditions, 2022.

* Titres disponibles chez Pocket.

Composition et mise en pages
Nord Compo à Villeneuve-d'Ascq

Achevé d'imprimer sur Roto-Page
par l'Imprimerie Floch à Mayenne
en septembre 2023

N° d'édition : 5041/01 – N° d'impression : 103351
Dépôt légal : octobre 2023

Imprimé en France